옛 그림,

  불법에

빠지다

옛 그림, 불법에 빠지다
초기 경전에서 대승경전까지, 옛 그림으로 만나는 부처의 가르침

2015ⓒ조정육

초판 인쇄 2015년 5월 15일
초판 발행 2015년 5월 22일

지 은 이 조정육
펴 낸 이 정민영
책임편집 김소영
편   집 손희경
디 자 인 이선희
마 케 팅 이숙재
제 작 처 미광원색사(인쇄)·경원제책(제본)

펴 낸 곳 (주)아트북스
출판등록 2001년 5월 18일 제406-2003-057호
주   소 413-120 경기도 파주시 회동길 216길 2층
대표전화 031-955-8888
문의전화 031-955-7977(편집부) 031-955-3578(마케팅)
팩   스 031-955-8855
페이스북 www.facebook.com/artbooks.pub
트 위 터 @artbooks21

ISBN 978-89-6196-239-1 04220

이 도서의 국립중앙도서관 출판예정도서목록(CIP)은 e-CIP홈페이지(http://www.nl.go.kr/ecip)와
국가자료공동목록시스템(http://www.nl.go.kr/kolisnet)에서 이용하실 수 있습니다.
(CIP제어번호: CIP2015012733)

옛 그림으로
배우는
불교이야기
2
法

옛 그림,
불법에
빠지다

조정육 지음

法

초기 경전에서 대승경전까지,
옛 그림으로 만나는 부처의 가르침

시작하며

옛 그림, 석가모니 부처의 가르침에 빠지다

 위대한 인물은 자신의 신념을 삶으로 보여준다. 아무리 겉모습이 화려해도 실천이 결여된 삶은 결코 공감을 얻지 못한다. 오로지 실천만이 중요하다. 누구에게나 타당하고 보편적인 신념은 진리로 인정받는다. 우리는 진리를 몸소 실천한 사람을 성인聖人이라 부른다. 성인의 실천은 직접 몸을 통해 드러내는 행위와 말을 통해 전해지는 가르침을 포함한다. 실천하는 사람의 행위와 가르침이 위대하면 그를 따르고 흠모하는 사람이 생긴다. 이렇게 종교 교단은 자연스럽게 탄생한다. 진리를 실천한 사람과 그의 가르침과 그를 따르는 사람들로 구성된 것이 바로 종교다. 이 세 가지 구성 요소를 불교에서는 '불법승佛法僧 삼보三寶'라 칭한다. 세 가지 보배라는 뜻이다. 석가모니 부처인 불보佛寶, 석가모니 부처의 가르침인 법보法寶, 석가모니 부처의 교법에 따라 수행하는 사람들인 승보僧寶가 불법승 삼보다.

 이 책은 불법승 삼보에 맞춰 기획된 '옛 그림으로 배우는 불교이야기' 시리즈 중 두 번째인 '법法'이다. 첫 번째인 '불佛'에서 석가모니 부처의 생애와 발자취를 따라가 보았다면, 여기서는 석가모니 부처의 가르침이 담긴 경전의 내용을 살펴보았다. 석가모니 부처는 스물아홉 살에 성도한 후 여든 살에 열반할 때까지 평생을 무명無明에 빠진 중생을 구제하는 데 삶을 바쳤다. 위대한 헌신의 삶이었다. 중생 구제를 위한 가르침은 제자들에 의해 암송되었고, 그 암송은 여러 차례의 결집結集을 통해 경전經典으로 정리되었다. 그 경전이 바로 팔만대장경이다. 이 책은 팔만대장경에서 대표적인 구절을 뽑아 소개한 다음, 그와 관련된 그림을 소개하는 형식으로 구성했다. 대표적인 구절이라 표현했지만 꼭 핵심적인 구절만 선택한 것은 아니다. '그림이 잘 나올 수 있는' 구절을 선정했다는 표현이 정확할 것이다. 경전 내용을 그림과 연결해야 하는 이 책의 특성을 고려한 까닭이다.

글의 구성은 초기 경전에서 시작해 대승경전을 거쳐 중국에서 편찬된 경전으로 마무리했다. 초기 경전은 『숫타니파타經集』『법구경法句經』『아함부阿含部』『(소승)열반경涅槃經』『육방예경六方禮經』을 들 수 있다. 소박하면서도 꾸밈없는 초기 경전에는 석가모니 부처가 제자들을 지도하는 생생한 육성이 담겨 있다. 대승경전으로는 『반야심경般若心經』『금강경金剛經』『유마경維摩經』『화엄경華嚴經』『아미타경阿彌陀經』『법화경法華經』『(대승)열반경涅槃經』『승만경勝鬘經』『능가경楞伽經』『능엄경楞嚴經』등을 들 수 있다. 대승경전은 수행을 통해 개인의 해탈에 이르도록 가르친 초기 경전의 한계를 뛰어넘어 재가자의 성불과 타인의 구제까지 보살행을 실천하도록 강조한 경전이다. 불교 경전의 백미라 하겠다. 이 밖에도 서양 그리스 왕과 동양 비구와의 문답 형식인 『밀린다왕문경彌蘭陀王問經』을 비롯해 중국에서 편찬된 『원각경圓覺經』『사십이장경四十二章經』『불유교경佛遺敎經』『부모은중경父母恩重經』등도 살펴보았다.

전체 글은 육바라밀六波羅蜜에 맞춰 모두 6장으로 나누었다. 육바라밀은 보살이 생사生死의 고해를 뛰어넘어 열반에 이를 수 있게 하는 여섯 가지의 기초적인 수행 덕목이다. 수행자라면 누구든 지켜야 하는 계율이자 의무다. 첫째, 보시布施바라밀은 자신의 모든 것을 조건 없이 베풀어야 한다. 둘째, 지계持戒바라밀은 계율戒律을 지켜 몸과 마음의 청정함을 얻어야 한다. 셋째, 인욕忍辱바라밀은 모든 박해와 고통을 참아 마음이 흔들리지 않아야 한다. 넷째, 정진精進바라밀은 몸과 마음을 가다듬고 선업을 닦아야 한다. 다섯째, 선정禪定바라밀은 마음을 한곳에 모아 진리를 바르게 사유해야 한다. 여섯째, 지혜智慧바라밀은 일체법一切法의 자성自性이 공空한 진여실상眞如實相을 깨달아야 한다. 육바라밀에 따라 분류했으나 내용까지 한정하지는 않았다. 처음부터 차례대로 읽어도 좋고 아무 데나 눈길 가는 대로 읽어도 좋다. 자신이 처한 상황에 따라 도움이 될 수 있다면 그것만으로도 충분하다.

경전 한 구절로 경전 전체를 다 설명할 수 있을까? 불가능한 일이다. 그러나 바닷물이 짜다는 것을 알기 위해 바닷물 전체를 들이마실 필요는 없다. 한 스푼의 바닷물을 맛보는 것만으로도 충분하다. 이 책은 한 스푼의 바닷물이다. 필자가 제공한 바닷물의 양이 부족하다 싶으면 책을 읽는 사람이 직접 경전을 집어 들고 출렁거리는 가르침의 바닷물을 떠 마시면 된다. 나는 이를 계기로 불교 경전을 '직접' 읽기를 권한다. 가능하면 원전을 제대로 읽으면 더욱 좋다. 범어梵語나 한문 경전만을 읽으라는 뜻이 아니다. 번역된 경전으로도 충분하다. 다른 사람의 각색을 거친 경전의 편린이나 인용구를 뛰어넘어 자신이 직접 경전을 펼친다는 뜻이다. 아무리 생생한 미사여구를 동원해도 바닷물의 짠맛은 전해줄 수 없듯 짠맛을 알기 위해서는 직접 마셔봐야 한다. 마시는 행위가 경전을 읽는 것이다. 더불어 이 책이 단지 석가모니 부처의 가르침을 소개하는 안내서에서 머물지 않았으면 좋겠다. 기왕이면 이 책을 통해 인연을 맺었으니 필자의 안내에 따라 직접 경전을 읽는 행위까지 연결되었으면 좋겠다. 경전이 낡아질 때까지 거듭 되풀이해서 읽는 것도 권장할 만하다.

부처의 가르침은 어떤 내용일까? 무엇을 알려주고 싶었을까? 이에 대한 대답은 책을 읽는 과정에서 충분히 짐작할 수 있으리라 생각한다. 첫 번째 책과 마찬가지로 이 책에서도 부처의 가르침에 옛 그림과 필자의 개인사를 혼합한 점묘법點描法식 글쓰기를 고수했다. 사족 같은 개인사를 여전히 고집한 이유는 아직까지 경전을 펼치는 데 익숙하지 않은 사람들의 긴장감을 풀어주기 위함이다. 필자의 너스레는 본 게임이 시작되기 전에 흥을 돋워주는 추임새 정도가 될 것이다. 그러나 추임새는 흥이 오르면 없어도 된다. 앞으로 나올 세 번째 책 '승僧'에서는 필자의 개인사를 넣지 않았다. 인도에서 중국, 한국을 거쳐 일본까지 펼쳐지는 스님들의 구도 역정이 워낙 극적이고 흥미진진해서 굳이 필자의 추임새가 없어도 책을 읽는 데 아무런 지장이 없으리라 판단했기 때문이다.

　터닝 포인트란 말이 있다. 반환점 혹은 전환점이라는 뜻이다. 어떤 일이나 상황을 새롭게 바꾸어 나가는 계기를 지칭할 때 사용한다. 터닝 포인트는 대나무의 마디에 해당된다. 하나의 마디가 형성될 때마다 대나무는 텅 빈 속이 꽉 채워지고 더욱 단단해진다. 바람에 쉽게 흔들려 부러질 수도 있지만 마디 덕분에 힘을 받아 다음 단계로 뻗어 나간다. 우리 인생에 있어서도 대나무의 마디 같은 터닝 포인트가 있다. 입학, 취직, 결혼, 출산…… 등등. 이 마디를 계기로 우리 인생은 앞과 뒤로 구분된다. 눈에 띄지는 않지만 한 사람의 생애를 매듭지어주는 내면적인 마디도 있다. 나에게 이번 시리즈를 준비하는 3년이 그러했다.

　인생 후반기를 준비해야 할 50대 초반에 불법승 삼보에 빠져 산 시간은 이전까지의 마디를 뛰어넘어 새로운 마디를 설계할 수 있는 터닝 포인트였다. 자칫 부스러지고 허물어질 수도 있는 내면의 공간을 튼튼하게 수리하고 정리할 수 있는 견고한 시간이며 동시에 충실하고 단단해지는 기간이었다. 이후의 마디에는 이전과 같은 아쉬운 실점失點이 줄어들 것이다. 아니 실점조차 득점임을 알게 될 것이다. 경전을 읽은 덕분이다. 이런 충만한 시간은 여유가 있다 하여 누릴 수 있는 호사가 아니다. 누구 표현처럼 전생에 나라를 구했을 것이다. 그것도 여러 차례 구했을 것이다. 따지고 보면 경전을 읽는 일이 그렇게 어려운 일도 아니다. 나라를 구할 정도로 어려워서야 어떻게 경전을 읽겠는가. 다만 마음 내기가 쉽지 않다는 뜻이다. 마음 내는 것은 결심이 필요하지 않다. 그냥 내면 된다.

　글 쓰는 과정은 결코 녹록지 않았다. 불교 전공자도 아닌 사람이 지금까지 단편적으로 읽은 경전 독경의 경력을 내세워 책을 엮겠다고 작정했으니 무모한 도전이었다. 웬만한 강심장으로는 감히 엄두조차 내기 힘든 도전이었다. 욕심에 시작했으나 매번 밀도 높은 무력감에 부딪혀야 했다. 글품쟁이로서 누린 천복이자 천형이었다. 이 책에서 발견되는 오류와 한계는 언젠가 눈 밝은 사람의 책이 나오면 수정되리라 생각한다. 그때까지 이 책이 캄캄절벽에 접싯불 역할이라도 했으면 좋겠다.

  석가모니 부처는 50여 년을 설법한 뒤 한 말씀도 하지 않았다고 한다. 팔만대장경에 담긴 설법이 모두 방편이다. 상대방의 근기根機에 맞게 대기설법對機說法을 했기 때문이다. 방편은 본질이 아니다. 사물을 비춰주는 거울이다. 본질은 아니되 본질을 찾게 해준다. 우리는 다만 거울에 비친 사물에 머물지 않고 거울을 찾기만 하면 된다. 책을 읽는 내내 거울을 잊지 않기를 당부드린다. 언제나 성성한 화두처럼.

2015년 봄

조정육

차례

005　시작하며

1
조건 없이
자신을 베풀다

보시바라밀
布施波羅蜜

017　행복　작자 미상 「태평성시도」
　　　살아 있는 것은 다 행복하라

026　불행　전 이암 「응도」
　　　병고로써 양약을 삼아라

034　홀로 가기　이인문 「송림야귀도」
　　　무소의 뿔처럼 혼자서 가라

042　선업과 악업　신사임당 「포도」
　　　자신이 지어서 자신이 받다

049　행위　김득신 외 「환어행렬도」
　　　어떤 행위를 하는 사람인가?

057　중도　이경윤 「탄금도」
　　　수행 또한 거문고와 마찬가지라

065　자애　작자 미상 「내외선온도」
　　　원한이 불길처럼 타오르기 전에

074　제행무상　정수영 「총석정」 정선 「총석정」 김홍도 「총석정」
　　　나만 힘든 줄 알았는데 모두들 힘들구나

2
계율을 지켜
청정함을 얻다

지계바라밀
持戒波羅蜜

085　실천　윤두서 「경답목우도」 김두량 「목동오수」
　　　농부는 입으로 쟁기질하지 않는다

093　현재　정선 「섬농」
　　　과거와 미래보다 현재가 꽃이다

101　자기 비하　최북 「늦가을」
　　　지금 포기하지 않는다면 곧 세상이 보이리라

	109	숙면 유숙 「오수삼매」
		깊게 잠드는 자만이 깨어 있을 수 있다
	117	지혜 김홍도 「매작도」
		깊은 배움과 높은 가르침
	125	겸손 유숙 「화외소거」 「무후대불」
		바람이 밀어주며 격려하다
	133	예배 이명기 「미원장배석도」
		속세 떠났다고 사색도 끝이랴
	141	불법 김홍도 「노승염송」
		역경을 깨달음으로 승화하다

3
고통을 삼켜
흔들리지 않는다

인욕바라밀	151	염불 김홍도 「염불서승」
忍辱波羅蜜		염불을 하는 순간은 부처가 되는 순간
	158	원력 김홍도 「기로세련계도」
		명작은 원력의 결실이다
	165	번뇌 작자 미상 「관경서분변상도」
		괴로움과 고통은 깨달음의 불씨다
	172	진면목 작자 미상 「왕회도병풍」
		눈에 보이는 것들 너머 진면목을 보라
	181	반야행 장승업 「태평항해도」
		반야용선을 타고 깨달음의 세계로
	190	보살심 전 서문보 「산수도」
		수행은 구름처럼 머무르는 바 없어야
	198	독송 이계호 「포도도」
		괴로움은 실체가 없다
	207	집착 작자 미상 「수선전도」
		움켜쥔 모든 것은 끝내 흘러 내린다

4
심신을 가다듬고
선업을 닦다

정 진 바 라 밀
精進波羅蜜

217 자기 실천 이명기 「송하독서도」
속세 떠났다고 사색도 끝이랴

224 평등한 설법 이인문 「연정수업」
같은 빗물도 각기 다른 자양분으로 삼는다

232 거대한 유산 이인문 「대택아회」
어떤 보물보다 값진 유산

240 방편의 의미 작자 미상 「평생도」
화살처럼 흐르는 시간을 잊다

249 출가 김윤겸 「장안사」 정선 「장안사」
깨달음 구하는 것이 곧 출가

258 불이법문 정선 「사직노송도」
네가 아프면 내가 아프다

265 과보 이인문 「수의독서」
만족하면 모두가 부처

273 일체유심조 조영석 「바느질」
모자람에서 여유를, 불편함에서 너그러움을

5
마음을 모아
진리를 품다

선 정 바 라 밀
禪定波羅蜜

283 관점 작자 미상 「곽분양행락도」
진실을 보기 위해 노력하라

292 노력 김홍도 「활쏘기」 강희언 「사인사예」
지극한 노력 없이 어떻게 경지에 도달할까

301 법공양 장한종 「책거리 그림」
책 보시를 권유하는 사람

310 스승 정선 「야수소서」
스스로 찾는다면 삼라만상이 부처다

318 무명 윤제홍 「옥순봉도」
붉은 색안경을 쓰고서 불이 났다고 믿는가

326 올바른 가르침 신윤복 「문종심사」
나누며 사는 사람에겐 향기가 난다

334 육바라밀의 실천 김득신 「포대흠신」
안다고 하여 거드름 피우지 마라

342 자족 강희안 「고사관수도」
어디에 있든 충실하게 존재하면 된다

6
일체법의 진여실상을 깨닫다

지혜 바라밀
智慧波羅蜜

351 본보기 심사정 「철괴도」
사람을 변화시키고 싶다면 먼저 앞장서라

359 부모의 은혜 작자 미상 「여래정례」
햇볕 같고, 바람 같고, 물 같은 은혜

367 효도 작자 미상 「문자도」
부모의 깊고 높은 은혜

376 과정 이인상 「검선도」
수행은 증득에 이르기 위한 과정

384 무생법인 원명유 「도원춘색」
숨 쉬고 있는 지금 여기가 무릉도원

392 능엄신주의 효력 정선 「구룡연」
실천이 없다면 배움이 무슨 소용 있을까

400 능엄신주의 공덕 채용신 「황현상」
부처와 나는 똑같은 무생법인을 지녔다

408 정진 윤두서 「노승도」
쉼 없이 정진하라

417 마치며
418 참고자료

일러두기

작품 제목은 「 」, 책·화첩은 『 』, 연극·전시 제목은 〈 〉로 묶어 표기했습니다.

보시바라밀　　　　　　　　　　　　　　　　　布施波羅蜜

1
조건 없이
자신을 베풀다

1
조건 없이
자신을 베풀다

행복

살아 있는
것은
다
행복하라

작자 미상 「태평성시도」

눈에 보이는 것이나 보이지 않는 것이나, 멀리 있는 것이나 가까이 있는 것이나, 이미 태어난 것이나 앞으로 태어날 것이나 살아 있는 것은 다 행복하라.

—『숫타니파타』

몇 달 전이었다. 라디오를 켰는데 트로트 가수 출신 진행자가 숨도 쉬지 않고 다음과 같이 직업을 읊었다.

"대한민국 국민 여러분, 해외동포 여러분, 근로자 여러분, 국군장병 여러분, 경찰관 여러분, 학생 여러분, 병원 종사자, 농업인, 어업인, 중장비 기사님, 택시 기사님, 버스 기사님, 화물차 기사님, 119 구조대원 여러분, 부업전선에서 애쓰시는 주부님, 경비원과 시장 상인 여러분, 음식업, 의류업, 세탁업, 유통업, 제조업, 제과업, 건설업, 축산업, 부동산 중개업, 주유소, 옷 수선하는 집, 그리고 이·미용업에 종사하시는 대한민국의 모든 국민 여러분 안녕하십니까?"

들고 보니 음악 프로그램을 시작하면서 청취자들한테 하는 인사였다. 진행자가 소개한 직업은 얼핏 들어도 서른 개는 족히 넘었다. 우와, 저걸 어떻게 다 일일이 말하지? 그냥 '청취자 여러분'이라고 하면 간단할 텐데. 시간 때우기 멘트인가? 요즘 사람들이 저렇게 구구절절 늘어놓는 걸 얼마나 싫어하는지 잘 모르는 모양이네. 인기 프로그램인데 지루한 인사말에 공을 들이는 까닭을 당최 이해할 수 없었다. 인터넷에 그 음악 프로그램을 검색해봤다. 아니나 다를까, 인사말에 대한 진행자의 얘기가 실려 있었다. 그런데 이게 웬 말인가. 내가 기대했던 것과는 정반대되는 답변이 올라와 있었다. 진행자는 "첫 방송부터 항상 하는 인사말이지만 혹 청취자 자신의 직업이 소개되지 않을 때는 곧바로 항의"가 들어온단다.

내 생각이 완전히 틀렸다. 사람들은 몇 초도 안 되는 순간에, 훅 지나가고 마는 멘트 하나에서도 자신의 존재감을 확인받고자 했다. 놀라웠다. 보통 때는 무명씨無名氏처럼 묻혀 살던 사람들이 결정적인 순간에는 자신의 존재감을 드러낸다. 본인도 스스로 의식하지 못한 존엄한 자로서의 위엄이다. 존엄성에 대한 열망은 생명을 가진 자로서 거역할 수 없는 본능이다. 부처가 태어나서 '천상천하 유아독존'이라 한 선언만큼이나 당당한 자기 확신이다. 부처만이 부처가 아니라 우리 모두가 부처라는 선언이다. 그날 이후로 나는 무심히 지나치는 사람들을 찬찬히 살피는 버릇이 새로 생겼다. 「태평성시도太平城市圖」는 그렇게 해서 눈에 들어온 작품이다.

1
조건 없이
자신을 베풀다

함께 살되 어떻게 살아야 할까?

「태평성시도」는 조선 후기 도시의 태평한 모습을 그린 풍속화이자 기록화다. 8폭으로 된 큰 병풍에 한양으로 추정되는 가상의 도시를 설계한 다음 중국풍 건물과 다양한 인물, 갖가지 동물과 보기 드문 기물을 그린 시대의 반영이다. 전체 구도는 한양을 둘러싸고 있는 내사산內四山을 골격 삼아 창덕궁, 창경궁 등의 궁궐과 명륜당, 모화관, 영은문 등의 건물을 배치한 다음 수로와 다리를 매개체로 번화가와 주택가와 외곽을 연결했다. 「태평성시도」에서 가장 눈에 띄는 것은 단연 저잣거리다. 조선 후기에는 경제 발달로 상공업 활동이 활발해지면서 많은 농민이 농촌을 떠나 한양으로 몰려드는 이농 현상이 발생했다. 한양은 끊임없이 도시로 몰려든 사람들로 인해 잘 살아보겠다는 욕망과 활력이 용광로처럼 들끓었다. 광화문을 중심으로 닫혀 있던 상권은 운종가雲從街, 종로와 광통교, 이현, 종루, 칠패 등으로 확대됐다. 「태평성시도」는 그 도시 안에 살던 사람들의 가지각색 삶의 모습을 파노라마처럼 펼쳐놓은 작품이다. 장사꾼, 상인, 관리, 연예인, 군인, 하인, 대장장이를 비롯해 술 마시는 사람, 사탕 파는 사람, 담배 피우는 사람, 집 짓는 사람, 걸어가는 사람, 절구질하는 사람, 칼을 가는 사람, 저울을 들고 있는 사람 등등 그들의 직업과 모양새도 다양하다. 어디 그뿐인가. 소, 말, 당나귀, 닭을 비롯해 거위, 오리, 앵무새, 비둘기, 원숭이, 돼지 등 동물도 현란하다. 이 정도면 가히 인간생활의 축소판이라 할 수 있다. 그림 속에는 총 2,170여 명의 인물과 300여 마리의 동물이 등장한다. 조선시대 그림 중 단일 그림으로는 가장 많은 인원이 동원된 작품에 포함될 것이다. 그런데 우리가 지금 살고 있는 동네는 2,170명과 비교할 수 없을 정도로 사람이 많다. 얼마나 더 복잡하고 기상천외한 사건들이 발생하겠는가.

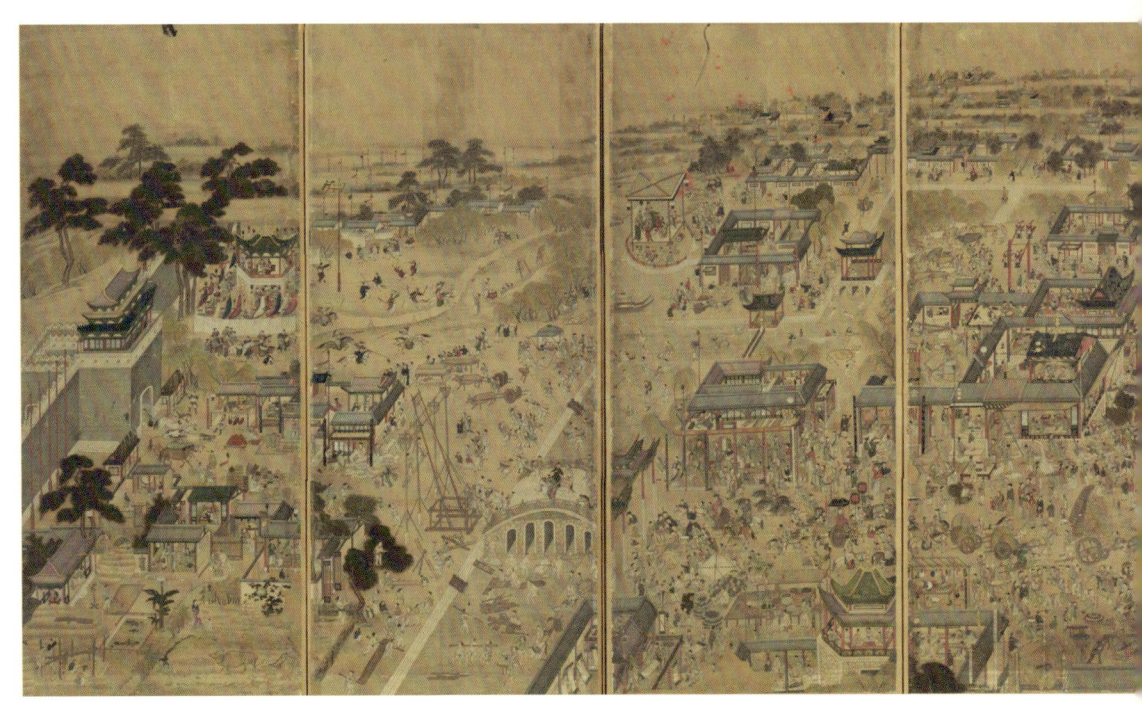

작자 미상, 「태평성시도」, 비단에 색, 각 113.6×49.1cm, 국립중앙박물관 소장

1
조건 없이
자신을 베풀다

그림 속에서 갑자기 인파에 섞이다보니 정신이 없다. 좁은 골목길을 빠져 나오는 동안 이리 부딪히고 저리 부딪히며 떠밀려서 존재감은 고사하고 넘치는 사람들로 지겨워진다. 마음에 들지 않는다 하여 내가 사는 현장을 버리고 떠날 수도 없다. 아무도 없는 산속 토굴에 사는 수행자조차도 중생의 행복을 기원한다는 점에서 혼자 사는 것이 아니다. 중생과 연결되어 있다. 우리 모두는 어쩔 수 없이 함께 살아가야 한다. 그럼 어떻게 살아야 할까.

원칙을 세워야 한다. 너도 나도 행복할 수 있는 원칙 말이다. 행복을 줄 수 없다면 적어도 불행이나 불편을 주지 않겠다는 원칙이라도 정해야 한다. 우리가 성인들 말씀을 새겨듣는 이유도 거기에 있다. 우리가 모르는 삶의 원칙을 배울 수 있기 때문이다. 공자孔子의 제자 자공子貢이 물었다. "한마디 말로 평생 동안 실천할 만한 것이 있습니까?" 공자가 대답했다. "아마도 서恕일 것이다. 자기가 하고자 하지 않는 바를 남에게 베풀지 않는다."『논어論語』「위령공衛靈公」에 나오는 내용이다. 남에게 행복은 주지 못할 망정 불행은 안겨 주지 말라는 뜻이다. 가까운 사람한테 상처 받고 골머리를 앓아본 사람이라면 누구나 공자의 가르침에 머리를 끄덕일 것이다. 오죽하면 일가친척들이 귀찮게만 안 해도 도와주는 것이란 푸념이 나왔을까.

부처가 설법한 법문의 고갱이

그러나 불교는 공자에서 한걸음 더 나아간다. 단순히 남을 배려하는 '서'의 차원을 넘어 그의 행복까지 기원하라고 가르친다. 그것이 자애심이다. 자애심에 대해 명상수행가 파멜라 블룸은『자비의 힘』에서 이렇게 얘기한다. "다른 이들이 행복을 경험하고 행복의 근원을 찾게 되기를 바라는 소망이다." 모든 존재는 행복을 갈구하지만 그것을 이루기는 쉽지 않은데 그들이 가능한

1
조건 없이
자신을 베풀다

한 많은 행복을 얻고 행복의 근원을 찾기를 바라는 것이 바로 자애심이다. 자애심이 가장 구체적으로 드러난 문장이 바로 『숫타니파타』에 있다. "눈에 보이는 것이나 보이지 않는 것이나, 멀리 있는 것이나 가까이 있는 것이나, 이미 태어난 것이나 앞으로 태어날 것이나 살아 있는 것은 다 행복하라." 법정 스님의 책 제목으로도 많이 알려진 문장이다.

중생의 행복을 기원하는 것은 부처가 마흔다섯 해 동안 한결같이 설법한 법문의 요체다. 부처가 왕위를 포기하고 출가한 이유도 생로병사라는 근본적인 불행을 극복하기 위함이었다. 성도 후 열반할 때까지 중생에게 전하고자 한 가르침도 '행복하라'였다. 그래서 올 한 해는 부처의 가르침을 들으면서 어떻게 하면 행복할 수 있는지 고민해보기로 했다.

불법佛法에는 행복할 수 있는 비법이 가득 담겨 있다. 가만히 눈을 감고 "눈에 보이는 것이나 보이지 않는 것이나……"를 읊조리고 있으면, 나도 모르게 가슴 가득 자애심이 차오른다. 그런데 그 행복의 외형이 결코 매끄럽지만은 않다. 『열반경』에는 나의 변명을 대신할 만한 적절한 비유가 이렇게 적혀 있다.

한 재벌 회장 집에 아리따운 여인이 찾아와 대문을 두드렸다. 문을 열어보니 여인은 흰 드레스에 예쁜 장신구를 하고 있었는데 얼굴도 고운데다 세련되고 아름다웠다. 회장이 그녀에게 "누구냐?"라고 물었다. 여인이 대답했다. "저는 공덕천功德天입니다." 회장이 물었다. "뭐 하는 사람이오?" 여인이 대답했다. "저는 가는 곳마다 행복과 행운과 재물을 가져다줍니다." '공덕천'이란 이름처럼 복과 덕을 주는 여신인 듯했다. 회장은 뛸 듯이 기뻤다. "내가 복이 많아서 그대가 내 집에 찾아온 것 같소. 어서 들어오시오." 회장은 그녀가 집에 들어서는 순간부터 그녀를 위해 헌신했다. 집안 장식을 바꾸고 곳곳에 꽃을 심어 은은한 향기가 흐르게 했다. 잔잔한 음악이 끊이지 않는 곳에서 회장은 더없이 행복했다. 역시 그녀는 행복을 가져다주는 여신이었다.

그런 어느 날, 또 한 명의 여인이 찾아와 대문을 두드렸다. 문을 열어보니 허름한 옷에 지저분한 냄새가 풍겼고 험악한 표정이 어째 몰골이 말이 아니었다. 회장이 그녀에게 "누구냐?"라고 물었다. 여인이 대답했다. "저는 흑암녀黑暗女입니다." 회장이 물었다. "뭐 하는 사람이오?" 여인이 대답했다. "저는 가는 곳마다 재물을 잃게 하거나 사람을 아프게 하거나 죽게 하는 등 불행을 가져다 줍니다." '흑암녀'란 이름처럼 어둠과 불행을 주는 귀신인 듯했다. 회장은 화가 머리끝까지 솟았다. "빨리 가지 않으면 당신 목숨을 끊어버리겠소." 그러자 흑암녀가 태연하게 말했다. "당신은 참 어리석군요. 방금 전 찾아온 공덕천 언니와 나는 늘 붙어 다니는 자매로 잠시도 떨어질 수 없는 사이입니다. 그대가 나를 쫓아내려면, 나의 언니도 함께 쫓아내야 합니다."

깊이 들여다보면 모두가 꽃

행복과 불행이 결코 다르지 않다는 가르침이다. 공덕천의 앞모습만 본 사람은 그 뒷모습인 흑암녀를 보지 못한다. 아니, 보지 않으려 한다. 그러나 우리의 의지와 상관없이 공덕천의 뒷모습이 흑암녀이고, 흑암녀의 뒷모습이 공덕천이다. 그 사실을 깨달을 때 아리따운 공덕천은 흉측한 흑암녀가 되고 혐오스러운 흑암녀는 기품 있는 공덕천이 된다. 흉측함도 아리따움도 깊이 들여다보면 모두 꽃이다. 다만 우리가 공덕천의 뒷모습까지 깊이 들여다보지 못해서 그 진리를 깨닫지 못할 뿐이다. 아니면 보기 싫어 일부러 외면했거나. 그래서 시인 고은은 시 「그 꽃」에서 이렇게 노래했다. "내려갈 때 보았네/ 올라갈 때 보지 못한/ 그 꽃". 자애심을 품고 한 해를 살다보면 마침내 우리도 고은 시인과 똑같은 시를 읊게 될 것이다. 정신없이 사느라 헉헉거리는 동안 골고루 쳐다보지 못했던 그 꽃을 찬찬히 둘러볼 수 있길 기원한다. 그래서 당신을 포함해 살아 있는 모든 존재가 다 행복하기를! 중장비 기사님도 국군장병 아저씨도 부업전선에서 애쓰시는 주부님도 이·미용에 종사하시는 여러분도 모두 모두 행복하시기를!

불행

병고로써
양약을
삼아라

전 이암 「웅도」

몸에 병이 없기를 바라지 마라. 몸에 병이 없으면 탐욕이 생기기 쉽다. 그래서 성인이 말씀하기를 '병고로써 양약을 삼으라' 하셨느니라. —『보왕삼매론』

달력이 왔다. 인연 있는 절에서 보낸 새해 달력은 2014년이란 서기西紀뿐만 아니라 2558년이란 불기佛紀와 4347년이란 단기檀紀까지 적혀 있어 일거삼득이다. 어디 그뿐인가. 서기로 된 큰 숫자 옆에는 음력을 알려주는 작은 숫자가 적혀 있어 명절을 쉽게 확인할 수 있다. 잊고 지나치기 쉬운 시어른들 생신 날짜도 금세 확인할 수 있다. 지장재일이나 관음재일 등의 기도 날짜도 적혀 있어 불자佛子라면 반드시 구비해야 할 살림밑천이다. 날짜 밑에는 친절하게 절 주소와 전화번호까지 박혀 있으니 깜박깜박하는 사람에게는 더없이 좋은 전

1
조건 없이 자신을 베풀다

화번호부다. 이 달력을 참고하면 올 한 해도 별 실수 없이 살겠구나, 생각하며 맨 뒷장으로 넘겼다. 그런데 거기에 말 그림과 함께 '갑오년 조견표甲午見表'라는 문구가 적혀 있었다.

갑오년이야 2014년이니까 그렇다 쳐도 조견표는 뭐지? 알 수 없어 사전을 찾아봤다. 조견표는 '한눈에 쉽게 볼 수 있도록 만든 표'라고 풀이되어 있다. 한글이지만 무슨 뜻인지 잘 몰라 갸우뚱하고 있는데 나이별로 총운과 납음이 나온다. 총운은 전체 운이란 뜻 같다. 나의 총운을 보니 동그라미가 이중으로 그려졌다. 대길년大吉年이다. 크게 길한 해라는 뜻이니 좋다는 것 같다. 납음은 뭔지 몰라 사전을 찾아봤으나 역시 잘 모르겠다. 전문 용어인 것 같아 그냥 넘어간다. 아랫부분에는 각 띠별로 삼재三災에 대해 적어놓았다. 들삼재, 눌삼재, 날삼재까지 적혀 있는데 세밀한 부분까지는 잘 모르겠다.

삼재를 막아주는 글자와 그림 속에 살다

삼재는 흔히 화재火災, 수재水災, 풍재風災의 세 가지 큰 재난을 뜻하며, 천재天災, 지재地災, 인재人災에 의한 사고를 뜻하기도 한다. 재난 중에 불, 물, 바람 그리고 하늘, 땅, 사람과 연관되지 않는 재난이 어디 있으랴. 사람이 당할 수 있는 재난을 대략 세 가지로 분류한 것이니, 삼재는 재난의 총체적인 상징이라고 할 수 있다. 삼재는 간단히 해결할 수 있는 어려움이 아니다. 사람의 힘으로는 도저히 막을 수 없는 큰 불행이나 변고다. 화산 폭발이나 지진 등의 천재지변과 불가항력적인 사고를 비롯해, 교통사고나 사기 등의 신체적 피해와 물질적 손해가 이에 해당된다. 불치병에 걸려 백약이 무효일 때도 마찬가지다. 그저 애타는 심정으로 하늘만 쳐다볼 뿐이다. 잘 나가던 사람이 구설수에 올라 느닷없이 삭탈관직된 것도 재난이다. 이런 불행은 예고가 없다. 강렬

하면서도 급작스럽다. 설상가상雪上加霜에 병상첨병病上添病이니 당하는 사람은 혼이 빠진다. 웬만한 문제라면 어떻게 대처해보겠지만 워낙 큰 문제일 경우에는 맥 놓고 당할 수밖에 없다.

그럴 때 사람은 누군가 초자연적인 대상이나 신에게 무턱대고 빈다. 몸에 뭔가를 지님으로써 위안을 삼는다면 더욱 좋다. 그렇게 등장한 그림이 부적符籍이다. 부적은 외부에서 들어오는 재앙을 막아주고 악귀를 쫓기 위해 쓰는, 붉은 글씨나 무늬가 그려진 종이를 뜻한다. 궁중에서는 삼재를 막아주는 부적으로 매 그림을 선호했다. 민간에서는 발 하나에 머리가 셋 달린 매 '삼두일족응三頭一足鷹'을 썼다. 이 밖에도 까치호랑이 부적, 등용문 부적, 관재 부적, 귀신불침부 등 다양하다.

기왕이면 좋은 일이 많이 생기면 금상첨화다. 부적은 삼재를 막아주는 소극적인 차원에서 점차 발전해 소원을 들어주는 적극적인 의미까지 담게 된다. 부적을 지닌 사람이 부유하고(富) 오래 살고(壽) 과거에 급제하고(貴) 자식이 많기를(多男子) 바라는 욕망을 반영했다. 사람이 누릴 수 있는 모든 행복을 '수복강령부귀다남자壽福康寧富貴多男子'라는 아홉 글자에 압축해 여러 공예품이나 그림에 장식했다. 장롱이나 탁자, 도자기나 나전함에서 상서로운 뜻이 담긴 아홉 글자를 발견하기는 어렵지 않다. 알고 보면 우리는 삼재를 막아주고 행운을 불러주는 수많은 글자와 그림 속에서 살고 있다.

불행은 나쁘기만 한 것일까

오늘은 삼재를 막아주는 대표적인 부적, 매 그림을 감상해보자. 조선시대에 우리 조상들은 삼재가 든 사람이 집에 있을 경우, 그 액을 면하기 위해 설날에 매 그림을 대문에 붙였다. 인간의 힘으로는 막아낼 수 없는 악귀를 쫓

1
조건 없이
자신을 베풀다

아내기 위해 무시무시한 눈매를 가진 매가 선택된 것이다. 아니나 다를까. 두성령杜城令 이암李巖, 1499~?이 그린 「응도鷹圖, 매 그림」는 그 어떤 사악한 악귀라도 감히 범접할 수 없을 만큼 용맹스러워 보인다. 등은 검고 배는 흰색인 매가 등을 보인 채 고개를 돌리고 횃대 위에 앉아 있다. 매의 두 발은 비단끈으로 횃대 기둥에 묶여 있다. 이렇게 횃대에 앉아 있는 매를 '가상응架上鷹'이라 부른다. 정교하고 꼼꼼한 필치로 그린 가상응은 배경을 전부 생략한 까닭에 더욱 눈에 띄고 두드러진다. 특히 매의 임자를 밝히기 위해 꽁지 털 속에 매어 둔 흰색 시치미는 배의 흰 털과 함께 이 매의 영험함을 잘 드러낸다. 시치미는 자기가 한 일을 하지 않았다고 하거나 알면서 모르는 체할 때 '시치미 떼지 마라'라고 할 때의 그 시치미다. 매를 훔친 사람이 시치미를 떼어 내고 자기 매인 것처럼 행세한 데서 나온 표현이다.

이런 매의 이미지는 어떤 모본模本이 있었던지 거의 비슷비슷한 자세를 취한 것이 특징이다. 일본 민예관에 소장된 이암의 또 다른 「응도」도 거의 흡사한 형태를 취하고 있다. 영조 때 화원畵員을 지낸 정홍래鄭弘來, 1720~?의 「욱일호취旭日豪鷲, 뜨는 해와 매」도 배경이 삽입된 것을 제외하고는 이암의 「응도」와 매의 형태가 똑같다. 「응도」를 그린 이암은 세종의 셋째 아들인 임영대군臨瀛大君 이구李璆의 증손이다. 역대 국왕의 선정善政을 기록한 『국조보감國朝寶鑑』에는 이암이 그림을 잘 그려 중종이 승하했을 때 어진御眞을 그리는 데 뽑혔다고 적혀 있다. 신광한申光漢, 1484~1555이 쓴 『기재별집企齋別集』에는 이암이 그린 흰색 매와 검은색 매 두 마리를 보고 지은 시가 담겨 있다. 현존하는 그의 그림은 강아지와 고양이를 소재로 한 동물화가 대부분으로, 「응도」는 그가 초상화뿐만 아니라 화조영모도花鳥翎毛圖에도 뛰어났음을 말해준다. 예리한 붓끝으로 혼을 불어넣은 이암의 매 앞이라면 그 어떤 사나운 악귀라도 감히 침범하지 못할 것

法

전 이암, 「응도」, 비단에 색, 98.1×54.9cm, 보스턴 미술관 소장

1
조건 없이 자신을 베풀다

같다. '들삼재'든 '눌삼재'든 '날삼재'든 그 어떤 삼재라도 전부 피해갈 것이다. 이제 이 부적을 지닌 사람에게는 아무런 불행도 일어나지 않고 오로지 즐겁고 행복한 일만 거듭해서 생길 것이다.

 그렇다면 과연 불행은 나쁜 것일까. 오직 행복한 일만 있고 불행한 일이 전혀 없는 것이 과연 진정한 축복일까. 두 해 전 이맘때 나는 뇌종양 수술을 했다. 수술 후 온몸에 호스를 주렁주렁 매달고 누워 있을 때는 휠체어라도 좋으니 앉기만 하면 소원이 없을 것 같았다. 며칠 후 몸에서 호스를 빼고 휠체어에 앉으니 그것만으로도 행복했다. 또 며칠이 지나자 링거 폴대를 잡고 혼자 걸을 수 있었다. 더욱 행복했다. 그 과정을 거쳐 얼마 후에는 온전히 두 발로 걸을 수 있었다. 그때 기분은 세상을 다 가진 것 같았다. 머리는 여전히 붕대로 칭칭 감은 상태였지만 아무래도 좋았다. 그저 두 발로 걷는다는 사실만으로도 충분히 행복했다. 수술 후에 다리가 마비됐더라면 꿈도 꾸지 못할 보행이었으니 그 기쁨이 더했다. 그때 알았다. 두 다리로 뚜벅뚜벅 걷는 것이 당연한 권리가 아니라는 것을. 누군가는 그렇게 걷는 것이 평생의 소원인 사람도 있다는 것을. 수술이 아니었더라면 결코 알지 못했을 귀한 깨달음이었다.

사바세계에서 마음을 들여다보는 공부

 우리는 당연하게 생각하는 것이 결코 당연하지 않다는 것을 잃고 나서야 안다. 곤란을 겪어보기 전에는 우리가 무가치하다고 느끼는 일상이 얼마나 가치 있는지 잘 알지 못한다. 그러니 잃은 것 없이 얻기만 한 사람은 자기 손에 쥔 것의 소중함을 모른다. 옛 선인들이 너무 일찍 높은 자리에 오르는 것을 불행이라고 못 박는 이유가 다 여기에 있다. 너무 빨리 그리고 너무 쉽게 출세하다 보니 그 자리의 무게에 맞지 않고 오만방자하게 처신한다. 당연히 손가락질 당하는 사람이 될 수밖에 없다. 그런 사람을 우리는 주변에서 흔히 볼 수 있다.

그러므로 삼재부적을 붙여 삼재가 오지 못하게 하는 것은 결코 좋은 일만은 아니다. 병고를 통해 인생을 통찰할 수 있는 지혜가 생길 수 있다면 그것도 나쁘지 않다. 이것이 바로 『보왕삼매론』에서 "몸에 병이 없기를 바라지 마라. 몸에 병이 없으면 탐욕이 생기기 쉽다. 그래서 성인이 말씀하기를 '병고로써 양약을 삼으라' 하셨느니라"라고 가르친 것이다.

누군가는 이 말에 동의하지 않을지도 모른다. 지혜가 없어도 좋으니 제발 좀 고통스럽지만 않았으면 좋겠다고 말이다. 그러나 어쩌랴. 우리가 사는 이곳은 극락세계가 아니라 사바세계인 것을.

사바세계는 산스크리트어로 '인토忍土' 혹은 '감인토堪忍土'라는 뜻이다. 참고(忍) 견디어(堪) 나아가야 하는 세상이다. 참지 않으면 살아갈 수 없는 곳이 바로 우리가 사는 세계다. 우리가 거부한다고 해서 고통이나 재난이 피해 가는 세계가 아니다. 참기 힘들고 고통스러운 상황이 수시로 찾아드는 세계가 사바세계다. 순경계보다는 역경계가 더 많은 세계에서 행복해지려면 어떻게 해야 할까. 관점이 바뀌어야 한다. 욘게이 밍규르 린포체는 『티베트의 즐거운 지혜』에서 "고통의 원인은 사건이나 상황에 있는 것이 아니라 경험이 전개될 때 그것을 지각하고 해석하는 우리의 방식에 있다"라고 가르친다.

관점을 바꿀 수 있는 공부가 불교 공부다. 불교 공부는 삼재가 들었을 때, 매 그림을 붙이는 대신 마음을 들여다보라고 가르친다. 삼재가 곧 삼복三福이고 역경계가 곧 순경계라는 것을 깨달을 수 있을 때까지. 지금 이대로가 그대로 극락이라던 선사禪師들의 말씀은 결코 빈말이 아니다. 말 그대로 진실이다.

보왕삼매론의 두 번째 역설은 이렇게 된다.

1
조건 없이
자신을 베풀다

"세상살이에 곤란이 없기를 바라지 마라. 세상살이에 곤란이 없으면 오만한 마음과 사치한 마음이 생기기 쉽다. 그래서 성인이 말씀하기를 '근심과 곤란으로써 세상을 살아가라' 하셨느니라."

홀로 가기

무소의
뿔처럼
혼자서 가라

이인문 「송림야귀도」

큰 소리에 놀라지 않는 사자와 같이, 그물에 걸리지 않는 바람같이, 물에 젖지 않은 연꽃같이 저 광야에 외로이 걷는 무소의 뿔처럼 혼자서 가라.

— 『숫타니파타』

지난 연말 택시를 탔다. 수원에서 일이 있어 택시를 탔는데 하필이면 퇴근 시간과 겹쳤다. 용인에서 수원까지는 그다지 먼 거리가 아니다. 퇴근 시간이라 차가 밀릴 뿐이었다. 혹시 약속 시간에 늦으면 어쩌나 조바심이 나는데 운전기사는 천하태평이다. 점멸등이 켜지면 미리 출발해도 될 텐데 완전히 파란불이 될 때까지 꿈쩍도 안한다. 달릴 때도 마찬가지다. 앞차가 천천히 가면 추월할 법도 한데 그저 느린 차를 따라갈 뿐이다. 끼어들기 같은 것은 아예

할 줄도 모르는 것 같았다. 다른 기사들과는 뭔가 다른 분위기다. 40대 중반쯤 되었을까. 나는 그가 흥미로웠다.

"연말에 운전하기 힘드시죠?"

대화가 하고 싶어 내가 먼저 운을 떼웠다.

"그렇죠, 뭐."

단답형 대답이다.

"손님 중에 어떤 사람이 가장 불편하신가요?"

이번에는 내 얘기가 끝나기가 무섭게 긴 대답이 돌아왔다.

"자기가 분명히 잘못했는데 남들도 다 그러니까 당연하다고 생각하는 사람이요. 요즘 연말이니까 술을 많이 마시잖아요. 그렇게 마셨으면 대리를 부르면 되는데 '만땅으로' 취해서 몸도 가누지 못하는 사람이 돈 몇 푼 아끼려고 운전대를 잡아요. 그러니 사고가 안 나겠어요? 대형 사고가 나는 거죠. 그런 사람들은 음주운전 단속에 적발되면 자기가 한 잘못은 모르고 어쩌다 재수 없어서 걸렸다고 생각해요. 남들 다 하는데 왜 나만 잡느냐고 따지면서요."

의외의 대답이었다. 그의 택시를 이용한 승객에 대한 내용일 줄 알았는데 음주운전자 얘기다. 연말이다 보니 음주운전을 하는 사람들을 많이 목격했던 모양이다. 그런저런 생각을 하고 있는데 택시 기사가 의미심장한 멘트를 날린다.

"다른 사람들이야 어떻게 살든 상관할 필요가 뭐 있어요? 자기만 똑바로 살면 되지. 안 그래요?"

진리대로 살기

부처가 기원정사祇園精舍에 있을 때였다. 아난존자가 부처에게, 현재의 석가모니 부처가 제자들에게 가르치는 기본적인 법과 계율이 과거의 부처들이 제자들에게 가르친 것과 같은 것인지 아니면 다른 것인지 물었다. 부처가 대답하기를, 과거 여러 부처가 재일齋日을 지키는 시기에서는 차이가 있었지만, 기본적인 가르침만은 지금의 당신과 아무 차이가 없다고 했다. 그러면서 다음과 같이 게송을 읊었다.

      일체의 악행을 저지르지 않고(諸惡莫作)
      착한 공덕을 힘껏 행하며(衆善奉行)
      자기의 마음을 청정히 하는 것(自淨其意)
      이것이 모든 부처님의 가르침이다(是諸佛敎).

  일체의 악행을 저지르지 않고 착한 공덕을 행하는 것의 당위성은 석가모니 부처가 제창한 논리가 아니다. 석가모니 부처가 태어나기 훨씬 이전부터 있어 온 진리다. 한 부처만 말한 것도, 두 부처만 말한 것도 아니다. 일곱 부처가 한결같이 가르친 진리다. 그냥 한 말도 아니다. 고구정녕苦口丁寧한 말이다. '고구정녕'은 '입이 쓰도록(苦口) 간절히 당부하다(丁寧)'라는 뜻이다. 얼마나 중요했으면 입이 아프도록 간곡하게 당부했을까. 그렇게 입이 닳도록 강조한 것에 비해 내용이 너무 평범하다. 누구나 알고 있는 말이다. 알고 있지만 지키기 힘든 것, 그것이 진리다. 진리를 살기 위해서는 다른 사람의 행동을 보고 핑계를 대서는 안 된다. 내가 옳다고 믿는다면 진리대로 사는 것이다. 아무리 많은 사람이 진리와 어긋난 삶을 살더라도 상관없이 말이다. 그것이 바로 무소의 뿔처럼 혼자 가는 것이다.

  이 게송을 흔히 '칠불통계게七佛通戒偈'라 한다. 과거 일곱 부처의 공통적인 게송이라는 뜻이다. 한글로 번역된 부분을 읽어도 상관없지만 문구가 워낙 좋고 짧으니 이번 기회에 한문으로 된 부분을 외워도 좋을 것이다.

"제악막작諸惡莫作 중선봉행衆善奉行 자정기의自淨其意 시제불교是諸佛敎……"

어떤가. 좀 있어 보이지 않는가. 공부는 이런 멋도 부릴 줄 알아야 한다. 자기 입술에 착 달라붙을 때까지 무조건 외우는 거다. 그러다 보면 언젠가는 이 문장이 완전히 내 것이 된다. 내 것이 된 논리는 소멸되지 않는다. 결정적인 순간에 힘을 발휘한다. 도저히 뿌리치기 힘든 유혹에 직면했을 때, 단호히 빠져 나올 수 있는 신념처럼 말이다.

김홍도의 친구, 이인문의 소나무 그림

조선시대 화가 중 소나무를 가장 잘 그린 사람은 누구일까. 나는 주저 없이 고송유수관도인古松流水館道人 이인문李寅文, 1745~1821을 꼽고 싶다. 정선鄭敾, 1676~1759과 이인상李麟祥, 1710~60도 소나무를 잘 그렸지만, 그림에서 솔향기를 맡을 수 있게 그린 사람은 이인문이 단연 최고다. 그가 그린 「송계한담도松溪閑談圖」(2점)와 「송하담소도松下談笑圖」를 보면 두세 명의 선비가 솔향기 흐르는 계곡 가에 앉아 두런두런 한담閑談을 나누는 소리를 들을 수 있다.

그의 그림에서는 모든 구성 요소가 등가等價다. 소나무도 바위도 계곡물도 바람도 같은 비중이다. 심지어 주인공인 사람조차도 다른 구성 요소를 밀어내지 않는다. 서로가 주인공이다. 소나무가 아무리 우람하기로서니 사람 위에 군림하지 않는다. 물소리가 아무리 세차기로서니 대화 소리를 방해하지 않는다. 바위가 아무리 굳건하기로서니 보는 사람에게 위압감을 주지 않고, 바람 소리가 아무리 세차기로서니 듣는 사람의 귀를 가득 채우지 않는다. 본질을 잃지 않으면서도 조화를 이룰 수 있는 세계. 이인문의 그림 속에는 조화

이인문, 「송림야귀도」, 종이에 연한 색, 24.7×33.7cm, 국립중앙박물관 소장

1
조건 없이
자신을 베풀다

로움이 담겨 있다.

 그런 사람의 필치에서 나온 작품이 「송림야귀도松林夜歸圖, 솔숲으로 밤에 돌아가다」다. 화면 중심에는 소나무가 가득하다. 소나무 주위로는 밤안개가 내려앉았다. 달빛 속에 은은한 밤안개는 땅을 덮고 나무 허리를 휘감더니 소요逍遙하는 선비의 가슴속으로 스며든다. 계절이 언제일까. 밝은 달이 돋보이는 계절이니 가을인 것 같다. 안개 때문에 앞에 선 나무는 자취가 뚜렷하다. 뒤에 선 나무의 흐릿함 속에 거리감과 공간감이 느껴진다. 소나무만 그린 걸까. 조금 심심하다 싶어 두리번거릴 때쯤 한 선비가 그림자처럼 오솔길을 걸어간다. 죽장을 짚고 느리게 걸어간다. 거문고를 들고 주인의 뒤를 따르는 시동侍童이 숨이 차지 않을 정도로 느린 걸음이다. 그림 속에 선비가 없었더라면 어땠을까. 밋밋하고 평범한 산수화가 되었을 것이다. 그것을 모를리 없는 이인문이 선비를 그려 넣었는데 그다지 중요하지 않다는 듯 슬쩍 집어넣었다. 마치 인물을 전혀 그려 넣을 생각이 없었다는 듯 존재감이 드러나지 않게 그려 넣었다.

 작가는 정말로 인물을 잊고 있었던 걸까. 천만의 말씀이다. 작가는 처음부터 선비를 염두에 두고 소나무를 그렸다. 선비와 시동이 서 있는 지점을 보라. 인물이 서 있는 장소를 동그라미 치듯 소나무가 원형이 되게 배치했다. 비록 작게 그렸지만 "여기야말로 진짜 이 그림의 핵심이야" 이렇게 말하는 듯하다. 치밀한 계산 속에 구도를 잡았으면서도 짐짓 무관심한 듯 붓질로 풀어낸 작가의 능청스러움이 얄밉다. 소나무와 인물이, 안개와 달빛이 힘겨루기를 하지 않게 하려는 작가의 배려다. 알고 보니 대단한 그림이네, 싶을 때쯤 시동의 모습이 눈에 들어온다. 시동의 오른손에는 거문고가, 왼손에는 술병이 들려 있다. 선비의 다음 행보가 짐작되는 물건이다. 평소에 눈여겨 본 장소에 도착하면 선비는 달빛에 취해 거문고를 뜯으리라. 맑은 바람(淸風)과 밝은 달(明月)이

한 자리에 있으니 홍에 겨워 대작할 친구가 필요하면 술 한 잔 따라 달에게 건배하는 것으로 만족하리라.

이인문은 중인 출신 화원으로, 김홍도金弘道, 1745~?와 동갑이었다. 산수山水, 인물人物, 영모翎毛, 포도 등 다방면에 걸쳐 재능을 발휘했다. 소나무 그림 외에도 「강산무진도江山無盡圖」 「누각아집도樓閣雅集圖」 「대부벽준산수도大斧劈皴山水圖」 등의 대표작을 남겼다. 근대 서화가書畵家 오세창吳世昌, 1864~1953은 『근역서화징槿域書畵徵』에서 이인문 그림의 특징을 다음과 같이 적어 놓았다.

"마른 붓으로 산을 그리고 젖은 먹으로 나무를 그려서 밝고 어둡고 향하고 등지는 형상을 그리는 데 있어 묘한 법을 얻었으니, 그린 사람은 고송유수이다."

「송림야귀도」에서는 마른 붓으로 나무를 그리고 젖은 먹을 연하게 우려내 안개를 그렸다. 그야말로 '밝고 어둡고 향하고 등지는 데서 묘한 법'을 얻는 것이다. 이인문은 특히 소나무를 잘 그렸다. 조선 말기의 학자 유재건劉在建, 1793~1880은 『이향견문록里鄉見聞錄』에서 이인문의 소나무 그림에 대해 다음과 같이 평가했다.

"내가 일찍이 내성에서 이공李公이 소나무 그리는 것을 보았는데, 운필運筆하는 것이 능란하고 임리淋漓, 사람이나 그 글씨, 그림 따위가 넘칠 듯 힘차다하야 칠십 노인의 필치 같지 않았다. 잠깐 사이에 다 그렸는데 그 서리고 굽고 높고 꿋꿋한 줄기와 말쑥하고 깨끗하고 푸른 잎들이 축축 늘어진 것이 핍진逼眞, 진짜 같음하였다. 사람들이 그를 신필神筆이라고 일컬었다."

묵묵히 제 길을 가는 자의 여유

이인문은 김홍도와 함께 활동하면서 열등의식이 없었을까. 당대 최고의 기량을 발휘한 김홍도 곁에 서 있는 중압감은 어떠했을까. 그러나 「송림야귀도」

에서는 친구의 재능이 뛰어난 것을 시기하는 위태로움이 느껴지지 않는다. 오히려 자신의 길을 묵묵히 걸어가는 자의 여유로움과 느긋함이 담겨 있다. 택시 기사가 얘기했듯 다른 사람이 어떻게 살든 상관하지 않고 자신만의 길을 반듯하게 걸어가는 자의 넉넉함이다.

  그게 어찌 그림뿐이겠는가. 우리 삶도 그러하거늘. 출발은 똑같이 했는데 어느새 나하고 비교할 수 없을 정도로 잘나가는 동료. 아직도 나는 치성한 번뇌에 시달리는데 좌복에 앉자마자 삼매三昧, 잡념을 떠나서 오직 하나의 대상에만 정신을 집중하는 경지에 드는 도반. 돈 잘 버는 남편과 좋은 대학에 들어간 자식을 가진 친구. 모두들 나를 좌절시키려고 있는 원수들이 아니다. 당신은 당신의 길을 잘 가라고 격려하기 위해 있는 사람들이다. 그러니 우리는 "큰 소리에 놀라지 않는 사자와 같이, 그물에 걸리지 않는 바람같이, 물에 젖지 않은 연꽃같이 저 광야에 외로이 걷는 무소의 뿔처럼" 혼자서 가야 한다. 흔들리지 말고 당당하게. 주눅 들지도 말고 편안하게.

선업과 악업

자신이
지어서
자신이 받다

신사임당 「포도」

악의 열매가 완전히 익기 전에는 악한 사람도 복을 받는다. 그러나 악의 열매가 완전히 익었을 때 악인은 반드시 벌을 받는다. 선의 열매가 완전히 익기 전에는 선한 사람도 재앙이 따른다. 그러나 선의 열매가 완전히 익었을 때 선인은 반드시 복을 받는다.

— 『법구경』

아침에 텔레비전을 켰다. 뉴스를 틀자마자 밤새 발생한 사건 사고가 줄줄이 나열된다. 사건의 피해자들은 힘없는 사람들이 대부분이다. 이런 독한 사건을 접할 때마다 우리는 흔히 다음과 같이 푸념한다. 하늘도 무심하시지. 어떻게 저런 파렴치한 인간들은 잘 살게 놔두고 법 없이도 살 만큼 착한 사람들한테만 벌을 준단 말인가. 진짜 하늘도 무심하시지.

1
조건 없이 자신을 베풀다

착한 행동에는 착한 열매, 악한 행동에는 악한 열매

이런 생각을 우리들만 한 것은 아니었다. 기원정사를 세운 수닷타 장자도 마찬가지였다. 땅을 사서 바닥에 황금을 깔아 기원정사를 지은 사람이 수닷타 장자였다. 그는 평소에도 널리 베푸는 것을 좋아해 의지할 데 없는 가엾은 사람들을 구제해왔다. 수닷타라는 본명 대신 '아나타(의지할 데 없는 자) 핀디카(먹을 것을 주다)'라는 뜻의 '급고독給孤獨 장자'로 알려진 것만 봐도 그의 보시행을 짐작할 수 있다. 급고독 장자는 특히 부처에게 헌신적이었다. 날마다 아침, 점심, 저녁 세 번씩 기원정사를 찾아와 부처에게 공경 예배를 올렸다. 올 때마다 단 한 번도 빈손이었던 적이 없었다. 항상 부처에게 공양을 올릴 수 있는 음식과 꽃과 향이 들려 있었다. 이같이 오랜 세월을 두고 보시를 하다 보니 그는 가난해지고 말았다. 그러나 가난해진 다음에도 매일 부처에게 찾아가는 것을 멈추지 않았다. 마침내 빈털터리가 되어 더 이상 가지고 갈 물건이 없었다. 생각다 못한 그는 자기 논에서 흙을 파가지고 가서 수도원의 꽃나무 주변에 쏟아 놓고 왔다. 그만큼 보시에 철저했다.

그런 어느 날이었다. 급고독 장자의 보시행을 지켜보다 못한 대문의 신장神將이 장자 앞에 모습을 드러내고 다음과 같이 말했다.

"저는 당신의 집 문을 지키는 신입니다. 당신은 지금까지 당신의 재산을 모두 석가모니 부처님께 바쳤습니다. 자신의 장래는 생각하지 않아 이제 아주 가난하게 되었습니다. 그러니 이제는 더 이상 부처님께 보시하지 말고 당신의 장래를 생각하십시오. 그래서 다시 부자가 되십시오."

이 말을 들은 급고독 장자는 신장을 크게 꾸짖었다. 쓸데없는 소리를 한다며 야단침과 동시에 그를 내쫓아버렸다. 신장은 서운했지만 어쩔 도리가 없었다. 급고독 장자는 이미 수다원과須陀洹果 수행을 통해 도달한 첫 번째 성인의 경지(이 경지에 이르면 그릇된 견해, 진리에 대한 의심 따위를 버리고 성자의 지위에 들어 일곱 번 이상은 윤회하지 않게 된다)에 이른 성자였고, 그의 가족들도 성자였기 때문에 신장으로서는 감히 그들의 성스러운 힘에 대항할 수 없었다. 쫓겨난 신장은 막상 갈 곳이 없었다. 신장은 도리천으로 올라가 천왕에게 자신의 억울한 사정을 하소연했다. 얘기를 다 들은 천왕은 불쌍한 신장이 급고독 장자의 집에 다시 들어갈 수 있는 방법을 알려줬다.

"너는 먼저 수닷타 장자를 위해 좋은 일을 하도록 해라. 그런 다음 용서를 빌면 될 것이다."

의아해진 신장이 되물었다.

"제가 무슨 방법으로 주인을 위해 좋은 일을 할 수 있겠습니까?"

천왕이 대답했다.

"수닷타 장자는 어느 때 1,800만 냥의 황금을 어느 장사꾼에게 빌려준 일이 있었다. 그런데 그 장사꾼은 아직 그것을 수닷타 장자에게 돌려주지 않고 있다. 그것을 네가 받아다가 돌려주어라. 그리고 수닷타 장자의 조상이 또 다른 1,800만 냥을 땅에 묻어 둔 일이 있었는데, 그 황금은 홍수에 떠내려가서 지금은 어느 브라만에게 가 있으며 또한 주인이 없는 재산으로 황금 1,800만 냥이 바닷속에 있으니 네가 네 신통력으로 그것들을 모두 찾아서 수닷타 장자의 창고를 가득 채워놓도록 해라. 네가 그같이 해놓고 용서를 빌면 용서받을 수 있을 것이다."

이렇게 해서 마침내 신장은 이 일을 다 처리했고, 급고독 장자는 다시 억만장자가 되었다. 일이 끝난 후 문지기인 신장은 자기 주인에게 사건의 경과를 고했다. 깜짝 놀란 급고독 장자는 신장을 데리고 부처에게 가서 자초지종을 말했다. 이에 부처가 그들에게 설법한 내용이 다음 경전의 구절이다.

1

조건 없이
자신을 베풀다

"악한 사람도 그 악의 과보인 고통을 오래 겪지 않는 경우가 있느니라. 그리고 착한 사람도 그 선의 과보인 행복을 오래 누리지 못하는 경우가 있느니라. 그렇지만 그것은 일시적인 현상일 뿐 시간이 지나면서 그 과보는 어김없이 나타나고 마느니라."

『법구경』에 나오는 얘기다. 오늘 읽은 게송은 없는 얘기를 꾸며낸 것이 아니라 급고독 장자가 받은 전생의 업보 때문에 부처가 설법했음을 알 수 있는 게송이다.

포도송이처럼 때가 되면 익는다

신사임당申師任堂, 1504~51이 그린 「포도」는 5만 원권 화폐에도 등장하는 유명한 작품이다. 신사임당의 「초충도草蟲圖」와 「포도」 그림은 진위를 알 수 없는 전칭작傳稱作, 확실하지 않지만 해당 작가가 그렸다고 전하는 작품이 대부분인데, 「포도」는 그녀의 진품으로 널리 알려진 작품이다. 이 작품은 포도송이를 근접 촬영하듯 가까이 다가가 보고 그렸다. 포도는 모두 세 송이다. 화면 가운데 수직으로 걸려 있는 송이가 중심이고, 위쪽에 걸린 두 송이는 균형을 맞추기 위해 그려 넣었다. 포도송이 앞에는 손바닥만 한 오엽五葉의 잎을 그려 현장감을 살렸다. 신사임당은 포도 줄기와 잎사귀, 그리고 포도 알갱이를 몰골법沒骨法, 윤곽선을 쓰지 않고 먹이나 채색만으로 형태를 그림으로 그렸다. 손으로 만지면 탱글탱글한 포도의 질감이 그대로 느껴질 것 같다. 계절이 아직 덜 여물었는지 포도 색깔이 일정하지 않다. 먹 하나만으로 이렇게 다양한 색을 낼 수 있다는 것이 놀랍다. 같은 줄기에 달린 포도 알갱이라도 익는 속도가 전부 다르다. 보는 사람을 군침 돌게 하는 시커먼 알갱이에서부터 익을 기미가 전혀 보이지 않은 연두색 알갱이까지 제각각이다. 그 모습이 마치 한 부모 밑에서 자랐어도 전부 다른 인생

法

신사임당, 「포도」, 비단에 먹, 31.5×21.7cm,
간송미술관 소장

 을 사는 형제 같다. 사람과 다른 점이 있다면 포도는 서로의 익는 속도를 손가락질하지 않는다. 검은 포도는 연두색 포도 앞에서 우쭐대지 않으며, 연두색 포도는 검은 포도에게 돌멩이를 던지지 않는다. 때가 되면 저절로 익는다는 것을 알기 때문이다. 각각의 알갱이는 오직 자기만의 포도로 깊어지는 것에만 몰두해 있다.

 빨리 익었다 하여 좋아할 일이 아니다. 늦게 익는다 하여 조바심 낼 일도 아니다. 제대로 온전히 익는 것이 중요하다. 우리의 업보가 드러나는 것도 이와 같다. 나쁜 짓 하는 사람이 왜 지금 당장 벌을 받지 않느냐고 분개할 필요 없다. 언젠가 때가 되면 자신이 지은 악업의 결과를 달게 받을 것이다. 착한 일 하는 사람이 왜 지금 당장 복을 받지 않느냐고 억울해 할 필요도 없다. 언젠가 때가 되면 자신이 지은 선업의 결과를 당연히 받을 것이다. 포도송이처럼.

 인생의 모든 과정은 자작자수自作自受다. 자기가 지어 자기가 받는다. 선업선과善業善果에 악업악과惡業惡果다. 착한 행동은 착한 열매를, 악한 행동은 악한 열매를 맺는다. 착한 나무에 악한 열매가 열릴 수 없고, 악한 나무에 착한 열매가 열릴 수 없다. 콩 심은 데 콩 나고 팥 심은 데 팥 나지, 콩 심은 데 팥 나는 이치는 세상 어디에도 없다. 착하게 살았는데 불행한 일을 만나면 그것은 전생의 결과다. 하늘이 무심해서 벌을 준 것이 아니다. 전생의 악업이 이제야 시절인연을 만나 열매를 맺어 떨어진 것이다. 생면부지의 사람이 이유 없이 나를 도와주고 은혜를 베풀 때도 역시 전생의 업보다. 전생에 그는 나의 은혜를 입었을 것이다. 다만 한 생을 사는 우리 눈에는 삼생三生에 걸쳐 일어나는 업보의 진행이 보이지 않을 뿐이다. 보이지 않는다 하여 틀린 것이 아니다. 오늘 내가 누군가를 도와주면 그는 다음 생에 내게 은혜를 갚을 것이다. 다음 생이 꼭 죽어서 가는 곳만 의미하겠는가. 내일도 다음 생이다.

실수 속에서 의미를 깨닫는 삶

자작자수의 이치를 깨닫게 되면 누굴 탓하거나 원망하지 않게 된다. 어떤 형상을 하고 어떤 행동을 하든 그들 모두 나의 스승이기 때문이다. 공자는 『논어』「술이述而」에서 "세 사람이 길을 가면 반드시 나의 스승이 있다"라고 가르쳤다. 선한 사람을 보면 좋은 점을 따르고, 악한 사람을 보면 좋지 않은 점을 고칠 수 있기 때문이다.

『대방광불화엄경大方廣佛華嚴經』에서 선재동자가 만난 53선지식 중에는 문수보살, 보현보살 같은 위대한 스승과 더불어 의사, 도둑, 거지 등도 포함돼 있다. 그들 모두 선재동자에게 가르침을 주는 스승들이다. 오해 없기 바란다. 사회의 악과 부조리를 눈감아 주자는 얘기가 아니다. 밖으로만 향하는 눈을 안으로 돌려보자는 얘기다. 우리가 살아가면서 똑같은 실수를 되풀이하는 것은 그 실수를 통해 꼭 배워야 할 가르침이 있기 때문이 아닐까. 시인 류시화가 엮은 『나는 왜 너가 아니고 나인가』에는 '상처 입은 가슴'이란 이름을 가진 인디언의 다음과 같은 말이 적혀 있다.

"삶에서 일어나는 모든 일들에 의미가 있다. 그 의미를 깨닫지 못하면 우리는 제대로 삶을 산 것이 아니다. 이것은 우리 인디언들의 오랜 믿음이며, 나는 언제나 그 믿음에 따라 살아왔다. (중략) 당신은 무엇을 위해 살아가고 있는가? 한 계절에 한 번씩이라도 그것을 자기 자신에게 물어 본 적이 있는가?"

도저히 받아들일 수 없는 사건이 발생했을 때 새겨보면 좋은 문장이다. 도대체 나한테 왜 이런 일이 생겼을까. 내가 전생에 무슨 죄를 지어서 이런 벌을 받는 걸까. 한탄하고 절망하는 대신 그 사건이 내게 가르쳐 주는 의미를 깨닫게 되면 우리의 삶은 조금 더 깊어질 것이다.

1
조건 없이
자신을 베풀다

행위

어떤 행위를
하는
사람인가?

김득신 외 「환어행렬도」

사람은 출신 성분으로 천한 사람이 되는 것이 아니다. 또한 태생에 의해 귀한 사람이 되는 것도 아니다. 행위에 의해 천한 사람이 되기도 하고 행위에 의해 귀한 사람이 되기도 한다. ─『숫타니파타』

개똥이 엄마, 소식 들었어? 아, 글쎄 임금님이 내일 낮에 우리 동네 앞을 지나가신대. 여기가 어디라고 그렇게 귀하신 분이 지나가는지 몰라. 살다 보니 참 별스런 구경거리도 다 있네. 개똥이 엄마도 읍내 뒤쪽 산 옆에 있는 큰 건물 알지? 그게 임금님이 주무실 무슨 궁이래. 어쩐지 너무 조용하더라니. 알고 보니 그게 사또가 사는 관아가 아니라 궁전이었다니까. 항상 텅 빈 집처럼 쓸쓸하더니만 내일은 북적북적하겠네. 우리 어디서 볼까? 기왕이면 높은 데

法

김득신 외, 「환어행렬도」(「화성능행도병」 중 제7폭),
비단에 색, 156.5×65.3cm, 1795년경,
삼성미술관 리움 소장

1
조건 없이
자신을 베풀다

51

올라가 임금님 행차를 쫘악 볼 수 있는 자리를 잡아야지? 아이고, 내일은 정신없겠네. 좋은 자리 차지하려면 새벽부터 서둘러야 할 거 아니야. 개똥이 엄마도 내일 아침 빨리 차려 먹고 득달같이 나와. 알았지?

왕의 행차를 그리다

「환어행렬도還御行列圖」는 정조대왕이 화성華城, 수원 행차를 마치고 한양으로 돌아가는 모습을 그린 작품이다. 정조는 1795년정조 19년 윤 2월 9일부터 16일까지 8일 동안 어머니 혜경궁 홍씨를 모시고 아버지 사도세자의 묘소가 있는 화성에 내려가 여러 가지 다채로운 행사를 치른다. 특별히 이때를 기념해 행사를 치른 이유는 1795년이 혜경궁 홍씨가 회갑이 된 해였기 때문이다. 또한 정조의 생부 사도세자가 태어난 지 60주년이 되는 해이기도 했다. 사도세자와 혜경궁 홍씨는 동갑이었다. 혜경궁 홍씨는 스물여덟 살 한창 좋을 나이에 남편과 사별했다. 시아버지 영조에 의해 남편이 뒤주에 갇혀 죽은 대참변이었다. 전 세계 역사를 다 뒤져봐도 그 유례를 찾아볼 수 없는 전무후무한 아들 살해였다. 물론 아들의 심병心病을 더 이상 두고 볼 수 없었던 아버지의 결단이었다. 남편 없는 궁궐은 온통 정적뿐이었다. 그 살얼음판 같은 궁궐에서 혜경궁 홍씨는 아들 정조가 아슬아슬하게 왕위를 물려받는 것을 지켜봐야 했으니 가슴 조이고 애타는 심정은 말로 다 할 수 없었으리라. 살아도 사는 것이 아니었다. 남편을 보내고 33년이 흘렀다. 다행히 아들은 최고의 성군으로 칭송받고 선정을 베풀었다. 이렇게 좋은 세상을 볼 수 있으니 오래 살아서 좋을 때도 있었다. 그런 마음을 모를 리 없는 정조가 특별히 아버지 묘소가 있는 화성에서 어머니를 위해 회갑연을 베풀었다.

정조는 화성행궁에서 회갑연을 마치고 아버지의 묘소인 현륭원에서 제사를 지냈다. 이 모든 행사 장면을 8폭 병풍으로 제작해 혜경궁 홍씨에게 바치고 궁중에도 들였다. 이 병풍이 「화성능행도병華城陵幸圖屛」이다. 「화성능행도병」은 현재 국립중앙박물관, 삼성미술관 리움, 동국대학교 박물관 소장본 등 여러 점이 전한다. 밑그림이나 필치 등에서 약간씩 차이가 보이지만 기본적인 형식은 똑같다.

8폭 병풍의 제1폭은 화성의 문선왕묘에서 치러진 알성의謁聖儀. 문무과를 그린 「화성성묘전배도華城聖廟殿拜圖」다. 제2폭은 화성, 광주, 시흥, 과천의 유생들을 대상으로 문무과정시별시文武科庭試別試를 치르고 합격자를 발표하는 장면을 그린 「낙남헌방방도落南軒放榜圖」이며, 제3폭은 봉수당에서 잔치를 벌인 장면을 그린 「봉수당진찬도奉壽堂進饌圖」다. 제4폭은 수원부 노인을 초대하여 낙남헌에서 베푼 양로연을 그린 「낙남헌양로연도落南軒養老宴圖」, 제5폭은 화성 성곽의 가장 높은 곳에 위치한 서장대에서 밤에 군사들이 조련하는 장면을 그린 「서장대야조도西將臺夜操圖」, 제6폭은 득중정에서 정조가 활쏘기를 하고 혜경궁 홍씨와 함께 불꽃놀이를 즐기는 모습을 그린 「득중정어사도得中亭御射圖」 등이다. 여기까지가 화성에서의 장면이라면, 마지막 두 폭 「환어행렬도」와 「한강주교환어도漢江舟橋還御圖」는 화성을 떠나 한양으로 귀환하는 장면이다.

「환어행렬도」는 화성을 출발한 왕 일행이 한양으로 향하던 중 중간에 있는 시흥행궁으로 숙박하러 들어가는 모습을 그렸다. 왕실에 진상한 작품인 만큼 8폭 모두 화가들의 최고 기량이 발휘되었다. 그중에서도 특히 「환어행렬도」는 보는 사람을 압도할 정도로 작품성이 뛰어나다. 이 그림을 담당한 화가들은 김득신, 최득현, 이명규, 장한종, 윤석근, 허식, 이인문 등이다. 이름이 올라가 있지 않은 김홍도는 의궤 제작 총지휘를 맡았을 것이다. 정조의 화성 행차에는 6,000여 명의 인원이 동원되고 1,400여 필의 말이 투입되었다고 전한다. 영화는 물론 텔레비전이나 인터넷도 없던 시절에 이만큼 흥미진진하고 재미있는 볼거리가 어디 있으랴. 비록 왕의 얼굴은 직접 볼 수 없지만 상관없다. 의장대가 앞장서고 오색 깃발이 뒤따르며 말 탄 군사와 호위대에 둘러 싸여 느리게 지나가는 왕의 행렬은 조용하고 한적한 시골 동네를 시끌벅적하게 했을 것이다. 어디 그뿐인가. 끝이 안 보일 정도로 이어지는 가마와 고관대작들과 색색의 옷을 입은 군인들은 백성들의 입을 쩍 벌어지게 했을 것이다. 백성들 입장에서 보면 일생에 단 한 번 볼까 말까 한 최고로 웅장하고 즐거운 행사였다.

특별한 행사이니만큼 이 장관을 어떻게 하면 생생하게 전달할 수 있을까. 화가들의 고민이 깊어졌다. 「환어행렬도」에는 그런 화가들의 고민이 촘촘히 박혀 있다. 가장 특징적인 장치는 지그재그식 인물 배치다. 길을 일자로 배치하면 많은 사람을 담을 수 없을 뿐더러 인물의 다양한 측면을 보여줄 수가 없다. 한 화면에 최대한 많은 사람을 드러낼 수 있는 방법으로는 지그재그식 배치다. 행렬 주변에는 구경꾼들이 빼곡하다.

시점視點도 중요하다. 「환어행렬도」에는 최대한 현장감을 살리기 위해 동서양 화법을 다 적용했다. 그림 앞쪽에 있는 인물은 크게 그리고 뒤쪽에 있는 인물은 작게 그린 원근법이다. 원근법은 원근법이되 두 직선이 멀리 소실점에서 만난 것처럼 보이는 정확한 서양식 원근법은 아니다. 앞뒤의 인물을 조금 차이 나게 그렸을 뿐이다. 그보다 더 중요한 것은 조감도법鳥瞰圖法이다. 마치 높은 창공을 나는 새가 땅 아래를 내려다보는 듯한 시각에서 그린 그림이라 행사에 참여한 수많은 인물들이 한눈에 들어온다. 정조 시대의 회화 역량을 확인할 수 있는 작품이다. 마지막 장면은 「한강주교환어도」로 노량진에 설치된 주교舟橋를 이용해 한강을 건너는 환어행렬을 그렸다.

왕의 행차를 지켜본 사람들은 재미있으면서 쓸쓸하기도 했을 것이다. 우리가 텔레비전에서 대통령과 정치인들의 연회 장면을 지켜보는 마음과 비슷하다. 대통령 곁에는 항상 유명 정치인이나 재벌이나 학자 들이 앉아 있다. 그들은 우리 같은 서민들은 꿈도 꿀 수 없는 '그들만의 천국'에서 허구한 날 연회복을 입고 술잔을 부딪친다. 그렇다고 부러워할 필요는 없다. 왕의 곁에 있다 해서 그들이 고귀한 사람이 되는 것은 아니기 때문이다. 우리는 그들을 보고 부러워할지언정 존경하지는 않는다. 비록 높은 지위에 있을지 몰라도 손가락질 당하고 욕먹는 사람들이 더 많다. 사람은 출신 성분이나 태생 혹은 명함과 직책에 의해 귀한 사람이 되거나 천한 사람이 되는 것이 아니다.

어떤 사람이 천한 사람인가

부처는 신분에 의해 사람의 가치를 판단하던 시대에 신분이 아니라 행위가 중요하다고 가르쳤다. 당시 인도는 브라만, 크샤트리아, 바이샤, 수드라 등 네 가지 계급에 의해 사람의 등급을 매겼다. 아무리 기품 있는 사람이라도 천민 계급이면 그는 사람 취급을 받지 못했다. 지금도 돈과 권력에 의해 사람을 특별 대우를 하거나 업신여기기도 하는데 부처 시절에는 오죽했으랴. 부처는 강고한 신분제를 여지없이 무시해버렸다. 석가족釋迦族을 출가시킬 때 왕족 출신 친척들보다 그들을 수발한 이발사 우팔리를 먼저 선택한 것도 출가 순서에 따라 서열을 정하는 승단의 관행을 통해 출신 성분을 묻지 않으려는 배려에서였다. 그러니 우리도 '돈 많은 사람인가, 가난한 사람인가'라고 묻는 대신, '천한 행위를 하는 사람인가, 고귀한 행위를 하는 사람인가'라고 물어야 한다. 어느 집안과 인맥이 닿아 있는가 묻는 대신, 어떤 가르침을 받고 자랐는가를 물어야 한다.

1
조건 없이 자신을 베풀다

　그러면 어떤 사람이 천한 사람일까. 부처가 선정한 천한 사람의 명단은 다음과 같다. 화를 잘 내고 원한을 쉽게 품으며, 성질이 못돼 남의 미덕을 덮어버리고, 그릇된 생각으로 음모를 꾸미는 사람은 천한 사람이다. 한 번 태어나는 것이거나 두 번 태어나는 것이거나, 이 세상에 있는 생물을 해치고 동정심이 없는 사람은 천한 사람이다. 시골과 도시를 파괴하고 공격하여, 독재자로 널리 알려진 사람이 천한 사람이고, 마을에서나 숲에서나 남의 것을 훔치려는 생각으로 이를 취하는 사람이 천한 사람이다. 빚이 있어 돌려 달라는 독촉을 받으면 '당신에게 언제 빚진 일이 있느냐'고 발뺌하는 사람이 천한 사람이요, 얼마 안 되는 물건을 탐내어 행인을 살해하고 그 물건을 약탈하는 사람이 천한 사람이다. 증인으로 불려 나갔을 때 자신의 이익이나 남을 위해, 또는 재물을 위해 거짓으로 증언하는 사람이요, 때로는 폭력을 쓰거나, 또는 서로 눈이 맞아 친척이나 친구의 아내와 놀아나는 사람이 천한 사람이다. 가진 재산이 풍족하면서도 늙고 병든 부모를 섬기지 않는 사람. 부모, 형제, 자매, 또는 계모를 때리거나 욕하는 사람. 상대가 이익 되는 일을 물었을 때, 불리하게 가르쳐주거나 숨긴 일을 발설하는 사람. 나쁜 일을 하면서, 아무도 자기가 한 일을 모르기를 바라며 숨기는 사람. 남의 집에 갔을 때는 융숭한 대접을 받았으면서, 그쪽에서 손님으로 왔을 때는 예의로써 보답하지 않는 사람. 바라문이나 사문 또는 걸식하는 사람을 거짓말로 속이는 사람. 식사 때가 되었는데도 바라문이나 사문에게 욕하며 먹을 것을 주지 않는 사람. 어리석음에 이끌려 변변치 않은 물건을 탐내어 사실이 아닌 일을 말하는 어리석은 사람. 자기를 내세우고 남을 무시하며, 스스로의 교만 때문에 비굴해진 사람. 남을 괴롭히고 욕심이 많으며, 인색하고 덕도 없으면서 존경을 받으려 하며, 부끄러워할 줄 모르는 사람. 깨달은 사람을 비방하고 출가자나 재가 수행자들을 헐뜯는 사람. 이들은 모두 천한 사람이다. 그러나 마지막 천한 사람에 비하면 지금까지 말한 사람은 애교로 봐줄 수 있다. 진짜 천한 사람은 따로 있다. 사실은 성자도 아니면서 성자라고 자칭하는 사람이다. 그는 단순히 무리들 중에서 천한 사람이 아니라 전 우주의 도둑이며 천한 사람 중에서도 가장 천한 사람이다. 지금도 우리 주변에서 전 우주의 도둑을 심심치 않게 볼 수 있으니, 2,500년 전이나 지금이나 천한 사람은 언제나 존재하는 것 같다.

타고난 신분보다 중요한 것은 행위

부처가 예로 든 천한 사람을 읽다 보면 확실히 날 때부터 천한 사람이 되는 것은 아닌 것 같다. 반대로 태어나면서부터 바라문이 되는 것도 아니란 뜻이다. 오직 그 행위에 의해서 천한 사람도 되고 바라문도 된다. 개백정 마탕가처럼. 마탕가는 찬다라족의 아들이었다. 찬다라족은 천민의 한 종족으로 주로 도살업에 종사했다. 마탕가는 얻기 어려운 최상의 명예를 얻어, 많은 왕족과 바라문들이 그를 섬기려고 모여들었다. 그는 신들의 길, 더러운 먼지를 떨어뜨린 성스런 길에 들어섰으며, 탐욕을 버리고 범천의 세계에 가게 되었다. 천한 태생인 그가 범천의 세계에 태어나는 것을 아무도 막을 수 없었다. 『베다』_{고대 브라만교 경전}를 외는 자의 집에서 태어나 『베다』의 글귀에 친숙한 바라문이라고 전부 범천의 세계에 갈 수 있는 것이 아니다.

『시경詩經』「대아大雅」에 보면 '윗물을 길어서泂酌'라는 시가 나온다. "길바닥에 고인 물도 윗물만을 길어다가 맑은 부분 떠내어서 이곳에 담아 두면 고두밥을 쪄내는 덴 손색이 없네." 길바닥에 고인 진흙탕 물도 가라앉히면 맑은 물이다. 원래부터 맑은 물이 따로 있는 것이 아니다. 사람도 마찬가지다.

1
조건 없이
자신을 베풀다

중도

> 수행 또한
> 거문고와
> 마찬가지라
>
> 이경윤 「탄금도」

조율을 알맞게 해야 음을 낼 수 있는 거문고처럼 수행도 역시 마찬가지다. 너무 지나치게 몸을 핍박해서도 안 되며, 그렇다고 너무 게을리해서도 안 된다. 수행자는 극단에 떨어지지 말고 중도를 취해야 한다.

— 『잡아함』

    헬스클럽에 다닌 지 두 해가 지났다. 운동이라고는 숨쉬기 운동밖에 할 줄 몰랐던 내가 작정하고 운동을 시작한 건 큰 수술 후 건강의 중요성을 실감했기 때문이다. 계기는 건강이었지만 특별히 목표를 정하지는 않았다. 살을 몇 킬로그램 빼야 한다거나 '몸짱'이 되겠다거나 하는 부담감도 없었다. 부담이 없으니 동네 마실 다니듯 그저 슬렁슬렁 다녔다. 그마저도 안 다니면 하루 종일 집안에만 틀어박혀 대문 밖으로 나갈 일이 없을 것 같아서 등록했다. 소풍 삼아 운동 간다. 감당하지 못할 목표를 설정해놓고 슬프게 인내해야 할 이유가 없으니 가도 그만 안 가도 그만이다. 태어나서 처음 다니는 헬스클럽인데 중간에 그만두지 않고 버틴 비결이 자신을 심하게 다그치지 않는 데 있는 것 같다.

두 해를 다니다 보니 평범한 동네 헬스클럽인데도 어떤 리듬을 읽을 수 있다. 새해가 되면 갑자기 낯선 사람들이 북적거린다. 작년에도 그랬고 올해도 그렇다. 새해의 결심 중에 운동이 들어 있음을 알 수 있다. 결심을 한 것은 좋은데 내년 이맘때까지 계속 나올 사람이 몇 명이나 될까. 작심삼일이란 말이 있다. 결심이 삼일을 넘기지 못한다는 뜻이다. 새해가 되면 여러 가지 계획을 세우지만 연말까지 차질 없이 실천한 경우는 드물다. 오죽하면 작심삼월도 아니고 작심삼일이겠는가. 석 달은커녕 단 삼 일도 실천하기 쉽지 않다는 뜻이다. 큰마음 먹고 세운 계획이 작심삼일로 끝나는 경우에는 의지박약을 탓할 수 있다. 문제는 전혀 게으름 피우지 않고 온몸을 다 바쳐 전투적으로 일에 매진했는데도 별 소득이 없을 때다. 『잡아함경雜阿含經』에 나오는 「이십억이경二十億耳經」의 경우가 딱 좋은 예다.

수행은 거문고처럼

비구 이십억이는 발에서 피가 철철 흐를 정도로 고행했지만 깨달음의 경지에 이르지 못했다.

'나는 세속에서 유명한 가문의 아들이고, 재산도 넉넉히 갖추고 있으니 집으로 다시 돌아가 가난한 사람들을 돌보며 복 짓는 일이 훨씬 나을 것 같다.'

그는 출가한 것을 후회하기 시작했다. 이때 부처가 이십억이의 마음을 알고 말했다.

1
조건 없이
자신을 베풀다

"이십억이야. 그대는 출가하기 전에 거문고를 대단히 잘 탔다고 들었는데 맞는가?"
"네, 그렇습니다. 부처님."
"이십억이야. 거문고 줄을 팽팽히 조이면 소리가 잘 나더냐?"
"아닙니다. 소리가 잘 나지 않습니다."
"그러면 줄을 너무 느슨하게 하면 소리가 잘 나더냐?"
"아닙니다. 너무 느슨해도 소리가 잘 나지 않습니다."
"이십억이야. 조율을 알맞게 해야 음을 낼 수 있는 거문고처럼 수행도 역시 마찬가지다. 너무 지나치게 몸을 핍박해서도 안 되지만 너무 게을리 해서도 안 된다. 수행자는 극단에 떨어지지 말고 중도를 취해야 한다."

홀로 즐기는 자족

보름달이 떴다. 한 선비가 언덕에 앉아 거문고를 탄다. 선비의 머리 위로는 시커먼 절벽이 대각선으로 솟아 있다. 무너질 듯 배치된 절벽이 쏟아질 듯 불안하다. 바위 표면에 칠해진 흰색과 검은색의 농담濃淡 차이로 인해 바위의 날카로운 질감이 더욱 실감난다. 멋있는 절벽을 그려넣어 풍광 좋은 장소라는 것을 보여주는 것은 좋은데 무게중심이 너무 심하게 오른쪽으로 기운다. 균형이 필요하다. 차 끓이는 동자의 등 뒤로 그다지 잘생기지도 않은 바위를 그려넣은 이유다. 두 개의 암벽이 마련한 공간 속에 선비가 무심하게 앉아 있다. 달빛에 취해 거문고를 타는 선비의 눈에는 만상이 고요하다.

이경윤李慶胤, 1545~1611은 「탄금도彈琴圖」에서 초탈한 선비의 풍류를 절파화풍浙派畫風으로 구현했다. 절파화풍은 명明나라 초기에 절강성浙江省 출신의 대진戴進이 당시까지 내려오던 여러 화풍을 융합해서 창안한 궁정화풍이다. 화면을

法

이경윤, 「탄금도」, 비단에 먹, 31.1×24.8cm, 고려대학교박물관 소장

1
조건 없이
자신을 베풀다

대각선이나 수직으로 나누어 비대칭의 균형을 보이는 구도가 특징이다. 먹의 농담 대조가 강하고 바위 표면을 도끼로 찍어낸 듯한 거친 필선의 부벽준斧劈皴이 두드러진다. 우리나라에서는 조선 초기에 강희안姜希顔, 1417~64이 절파화풍의 「산수인물도」를 남긴 것을 시작으로 조선 중기에 김명국金明國, 김시金禔, 이경윤 등의 작품에서 화려하게 꽃핀다.

선비의 고아한 아취를 담은 「탄금도」는 전체가 10폭으로 구성된 화첩 속에 들어 있다. 10폭은 낚시釣魚, 음주飮酒, 탄금彈琴, 바둑圍棋, 탐매探梅, 초옥草屋, 관폭觀瀑, 관안觀雁, 취적吹笛, 탁족濯足 등으로 초옥을 제외하고는 모두 선비의 은일과 여유가 주제다. 그림 속 주인공은 역사 속에서 이름이 알려진 문인이거나 은자다. 소부巢父, 도잠陶潛, 왕희지王羲之, 죽림칠현竹林七賢, 이백李白, 소식蘇軾 등이 유명하다. 때로 이들의 이름에 의지해 강호江湖에서 노닐고자 하는 선비 자신의 이상을 표현할 때도 많다.

선비가 홀로 앉아 거문고를 타는 '탄금'은 당唐나라 때 시인 왕유王維, 699?~759의 시 「죽리관竹里館」이 유명하다. "홀로 대숲 속에 앉아 거문고 타고 긴 휘파람 분다"로 시작되는 왕유의 시는 김홍도가 「죽리탄금도竹裡彈琴圖」라는 선면화扇面畵, 부채 위에 그린 그림로 멋들어지게 형상화했다. '탄금'은 또한 지음知音으로 알려진 백아伯牙와 종자기鍾子期의 고사로도 유명하다. 백아는 거문고를 잘 타고 종자기는 소리를 잘 들었다. 백아가 금을 타면서 뜻이 높은 산에 있으면 종자기는 그 소리가 '태산 같다'라고 감탄했고, 뜻이 흐르는 물에 있으면 종자기는 '강하江河와 같다'라며 칭찬했다. 말없이도 속마음까지 다 이해하는 벗이었다. 그러다 종자기가 먼저 죽자 백아는 다시는 금을 타지 않았다. 『열자列子』 「탕문편湯問篇」에 실려 있는 얘기다. '탄금'은 잘 살고 귀하게 되는 것에서 얻어지는 즐거움이 아니다. 홀로 즐기는 자족에서 얻어진다. '독락獨樂'은 선비가 산

길을 걷다 도토리를 발견했을 때의 소박함만큼이나 자잘하다. "거친 밥을 먹고 물을 마시며, 팔을 굽혀 그것을 베개로 삼아도 즐거움이 그 속에 있다"라고 한 공자의 가르침처럼 수수하다. 수수하고 자족하는 만큼 남에게 뺏길 염려가 없다. 중국 청대靑代의 시인 시정의柴靜儀는 아들에게 준 교훈시에서 예로부터 어진 선비(哲士)는 "글 읽고 거문고 타며 스스로 즐겨야 한다(讀書彈琴聊自娛)"라고 당부했다. 이덕무李德懋, 1741~93는 『청장관전서靑莊館全書』에서 "겨를이 있는 날이면 탄금과 독서로 즐겼고, 다만 스스로 차茶가 끓고 향기가 맑은 것을 기뻐하였으며, 높은 벼슬 보기를 뜬구름같이 여겼으니, 또한 어찌 밤이 다하여 새벽종이 울리는 것은 근심하랴!"라고 노래했다. 그러므로 '탄금'은 선비가 홀로 고요하게 앉아 자신의 내면을 들여다보는 행위임과 동시에 마음을 닦는 수양법이다. 거문고를 탈 때 굳이 '고요하게 앉거나(靜坐)' '홀로 앉는(獨坐)' 조건이 선행돼야 하는 이유가 바로 여기에 있다.

이경윤은 자가 수길秀吉, 호는 낙파駱坡·낙촌駱村·학록鶴麓이다. 성종의 아들인 이관李𢢝의 종증손으로 학림정鶴林正에 봉해져 이 작호로 더 많이 알려졌다. 그의 아우 죽림수竹林守 이영윤李英胤도 영모화를 잘 그렸고, 세 아들 모두 그림과 글씨에 능했다. 특히 서자인 허주虛舟 이징李澄은 화원을 지냈는데 허균許筠, 1569~1618이 '본국제일수本國第一手'라고 추켜세울 정도로 산수화와 화조영모화에 뛰어났다.

우리나라의 명화는 '종영宗英, 임금의 친척'에서 많이 나왔다고 할 만큼 뛰어난 종실화가들이 많다. 이경윤과 이영윤 외에도 강아지를 잘 그린 두성령 이암, 대나무에 뛰어난 석양정石陽正 이정李霆 등이 모두 종실화가다. 조선 후기의 실학자 이긍익李肯翊은 『연려실기술燃藜室記述』에서 이경윤의 그림을 "품격이 고상하고 깔끔하다"라고 평했다. 남태응南泰膺은 조선시대 화론을 담은 『청죽화사

『聽竹畵史』에서 "학림의 그림은 고담枯淡한 중에도 정취가 있고 고고高古한 중에도 고운 자태가 있다. 십분 단련하고 완전히 일신하여 거칠거나 엉성한 데가 한 점도 없었으니, 김시에게 견주더라도 나으면 나았지 모자람이 없다"라고 높게 평가했다.「탄금도」에서는 그의 그림이 고상하고 깔끔하며 정취가 있다는 세간의 평가가 틀리지 않았음을 확인할 수 있다.

그림 속 선비가 여유롭게 거문고를 탈 수 있는 이유는 마음을 내려놓았기 때문이다. 그는 지금 거문고를 잘 타야 한다거나 명곡을 연주해야 한다는 강박관념이 없다. 오로지 탈 뿐이다. 편안하게 탈 뿐이다. 관직 생활을 하면서 조이고 긴장했던 마음을 풀고 지금은 이윽히 거문고를 탄다. 오늘밤 선비의 가슴을 적신 달빛은 다시 세상에 나가 포악한 감정이 일어날 때 윤슬이 되어 적셔줄 것이다.

수행이든 삶이든 알맞게 조율해야

공자도 부처의 거문고 가르침과 비슷한 얘기를 했다. 공자의 제자 자공이 세밑에 지내는 제사를 보고 있었다. 제사라지만 축제 분위기가 더 강했다. 공자가 자공에게 "보고 있으니 즐거우냐?"라고 물었다. 자공은 "온 나라 사람들이 모두 미친 듯이 즐거워하는데, 저는 그것이 왜 즐거운지 모르겠습니다"라고 대답했다. 그러자 공자가 이렇게 설명했다. "백일 동안 열심히 일하고 하루 즐기는 것을 너는 이해하지 못하느냐? 당기기만 하고 느슨히 풀지 않는 것은 문왕文王이나 무왕武王도 하지 않은 것이다. 반대로 느슨하기만 하고 팽팽하게 당기지 않는 것도 문왕과 무왕이 모두 하지 않은 것이다. 한 번 당기면 한 번 느슨하게 하는 것이 바로 문왕과 무왕이 천하를 다스린 도리일 것이다."

『공자가어孔子家語』「관향사觀鄕射」에 나오는 내용이다. 공자는 자하子夏가 거부筥父

의 읍재가 되어 떠날 때도 "빨리 하려 들면 도달하지 못한다"라고 가르쳤다. 수행이든 삶이든 조이고 푸는 것을 잘해야 한다. 너무 조이지도 말고 풀지도 말고 알맞게.

　새해가 되고 한 달이 지났다. 헬스클럽에는 벌써부터 안 보이는 얼굴들이 생겼다. 헬스클럽은 대부분 3개월 회비를 한꺼번에 내는 것이 관례. 한 달 만에 그만 둔 사람은 두 달 분 회비를 포기하면서까지 과분한 결심의 대가를 치렀을 것이다. 그러나 포기 좀 하면 어떤가. 다음에 또 하면 되지. 한번 결심하면 한 치의 흐트러짐도 없이 끝까지 가는 완벽주의자는 멋있다. 단 며칠 만에 그만 두고 싶다는 스스로의 유혹에 빠져 한 달 만에 결심을 깨뜨리는 사람도 괜찮다. 다시 하면 된다. 이렇게 저렇게 부족한 자신을 용서하고 다시 일어선 사람은 남에게도 관대해질 수 있다. 넘어져 본 사람은 몰인정한 사람보다 훨씬 더 인간적이다.

1
조건 없이
자신을 베풀다

자애

원한이
불길처럼
타오르기 전에

작자 미상 「내외선온도」

원한을 원한으로 갚을 때 원한은 결코 사라지지 않는다. 원한은 자애에 의해서만 사라진다. 이것은 영원한 진리이다.
— 『법구경』

가장 힘들 때가 언제일까. 화날 때다. 화는 내 욕심이 충족되지 않았을 때 일어난다. 전혀 모르는 사람한테 피해를 입었을 때도 화가 난다. 평소에 나의 도움을 많이 받은 사람이 은혜를 원수로 갚았을 때는 더욱 화가 난다. 뒤통수를 맞은 기분까지 더해 참을 수가 없다. 미움이 생기고 분노가 일어나면 그 불길은 쉽게 사그라지지 않는다. 마음을 태우고 몸을 태우고 주변을 전부 태운 뒤 더 이상 태울 것이 없을 때까지 분노의 불길은 맹렬하다. 끝장을 보는 것이 분노다. 복수심으로 가득 찬 분노는 원한의 상대가 처절하게 무너져야

막을 내린다. 동서고금을 통해 앞집과 옆집과 윗집과 아랫집에서 여전히 복수극이 난무하는 이유다.

처용무가 있는 잔치

어느 대갓집에서 잔치가 벌어졌다. 풍악 소리가 울리는가 싶더니 얼굴에 탈을 쓴 무용수들이 등장해 화려한 춤사위를 펼친다. 웃음 소리와 대화 소리가 가득했던 연회장에 악기 소리와 춤 동작만이 살아 있다. 오늘의 경사를 하늘도 축복한 듯 상서로운 구름이 연회장 둘레를 휘감았다. 신선이 사는 선경仙境인가. 앞산과 뒷산에 칠한 청록진채青綠眞彩가 평범한 연회장을 신령스럽고 유서 깊은 장소로 바꿔놓았다. 예사 잔치가 아닌 듯하다.

1668년현종 9년 11월, 현종이 백헌白軒 이경석李景奭, 1595~1671에게 궤장几杖을 하사했다. 이경석은 우의정, 좌의정, 영의정을 거쳐 예순네 살에 기로소耆老所, 나이 많은 문신을 예우하기 위하여 설치한 기구에 들어갔다. 그로부터 9년 후인 일흔세 살에 궤장을 받았다. 조선시대에는 칠순이 넘은 원로대신에게 의자(几)와 지팡이(杖) 그리고 가마 등을 내려주던 풍습이 있었다. 아무리 높은 벼슬에 올라도 칠순까지 장수한다는 것은 드문 일이었다. 이를 축하하고 기념해 원로대신이 계속 정사를 돌보게 하려는 뜻에서 임금이 물품을 내린 것이다. 현종은 의자 한 점과 지팡이 네 점을 내리고 이를 기념해 잔치를 열어주었다. 이 모든 과정이 『사궤장연회도첩賜几杖宴會圖帖』에 담겨 있다.

『사궤장연회도첩』은 사궤장교서賜几杖敎書와 좌목座目, 목록, 참석자들의 시, 친지들이 보낸 축시祝詩 등을 적고 행사 진행 과정을 세 장면으로 그렸다. 그림은 왕이 보낸 교서와 궤장을 든 일행을 이경석의 집에서 맞이하는 장면을 그린 「지영궤장도祗迎几杖圖」, 주서注書가 왕의 교서를 낭독하고 궤장을 전달하는

1
조건 없이
자신을 베풀다

모습을 그린 「선독교서도宣讀敎書圖」, 도승지가 어사주御賜酒를 올리고 연회가 베풀어지는 장면을 그린 「내외선온도內外宣醞圖」로 구성되어 있다.

그중 「내외선온도」는 오늘 행사의 압권이 담겨 있다. 딱딱한 공식 일정으로 구성된 1부 순서가 끝나고 음악과 춤이 베풀어지는 2부 순서에 해당되는 연회 장면이다. 연회 장면이지만 이미 끝난 1부 행사를 확인할 수 있는 흔적들이 고스란히 남아 있다. 가장 먼저 눈에 띄는 것은 차일이다. 흰색 천에 쪽빛 가선을 덧대어 박은 차일은 행사장에는 어김없이 등장하는 소품이다. 차일은 햇볕을 가리기 위한 용도로도 쓰였지만 신분과 계급에 따라 그 명칭과 규모가 다르다. 차일 밑에는 왕에게 하사받은 궤장과 교서함이 올려진 탁자 그리고 왕이 내린 술동이(宣醞)를 올린 상이 놓여 있다.

궤는 접었다 폈다 할 수 있는 접이식 의자다. 언제든지 휴대하고 다니면서 사용할 수 있어, 어딜 가든 쉬이 피로감을 느끼는 노인의 사정을 감안해 준다. 의도는 그러하나 왕이 하사한 의자에 직접 앉은 신하는 없었을 것이다. 가문의 보배로 간직했으리라. 300년이 훨씬 지난 의자가 지금까지도 흠집 하나 없이 온전히 보존된 것만 봐도 의자를 제작한 장인의 뛰어난 솜씨와 더불어 저간의 사정을 짐작할 수 있다. 그림 속에 보이는 지팡이의 윗부분은 비둘기 머리를 조각한 조두형鳥頭形으로, 바닥에 닿는 아랫부분은 삽 모양으로 돼 있다. 비둘기는 무엇을 먹어도 토하지 않고 잘 소화시키는 새다. 지팡이에 비둘기를 조각한 이유는 노인도 비둘기처럼 토하지 않고 음식물을 잘 소화시키라는 의미에서다. 검은색 궤장은 멀리서 봐도 형태를 알 수 있을 정도로 정확하고 뚜렷하다. 우리나라 기록화가 얼마나 사실적이고 정확한지 확인할 수 있는 장면이다.

붉은색 탁자 위에 놓인 교서함은 오늘 왕림하지 못한 왕을 대신한다. 붉은

「내외선온도」 부분
① 궤장
② 주칠각상을 받은 대신들
③ 처용무
④ 복숭아꽃이 꽂힌 백자 화병
⑤ 연회장 밖에 설치된 차양과 돗자리

작자 미상, 「지영궤장도」 「선독교서도」 「내외선온도」(『사궤장연회도첩』에서), 비단에 색, 55.5×74cm, 1668, 보물 제930호, 경기도박물관 소장

「내외선온도」에 나온 궤장과 이경석이 실제로 받은 궤장을 비교해보면 기록화의 치밀함에 놀라게 된다.

색 상 위에 놓인 세 동이의 백자 술동이도 마찬가지다. 왕이 연회에 술을 내린 것은 단순히 잔치 분위기를 띄우기 위함만은 아니다. 술이야말로 '하늘이 내려준 아름다운 복록'으로 제사와 모든 예의 회합에 꼭 필요한 음식이다. 신하는 왕이 내려준 술을 마시면서, 주군과 신하 사이의 질서와 우호관계를 확인할 수 있다. 지금처럼 술을 핑계로 나이와 상관없이 막말을 해대는 '야자타임' 같은 것은 상상도 못하던 시절이었다. 술 마시는 행위 자체가 예의 실천이었다. 술잔을 주고받을 때는 무릎을 꿇고 예를 행하며 양손을 모아 공수拱手 자세를 취하는 것이 주도酒道였다. 한번 마셨다 하면 인사불성이 되어 길바닥에 드러누워야 술 좀 마셨다고 생각하는 음주는 주도가 아니다. 궤장과 교서와 선온 뒤로는 옥색玉色 병풍이 둘러쳐 있다. 옥색 병풍은 명주나 한지에 쪽빛으로 푸르스름하게 염색한 병풍으로 경사스러운 날에 사용했다. 병풍에는 현재 아무런 그림이나 글씨가 보이지 않는다. 오늘 잔치에 참석한 하객들이 저마다 글과 그림으로 축수서명을 하게 될 것이다.

악공 옆에는 붉은색 탁자 위에 백자로 된 그릇이 놓여 있다. 그릇 중 큰 그릇 두 개에는 복숭아꽃으로 보이는 붉은색 꽃이 꽂혀 있다. 연회 자리를 장식하기 위한 목적으로 꽂은 '파티플라워'로 준화樽花라고 한다. 연회가 복숭아꽃이 피는 계절과는 무관한 11월에 있었던 만큼 생화가 아니라 조화로 추측된다. '스타일리시 파티 플래닝'에 빼놓을 수 없는 '플라워'가 서양에만 있었던 것이 아니라는 것을 알 수 있다. 어디 그뿐인가. 결혼 60주년을 기념하는 회혼례回婚禮에서는 준화 외에도 각각의 음식 상 위에 예쁜 꽃 장식을 했다. 내외 귀빈의 머리에도 꽃을 꽂았고 악사와 무동과 일하는 여인들도 꽃을 꽂았다.

오늘 참석한 각 대신들은 방석에 앉아 붉은색으로 주칠朱漆한 각상을 받았다. 방석은 노란 바탕에 푸른색과 붉은색으로 가장자리(緣)를 둘렀다. 주인과

1
조건 없이
자신을 베풀다

손님의 방석은 서로 맞붙여 깔지 않고 단독으로 깔아 놓았다. 방석에 앉은 사람의 덕德이 다르기 때문이다. 이 그림에서는 잘 보이지 않으나 바닥에는 돗자리를 깔았다. 돗자리에는 푸른 선을 두르는데 연회장 밖에 펼쳐 놓은 차일 속의 돗자리를 보면 확인할 수 있다. 노란 돗자리 앞쪽 끝단에 푸른 선이 둘러져 있다. 이곳은 연회가 시작되기 전까지 손님들이 앉아서 대기하던 장소다. 왕의 교서를 낭독하고 궤장을 전달하는「선독교서도」를 보면 손님들이 모두 바깥 차일 아래 앉아 있다. 그들 모두 지금은 연회장으로 들어와 방석 위에 앉아 있으므로 바깥쪽 차일 아래는 텅 비어 있다. 우리나라 기록화가 얼마나 정확하고 치밀했는지 새삼 놀라지 않을 수 없다. 카메라로 현장을 일일이 찍어 참고한 것도 아닌데 화가의 눈총기가 대단하다.

처용의 자애로운 용서

그런데 내가 하고 싶은 이야기는 기록화의 우수성이 아니다. 춤에 대한 이야기다. 오늘 축하 공연은 처용무處容舞다. 얼굴에 처용 탈을 쓴 다섯 명의 무용수들이 지금 한참 신이 나서 오방처용무를 추고 있다. 밴드와 무용수들은 모두 궁중에서 보냈으므로 실력은 최고일 것이다. 처용무는 궁중에서 한 해의 마지막 날에 나쁜 귀신을 몰아내고 왕실의 평안을 기원하기 위해 추는 춤인데 오늘같이 경사스런 날에도 빠짐없이 등장한다. 인자한 처용 탈을 쓴 오방처용이 동(靑) 서(白) 남(赤) 북(黑)과 중앙(黃)의 오방위를 상징하는 오색의 옷을 입고 춤을 춘다. 처용의 얼굴은 팥죽색을 띠고 머리에는 복숭아와 모란꽃으로 장식했다. 팥과 복숭아는 귀신을 쫓아내고, 모란꽃은 재물을 가져다 준다는 뜻이 담겨 있다. 그림 속에서 춤은 절정에 도달한 듯 오방작화무에 진입했다. 중앙에 선 황색 처용이 청색·적색·흰색·흑색 처용과 어우러져 한삼을 좌우 어깨에 메었다가 뿌리는 동작을 하는 중이다.

처용무는 통일신라 헌강왕憲康王, 재위 875~886때 살았던 처용이 아내를 범하려던 역신疫神, 전염병을 옮기는 신을 물리치기 위해 노래를 부르며 춤을 췄다는 설화를 바탕으로 하고 있다. 학교 다닐 때 배웠던 처용가를 기억할 것이다.

"서울 달 밝은 밤에/ 밤늦도록 노닐다가/ 들어와 자리를 보니/ 다리가 넷이구나/ 둘은 내 것인데/ 둘은 뉘의 것인가/ 본디 내 것이다만/ 빼앗긴 것을 어찌하리."

처용이 밤늦게 귀가했는데 방 안 풍경이 야릇하다. 자신이 있어야 할 자리에 다른 남자가 누워 있다. 처용은 불륜의 현장을 덮쳐 남녀를 도륙屠戮하는 대신 마당으로 내려가 춤을 추고 노래를 부른다. 전혀 뜻밖의 행동이다. 놀란 것은 역신이다. 아내와 불륜남을 향한 분노와 배신감을 드러내는 대신 자신의 마음을 다스리는 처용을 보고 역신은 감동했다. 곧바로 처용 앞에 나아가 무릎 꿇고 용서를 빌었다. 그러면서 역신은 앞으로 처용이 있는 곳에는 다시는 나타나지 않겠다는 맹세와 함께 사라진다. 새해나 질병이 돌 때면 대문 앞에 처용의 얼굴을 그려 붙인 풍속이 처용설화에서 기인함을 알 수 있다.

처용이 무골충이라서 역신을 용서한 게 아니다. 원한을 원한으로 갚을 때 원한은 결코 사라지지 않는다는 것을 알았기 때문에 용서했다. 그의 자애심은 역신의 반성을 불러왔고 원한을 그치게 했으며 예술 속에서 영생을 얻어 천 년이 지난 지금까지도 사람들 마음을 너그럽게 적셔준다. 배우자가 바람을 피었다고 해서 맞바람을 피었다면 어림없는 결과다. 너 죽고 나 죽자는 심정으로 칼부림을 했다면 한 시대의 비극으로 끝났을 것이다. 듬쑥한 마음씀씀이가 원수까지도 변화시켰다. 아름다운 이야기다. 그러나 처용의 일이 나의 일이 된다면 용서가 가능할까. 배우자의 외도뿐 아니라 누군가의 잘못을 용

1
조건 없이 자신을 베풀다

서한다는 것은 쉽지 않다. 쉽지 않아도 지켜야 한다. 자애만이 원한을 사라지게 한다는 것이 영원한 진리이기 때문이다.

제행무상

나만
힘든 줄 알았는데
모두들
힘들구나

정수영 「총석정」

정선 「총석정」

김홍도 「총석정」

사람은 세상을 살면서 네 가지를 면할 수 없다. 첫째, 이 세상 모든 것은 영원한 것이 없다. 둘째, 아무리 부귀하더라도 가난하고 천해질 수 있으며 셋째, 어떤 것이든 모이면 흩어지기 마련이고 넷째, 건강한 육신을 가진 사람도 때가 되면 반드시 죽는 것이다.

―『출요경』

보로부두르 사원에 다녀왔다. 인도네시아 족자카르타에 있는 보로부두르는 캄보디아의 앙코르와트, 미얀마의 바간과 함께 세계 3대 불교 사원이라 불린다. 보로부두르를 끝으로 3개의 사원을 전부 다녀왔다. 동양미술사를 전공하는 사람이 풀어야 할 오랜 숙제를 마친 것 같다. 앙코르와트가 웅장하고 바간이 광대하다면 보로부두르는 단아하다. 사원을 이룬 돌조각이 100만 개가 넘는다는 말이 믿겨지지 않을 정도로 정교하다. 100미터가 넘는 기단은 왕관처럼 장식된 다양한 조각이 씌워져 있어 전혀 길게 느껴지지 않는다. 아름다움과 숭고함이 결합된 불가사의한 사원이다. 사원 위에 올라 열대 우림을 내려다봤다. 우련히 펼쳐진 숲 사이로 붉은색 벽돌집이 군데군데 들어서 있다. 마치 부겐베리아꽃이 피어 있는 것 같다. 어떤 근심 걱정도 내려앉을 수 없는 곳. 족자카르타는 극락이자 낙원이다.

아름다운 총석정에 가난한 초옥을 그려 넣다

총석정叢石亭은 관동팔경關東八景에 속한 명승지다. 관동팔경은 현재의 영동지역, 즉 대관령 동쪽에 위치한 여덟 곳의 명승지를 일컫는다. 평해의 월송정, 울진의 망양정, 삼척의 죽서루, 강릉의 경포대, 양양의 낙산사, 간성의 청간정, 고성의 삼일포, 통천의 총석정이 관동팔경이다. 여기에 고성의 해산정, 흡곡의 시중대 등을 넣어 관동십경關東十景이라 칭하기도 한다. 관동지역은 금강산 여행을 다녀 온 사람이 마지막으로 거치게 되는 코스다. 그중 관동팔경은 송강 정철鄭澈, 1536~93이 「관동별곡」에서 멋지게 노래한 이후 많은 사람들의 기억에 남아 시화詩畵로 꾸며졌다. 관동팔경을 그린 관동팔경도關東八景圖도 여러 점 남아 있다. 관동팔경도처럼 여행을 하면서 직접 둘러본 경치를 그린 그림을 '기행사경도紀行寫景圖'라 부르는데, 현재 우리가 여행 가서 스마트폰이나 디카로 사진을 찍는 전통이 기행사경도에서 비롯되었음을 알 수 있다.

총석정은 관동팔경 중에서도 가장 인기 있는 장소였다. 김창협金昌協의 『농암집農巖集』에는 금강산 구경을 떠난 그가 집으로 그냥 돌아가려고 하자 간성 군수가 설득하는 장면이 나온다. 즉, "팔경을 두루 구경하지는 못한다 해도,

法

정선, 「총석정」, 비단에 연한 색, 24.3×32cm, 간송미술관 소장

김홍도, 「총석정」(『을묘년 화첩』에서), 종이에 색, 23.2×27.7cm, 1795, 삼성미술관 리움 소장

1
조건 없이
자신을 베풀다

충석정, 삼일포 같은 곳은 단 며칠의 구경거리에 불과하므로" 꼭 들러볼 것을 권유한다. 총석정은 바다 위에 솟은 절벽과 바위들이 총총히 쌓인 것처럼 보여 총석叢石이라 부르는데, 신선이 즐길 만한 선경으로 알려져 있었다. 한치윤韓致奫의 『해동역사海東繹史』를 보면 "수십 개의 돌기둥이 바다 한가운데 떨어져 있다. 돌기둥은 모두 육각으로 마치 옥을 깎아 놓은 것과 같이 모나고 곧아, 먹줄로 재어 깎은 것 같다"라고 하면서, "모두 네 개의 정자가 바닷가의 총석을 바라다보고 있으므로 총석정이라 이름 하였다"라고 지명의 유래를 밝혀 놓았다. 조선시대의 많은 작가들이 '총석정도'를 남겼다. 여러 점의 총석정도를 남긴 정선과 김홍도를 비롯해 정수영鄭遂榮, 이인문, 이재관李在寬, 김하종金夏鍾, 이의성李義聲, 김규진金圭鎭 등이 모두 붓끝으로 총석정을 조각했다.

그중에서 정수영의 「총석정」은 다른 작가들에 비해 조금 다른 특색이 있는 작품이다. 아름다운 총석정이 푸르스름한 바다를 배경으로 대각선으로 펼쳐졌다. 가까이 들여다보면 육지에서 바다를 향해 내뻗은 총석정이 쪽빛 바다에 발을 담근 듯 시원하다. 참신한 색깔과 기교를 자랑하지 않은 묘사가 특징이다. 무엇보다 총석정을 바라보는 위치가 중요하다.

대부분의 작가들은 왼쪽에서 오른쪽을 바라보며 구도를 잡았다. 육각으로 된 바위들이 성냥 다발처럼 서 있는 쪽에서 절벽 위의 정자를 바라보는 구도가 최고의 '포토존'이다. 정선과 김홍도의 「총석정」이 대표적이다. 이곳에 서면 눈에 들어오는 것은 오직 기암괴석과 절벽뿐이다. 잡다한 세속은 완전히 사라진다. 오직 신선에게만 입장이 허락될 것 같은 선경이 펼쳐진다. "조물주의 물건 만드는 솜씨가 지극히 기이하고 교묘하다"(이중환, 『택리지』)라는 찬탄과 "귀신도끼로 다듬은 것"(정철, 「관동별곡」)이라는 찬사를 자기도 모르게 고백하게 된다.

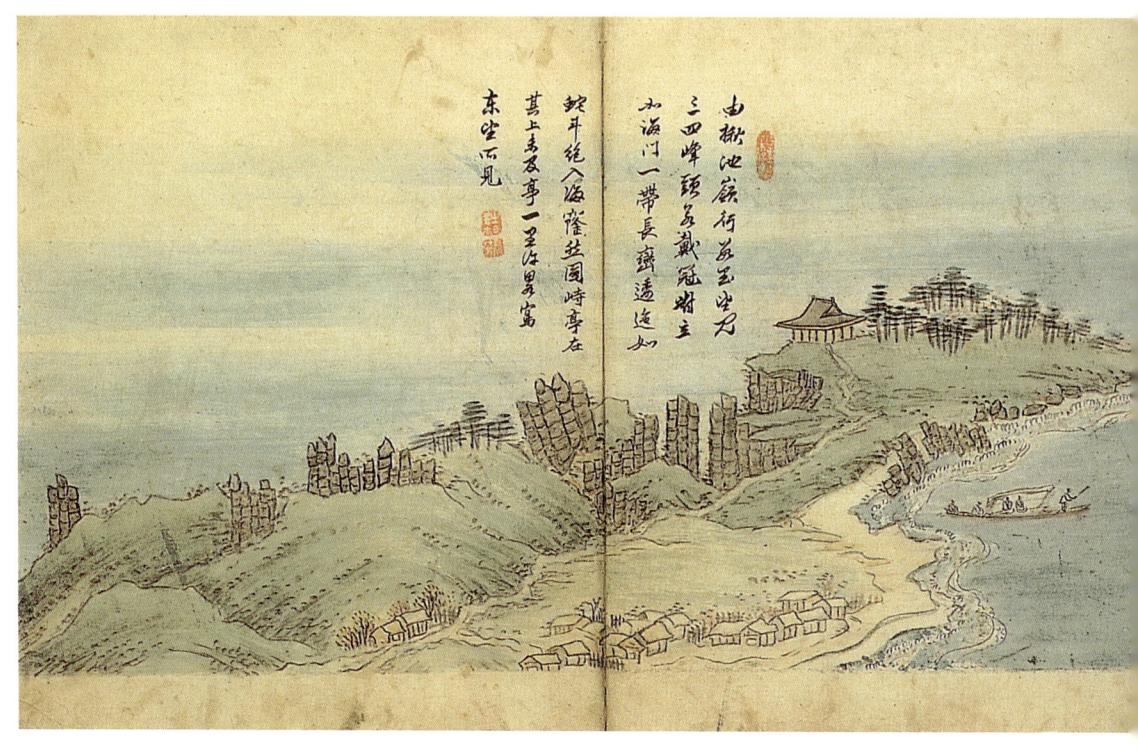

정수영, 「총석정」(『해산첩』에서), 종이에 연한 색,
37.2×62cm, 국립중앙박물관 소장

1
조건 없이
자신을 베풀다

그런데 정수영은 방향을 틀었다. 굳이 총석정의 뒷부분까지 걸어 내려와 굴 껍데기처럼 붙어 있는 가난한 초옥을 그려 넣었다. 이것이 진짜 총석정의 모습이다. 대대로 지도와 지리지를 제작한 실학자 집안에서 자란 정수영의 출신 성분이 드러나는 대목이다.

「총석정」은 『해산첩海山帖』에 들어 있는 작품이다. 『해산첩』은 정수영이 1797년 가을에 금강산을 유람하고 나서 2년이 지난 1799년 3월부터 8월까지 완성한 화첩이다. 실학자 집안에서 태어난 그는 평생 벼슬에 나아가지 않고 기행紀行과 사경으로 시서화詩書畵를 즐겼다. 그는 『해산첩』 외에도 한강과 임진강 일대를 배를 타고 유람하면서 그린 「한임강명승유람도권漢臨江名勝遊覽圖卷」을 남겼다. 출사出仕 대신 출사出寫를 선택한 결과로 남은 작품들이다.

모두들 그렇게 살아가는구나

부처가 기원정사에 있을 때였다. 어느 과부가 유복자인 외아들 하나만을 의지하며 애지중지 키웠는데, 어느 날 갑자기 그 아들이 죽었다. 그녀는 슬픔과 설움에 거의 반미치광이가 되었다. 과부는 성 밖 기원정사에 부처가 있다는 말을 듣고 찾아가 물었다.

"부처님, 저는 이 세상을 살아가는 유일한 보람이 아들이었습니다. 그런 제 아들이 죽었는데, 아들을 살릴 수 있는 방법이 없겠습니까? 제 아들을 살려 주십시오."

부처가 그녀의 말을 다 들은 뒤 말했다.

"그대는 마을로 가서 죽은 사람이 한 사람도 없는 집에서 불씨를 구해 오라. 그 불씨를 구해 오면 그대의 아들을 살려 주겠다."

여인은 부처의 말을 듣고 기쁜 마음으로 한걸음에 마을로 달려갔다. 그러나 온 마을을 다니면서 불씨를 구하려고 해도 구할 수 없었다. 이 집에 가면 '아버지가 죽었다'고 하고, 저 집에 가면 '할머니가 죽었다'고 하는 등 어느 집이나 사람이 죽지 않은 집안이 없었다. 여인은 할 수 없이 부처의 처소로 되돌아와 말했다.

"부처님, 어느 집이나 사람이 죽지 않은 집은 없었습니다. 그래서 불씨를 구하지 못했습니다."

그때 부처가 과부에게 한 설법이 오늘의 경전 내용이다. 제행무상諸行無常에 관한 설법이다. 과부는 부처의 설법을 듣고 자신의 고통이 자신만의 특별한 고통이 아니라 보편적인 현상이라는 것을 알았다. 여인은 마음의 평온을 얻었다. 모두들 그렇게 살아가는구나. 나만 힘든 줄 알았는데 옆집도 앞집도 뒷집도 모두 힘들구나. 여인이 생각한 것은 그런 동질감이었다. 언제나 행복한 줄로만 알았던 사람들이 자신과 똑같은 고통으로 신음한다는 사실을 알았을 때 여인은 조금 위로 받는 것 같았다. 그들 또한 힘들다는 표현만 하지 않았을 뿐 고통의 무게가 가벼운 것이 아니었다. 삶의 고통은 누구도 피해갈 수 없는 법이다.

보로부두르 사원을 내려와 부겐베리아꽃 같은 벽돌집을 지날 때였다. 나무 그늘 아래서 그 일부처럼 앉아 있던 노점상들이 관광객을 보고 우르르 달려들었다. 그들은 조잡한 물건을 들이대며 연신 뭐라고 외쳤다. 하나라도 팔아야 하는 간절한 눈빛이었다. 다리를 저는 사람도 있었고 이목구비가 온전하지 못한 사람도 있었는데 하나같이 가난과 피곤함으로 찌든 얼굴이었다. 높은 사원 위에서는 보이지 않던 족자카르타의 현실이었다. 멀리서 보면 극락처럼 보이는 곳도 가까이 들여다보면 결코 행복한 곳이 아니다. 처절한 삶의 고민이 들어 있고 절박한 몸부림이 담겨 있다. 다만 멀리서 보기 때문에 행복해 보일 뿐이다. 다른 집에는 아들의 죽음도 없고 남편의 죽음도 없는 것처럼 생각한 과부의 오해처럼. 정수영이 그린 「총석정」도 가까이 들여다보면 그와 같을 것이다. 알고 보면 모두 저마다의 고된 삶을 겨우겨우 끌고 가는 것, 그것이 인생이다.

영원한 것은 아무것도 없다

그러나 그것이 전부라면 뭔가 부족하다. 남들이 고통스럽다는 것을 안다 해서 나의 고통이 없어지지 않는다. 고통의 원인을 제거하지 않는 한 나의 고통은 남의 고통과 상관없이 독자적이다. 쓰라리고 강력하다. 큰 수술 후 중환자실에 누워 있는 사람의 고통보다 내 손톱 밑의 가시가 더 아프게 느껴지는 것이 고통의 습성이다. 불씨를 구하러 다닌 과부가 부처의 설법을 듣고 얻은 평온은 오래가지 못한다. 상대적인 안도감은 더 큰 불행을 만났을 때 깨어지기 마련이다. 절대적이지 않다. 돈 없는 사람은 돈 많은 사람을 보고 부러워한다. 저 사람은 얼마나 행복할까. 돈 많은 사람이 영원히 부를 누릴 것이라 착각하기 때문이다. 건강하지 못한 사람은 건강한 사람을 보고 부러워한다. 저 사람은 얼마나 행복할까. 건강한 사람이 영원히 건강하리라 착각하기 때문이다. 사랑을 잃은 사람은 사랑을 얻은 사람을 보고 부러워한다. 저 사람은 얼마나 행복할까. 사랑받는 사람이 영원히 사랑받으리라 착각하기 때문이다. 그러나 돈 많은 사람도 가난할 때가 있고, 건강한 사람도 병들 때가 있고, 사랑받는 사람도 버림받을 때가 있다.

어떤 것이든 모이면 흩어지는 것이 진리다. 영원한 것은 아무것도 없다. 한번 얻은 평온을 온전히 자기 것으로 만들려면 수행이 필요하다. 고통은 어디서 오고 어떻게 나타나며 사라지게 할 수 있는 방법은 무엇인지 아는 것이 수행이다. 그것이 사성제, 팔정도, 삼법인이다. 부처가 화려한 삶을 가차없이 버리고 수행자의 길을 택한 이유도 바로 이 제행무상이었다. 고통에서의 해방은 보로부두르 사원도 총석정도 그리고 행복해 보이는 다른 사람도 결코 영원하지 않다는 사실에서 출발한다. 제행무상의 진리를 가르쳐준 보로부두르 사원은 아름답다. 노점상도 아름답고 야자수 나무도 아름답다. 내 마음에 상처를 주고 떠난 사람도 지금 나를 힘들게 하는 사람도, 모두 모두 아름답다.

지계바라밀 持戒波羅蜜

2
계율을 지켜
청정함을 얻다

2
계율을 지켜
청정함을 얻다

실천

농부는
입으로
쟁기질하지
않는다

윤두서 「경답목우도」

김두량 「목동오수」

비록 많은 경을 독송할지라도 게을러서 수행하지 않으면 마치 남의 목장의 소를 세는 목동과 같나니 수행자로서 아무런 이익이 없다. ―『법구경』

'열 길 물속은 알아도 한 길 사람 속은 모른다'라는 속담이 있다. 사람 마음 알기가 그만큼 힘들다는 뜻이다. 어쩌다 한 번 볼 때는 넉넉해 보이던 사람이 만날수록 까다롭고 불편한 경우가 있다. 처음 볼 때는 까칠하고 무뚝뚝한 사람이 보면 볼수록 정감이 있고 매력적일 때도 있다. 그러니 한 번 봐서는 모른다. 오래 묵혀야 제맛인 된장처럼 사람의 만남도 길게 사귀어봐야 안다. 짧은 시간 동안 사람을 정확하게 파악할 수 있는 방법이 없는 것은 아니다. 함께 생활해 보면 알게 된다. 단 며칠만이라도 같은 공간에서 밥 먹고, 잠자고 부대끼다 보면 그 사람이 가진 성정을 가감 없이 느낄 수 있다. 이번 보로부두르 여행은 함께 간 일행 덕분에 행복했다. 그중에서도 특별히 개그우먼처럼 분위기를 띄워 준 제자가 있어 연일 화기애애했다. '네이버'로 불리는 그녀는 어떤 화제가 나와도 자신의 의견을 당당하게 펼칠 수 있을 만큼 상식이 풍부했다. 궁금증이 있으면 굳이 눈 아프게 스마트폰을 들여다볼 필요도 없었다. 네이버에서 검색하는 대신 '인간 네이버'에게 물어보면 훨씬 더 빠른 답이 나왔다. '빅 데이터'에 입담까지 걸쭉하니 뙤약볕 아래를 걷다가도 그녀와 대화를 시작하면 피곤이 절로 사라졌다. 곁에 있는 것만으로도 행복을 주는 알토란 같은 제자였다.

밭 가는 농부 곁에 꿀을 먹이는 목동

삼월 삼짇날이 엊그제. 산동네에 봄이 만개했다. 본격적으로 한 해 농사를 시작한 농부가 비탈진 밭에서 쟁기질을 하고 있다. 쟁기질을 하기 전에 퇴비를 뿌려 놨으니 땅을 갈아엎고 나면 거름이 골고루 섞여 흙이 부드러워질 것이다. 땅이 기름질수록 곡물이 잘 자란다. 때를 맞춰 파종해야 하는 농부의 마음이 바쁘다. 이랴, 이랴 소를 재촉하는 소리. 딸랑딸랑 느리게 걸어가는 소의 워낭소리. 청명절의 산자락은 싱싱한 생명력만큼이나 부산하다. 그러거나 말거나 목동은 두 마리 소를 풀어 놓고 언덕에 누워 나른한 봄날을 즐기는 참이다. 날이 풀렸다고는 하나 맨땅에 그냥 눕기에는 아직 서늘한 날씨. 목동은 모자를 벗고 햇살을 피해 나무 그늘로 들어갔다. 짚방석을 깔고 그 위에 누우니 이보다 더 편안하고 좋을 수가 없다. 쟁기질하는 농부의 처지와 자신이 비교되면서 콧노래가 절로 나온다. 자신은 그저 팔베개를 하고 누워

윤두서, 「경답목우도」, 비단에 먹, 25×21cm, 조선 후기, 녹우당 소장

法

김두량, 「목동오수」, 종이에 연한 색, 31×51cm,
평양 조선미술관 소장

소가 풀을 다 뜯어 먹을 때까지 쉬기만 하면 된다. 왼쪽 다리를 오른쪽 다리 위에 올려놓고 느긋하게 여유를 까닥거린다. 좋은 계절이다.

공재恭齋 윤두서尹斗緖, 1668~1715는 봄철이면 농촌 어디서나 볼 수 있는 풍경을 과장 없이 차분하게 「경답목우도耕畓牧牛圖」에 담았다. 익숙해서 반가운 그림이다. 「경답목우도」는 먼 산을 병풍 삼아 밭가는 농부를 그림 중앙에 배치했다. 앞쪽 언덕에 심긴 나무 두 그루는 마치 뒤에서 일하는 농부의 머리 위에 그늘을 드리우듯 뻗어 있다. 서로 다른 공간을 절묘하게 활용한 구도다. 나무 앞쪽에는 완만한 언덕을 대각선으로 배치하고 소를 방목하고 누운 목동을 그려 넣었다.

후배 화가 김두량金斗樑, 1696~1763은 「경답목우도」를 보고 힌트를 얻어 「목동오수牧童午睡」를 그렸다. 목동 부분만 클로즈업해 그린 것이 특징이다. 윤두서의 「경답목우도」는 사람살이를 이해할 수 있는 점에서는 풍속화로 분류된다. 사

2

계율을 지켜
청정함을 얻다

람보다는 산과 나무 등의 배경이 강조된 점에서는 산수화에 포함시킬 수 있다. 풍속화의 특징을 분명하게 드러낸 김두량, 김홍도, 신윤복申潤福, 1758~?의 작품에 비하면 분류상 애매한 점이 없지 않으나 이런 선배가 있었기에 조선 후기의 풍속화가 화려하게 꽃필 수 있었다. 그런 의미에서 후배들은 선배 윤두서에게 빚진 바가 크다. 윤두서의 풍속화는 자신이 보고 느낀 현장을 충실하게 재현했다는 점에서 선구자적인 태도를 높이 평가할 만하다.

윤두서는 조선 후기의 문인으로 「어부사시사漁父四時詞」를 지은 윤선도尹善道, 1587~1671의 증손이다. 그는 여러 방면에 재주가 많아 진사시에 합격했으나 당쟁 때문에 벼슬을 포기했다. 서인西人이 집권하는 상황에서 근기남인近畿南人에 속한 그가 설 자리가 없었다. 결국 그는 마흔여섯 살이 되는 1713년에 가계의 본거지인 전남 해남에 내려가 학문과 시·서·화로 일생을 보냈다. 그는 해남에서 「나물 캐는 여인」 「짚신 삼기」 등 주변에서 본 농민들의 삶을 그린 풍속화를 여러 점 남겼다. 이 그림도 그중의 하나다. 농부가 밭 갈고 목동이 꼴을 먹이는 「경답목우도」는 낙향 이후의 작품으로 추측된다. 그의 아들 윤덕희尹德熙, 1685~1766와 손자 윤용尹愹, 1708~40도 모두 그림을 잘 그렸다.

너는 목동인가, 목장 주인인가

부처가 기원정사에 있을 때였다. 귀족 가문 출신으로 친구 사이인 두 사람이 부처의 설법을 들었다. 그들은 깊게 감동받아 출가해 비구가 되었다. 비구가 된 두 사람은 각각 자기들의 스승을 모시고 율장에 정해진 바대로 5년간 기초과정을 보냈다. 그 후 둘 중 젊은 친구는 경전에 관심이 많아 경율론을 공부해 그 분야에 통달한 강사가 됐다. 얼마 지나지 않아 그는 500명의 제자 비구를 가르치는 위치에 올랐으며, 열여덟 가지나 되는 책임을 맡아 여러 가지 사무를 집행하는 등 바쁜 나날을 보냈다. 한편 나이가 많은 친구는 학문적인 연구보다는 수행에 뜻을 두었다. 그는 부처에게 수행법을 자세히 물어 배운 대로 잘 실천했다. 그 결과 오래지 않아 깨달음을 얻어 아라한阿羅漢이 되었다. 그에게 배움을 요청한 비구들도 잘 지도하고 이끌어 곧 아라한과阿羅漢果를 성취했다.

세월이 흘러 두 친구는 오랜만에 기원정사에서 만났다. 경을 배운 젊은 친구는 나이가 많은 친구가 아라한이 된 줄은 까마득히 모르고 다만 자기의 학문이 높은 것으로 생각했다. 젊은 친구는 자기의 학문을 자랑하고 싶었다. 그는 경율론에 대한 어려운 질문을 던져서 친구 비구를 놀라게 하고 당황하게 해주리라 마음먹었다. 이때 부처가 모든 정황을 천안天眼으로 살펴보시고 젊은 비구가 그런 행위를 못하게 해야겠다고 생각했다. 부처는 두 사람 앞에 나타나 곧 경에 대한 질문을 던졌다. 그런데 경에 자신 있었던 젊은 비구는 대답을 잘하지 못하고 아라한을 성취한 나이든 비구만이 정확하게 답변했다. 젊은 비구는 문자상으로만 경의 의미를 알았을 뿐 수행의 체험이 없었기 때문이다. 그렇게 모든 진실을 드러낸 다음, 부처는 아라한이 된 비구를 칭찬해 주었다. 젊은 비구는 마음속에 불만이 가득했다. 자기와 같은 우수한 제자는 칭찬하지 않고, 노둔한 친구 비구만을 칭찬한다고 생각했기 때문이다.

그때 부처는 경전을 공부하되 수행이 없는 사람은 마치 남의 소를 보살펴주고 삯을 받는 목동과 같으며, 직접 수행을 하는 사람은 목장의 주인과 같다고 말했다. 자기가 목장의 주인이 되어야만 소가 생산해내는 우유와 치즈 등을 마음대로 할 수 있다는 말이었다. 경을 가르치는 강사는 자칫 제자들에게 존경을 받는다는 사실에 빠져 진실한 내적 경지를 등한시할 수 있다. 그러나 비록 문자상의 의미는 잘 모른다 할지라도 실제 수행을 통해 그것을 깨달은 수행자는 본질적으로 참다운 해탈을 이루었기 때문에 그 편이 올바른 부처의 제자라 할 수 있다. 그런 수행자라야 올바른 수행의 힘으로 탐내는 마음, 성내는 마음, 어리석은 마음을 잘 제거하여 마음의 고요함을 성취한다. 그는 평화롭고 자비로운 삶을 살아갈 수 있을 뿐만 아니라, 윤회의 거센 파도를 안전하게 건널 수 있다. 그런 다음 그 기쁨과 자유로움을 이웃과 더불어 나누게 된다. 설법을 마친 부처는 두 편의 게송을 읊었는데, 첫 번째 게송이 오늘 읽은 경전 내용이다. 겉으로 보여주는 것이 아니라 진짜 행동으로 실천하는 수행이 얼마나 중요한지 가르쳐주는 게송이다.

진정한 수행자는 말로 수행하지 않아

제대로 된 가르침을 배우는 것은 매우 중요하다. 배우고 공부하는 것은 씨앗을 준비하는 것과 같다. 농부가 밭에 뿌리는 씨앗은 지난해에 갈무리해둔 종자다. 종자는 튼튼하고 잘생긴 씨앗을 골라야 한다. 병들거나 속이 빈 쭉정이가 들어 있으면 낭패다. 좋은 가르침을 배우는 것은 좋은 종자를 고르는 것과 같다. 씨앗을 준비했으면 땅을 파고 심어야 한다. 심지 않으면 아무리 훌륭한 종자라 해도 결코 싹트지 않는다. 배운 대로 실천하고 행동으로 옮기는 것은 밭에 씨를 뿌리는 행위다. 어떤 종교를 가졌느냐는 중요하다. 그러나 그보다 더 중요한 것은 자기가 배운 바를 어떻게 실천하느냐다. 아무리 훌륭한 가르침을 배웠어도 실천이 뒤따르지 않으면 아무 소용이 없다.

농부는 입으로 쟁기질하지 않는다. 몸으로 한다. 목동이 꼴을 먹이는 행위도 입으로 하지 않는다. 몸으로 한다. 자신이 배운 공부를 남에게 과시하는 행위는 입으로 쟁기질하는 것과 같다. 자기가 믿는 종교를 남에게 강요하는 행위도 입으로 꼴을 먹이는 것과 같다. 입으로 쟁기질할 수 없고 꼴을 먹일 수 없듯 자기가 배운 공부와 종교도 입으로 실천해서는 안 된다. 몸으로 해야 한다. 말은 청산유수로 번지르르한데 '감기 고뿔도 남에게 안 줄' 정도로 야박하고 인색한 사람이 있다. 공자의 말에 따르면, 교언영색巧言令色에 능한 사람은 '인仁'이 드물다. 어진 마음이 없다는 뜻이다. 백 마디 천 마디 말보다 한 번의 실천이 더 감동적이다. 쟁기질도 수행도 마찬가지다.

보로부두르 여행을 함께한 제자는 멋있었다. 나는 그녀가 어떤 공부를 했고, 어떤 종교를 가졌는지 모른다. 그녀의 형편이 넉넉한지 궁핍한지도 알지 못한다. 내가 아는 것은 그녀가 자신이 배운 공부를 삶 속에서 열심히 실천하고 있다는 것이다. 그녀는 한 번도 자신이 배운 공부나 종교에 대해 말하지 않았지만 아름다운 행동으로 미루어 짐작할 수 있었다. 그녀의 가슴속에 건강한 씨앗이 자라고 있음을.

부처가 읊은 두 번째 게송은 다음과 같다.

"비록 경을 적게 독송할지라도 진리에 따라 행동하고, 탐욕과 성냄과 무지를 제거하며 진리를 바르게 이해하여 이생과 내생에 집착하지 않으면 이 사람을 참된 수행자라 할 수 있다."

2
계율을 지켜
청정함을 얻다

현재

과거와 미래보다
현재가
꽃이다

정선「섬농」

과거를 좇지 말고, 아직 오지 않은 미래를 염려하지 말라. 과거는 이미 지나 갔고, 미래는 아직 오지 않은 것. 오로지 현재 일어난 것들을 관찰하라. 어떤 것에도 흔들리지 말고, 그것을 추구하고 실천하라. ―『중아함경』

젊은 여성들과 함께 점심 식사를 했다. 다섯 명 모두 스물을 갓 넘긴 나이였다. 창가에 앉아 밥을 먹는 그녀들 뒤로 따뜻한 봄 햇살이 쏟아져 들어왔다. 여신이 강림한 걸까. 입에 밥을 떠 넣는 모습이 눈부시게 아름다웠다. 완벽한 아름다움의 절단면을 보는 듯했다. 여신들이 내뿜는 풋풋한 젊음에 홀려 나는 남자가 아닌데도 가끔씩 평정심을 잃었다. 여신들은 어른 앞에서 어려워하는데 나이가 두 배나 많은 내가 횡설수설했다. 언제 이런 호사를 누려

보겠는가. 여신들의 향연에 나이 든 사람을 끼워준 것만으로도 감격해 말이 두서없어졌다. 대화하는 중간 중간 나는 여신들에 대한 찬탄을 숨기지 못했다. 정말 곱네요. 어쩌면 그렇게 예쁘세요. 수시로 주책없이 고백했다. 안타까운 것은 지금 여신들이 자신의 손에 어떤 보물을 쥐고 있는지 전혀 인식하지 못한다는 사실이었다. 젊음 하나만으로도 충분히 즐겁고 행복해야 할 여신들 얼굴에 하나같이 그늘이 드리워져 있었다. 무엇이 그녀들의 마음을 이다지도 쓸쓸하고 어둡게 했을까.

싱싱한 자연의 미를 여인에 빗대다

찰랑찰랑 물 흐르고(采采流水)
봄은 멀리까지 가득한데(蓬蓬遠春)
그윽하고 깊은 골짜기에서(窈窕深谷)
때때로 미인을 보네(時見美人)
푸른 복숭아꽃 나무마다 활짝 피고(碧桃滿樹)
물가에는 바람 불고 햇볕이 따사로워(風日水濱)
버드나무 그늘 굽어진 길 위로(柳陰路曲)
꾀꼬리는 이웃하여 끊임없이 날아드네(流鶯比隣)
기분 따라 더욱 가면(乘之愈往)
더 참된 경지를 알게 되리(識之愈眞)
만약 다하지 않음 가져다 쓰면(如將不盡)
옛 것과 더불어 새로워지리(與古爲新)

2
계율을 지켜
청정함을 얻다

　봄볕이 따스한 정오. 그윽한 골짜기에서 찰랑찰랑 물 흐르는 소리가 들린다. 물소리를 따라 발걸음을 옮기니 푸른 복숭아꽃이 나무마다 피었다. 꾀꼬리도 봄을 찾으러 나온 듯 나무 사이를 여기저기 날아다닌다. 멀리서 불어오는 바람에 버드나무 줄기가 흔들린다. 그 모습이 사뭇 춤사위를 하는 여인네의 몸짓 같다. 천지에 봄이 가득하다. 봄을 찾아 나선 걸까. 곱게 차려입은 여인이 버드나무 곁에 서 있다. 여인은 나무에 종이를 올려놓고 붓으로 무언가를 적고 있다. 그녀 곁에는 휴대용 손벼루도 놓여 있다. 복사꽃 핀 봄날의 감상을 시로 쓰고 있으리라. 그녀 스스로도 아름다운데 그 아름다움을 시를 통해 표현하는 여인의 모습은 이지적이면서도 우아하다. 저속하거나 가벼운 화장기가 전혀 느껴지지 않는 기품 있는 아름다움이다. 나와 점심을 함께한 다섯 명의 여신들도 그랬다.

　겸재謙齋 정선이 그린「섬농纖穠」은 봄이 펼쳐놓은 자연의 생명력과 화사함을 노래한 작품이다. 섬농의 '섬纖'은 가늘고 고운 비단을 뜻하고, '농穠'은 꽃나무가 무성한 모양을 의미한다. 우리나라에서는 잘 쓰지 않는 단어인데 섬세하면서도 농염한 상태를 묘사한다. 중국에서 넘어온 시라는 것을 짐작할 수 있다.

　「섬농」은 시의 뜻을 살려 그림으로 표현한 시의도詩意圖로『사공도시품첩司空圖詩品帖』에 들어 있는 작품이다. 이 화첩은 '만당晩唐 최고의 시인'으로 추앙받았던 사공도司空圖, 837~908의「이십사시품二十四詩品」을 주제로, 정선이 그림을 그리고 원교圓嶠 이광사李匡師, 1705~77가 원문을 필사한 서화첩이다.「이십사시품」은 12구로 된 24수의 4언시로, 추상적인 시의 풍격風格을 자연 현상이나 사물에 빗대어 직관적이고 상징적인 언어로 표현한 시다. 한마디로 시를 시로 표현한 것이다. 24개의 풍격을 보면 얼마나 추상적인 지 짐작할 수 있다. 1)웅혼雄渾, 웅장하여 막힘이 없음, 2)충담沖澹, 조용하고 담백함, 3)섬농곱고 화려함, 4)침착沈着, 작품 내용이 들

法

정선, 「섬농」(『사공도시품첩』에서), 비단에 연한 색, 27.8×25.2cm, 1749, 국립중앙박물관 소장

2
계율을 지켜 청정함을 얻다

뜨지 아니하고 차분함, 5)고고高古, 고상하고 고풍스러움, 6)전아典雅, 법도에 맞아 고아함, 7)세련洗鍊, 능숙하고 단련됨, 8)경건勁健, 묘사력이 굳세고 힘참, 9)기려綺麗, 표현력이 다양하고 아름다움, 10)자연自然, 조화로운 섭리에 의해 이루어지는 일체의 것, 11)함축含蓄, 깊은 뜻이 집약되어 간직됨, 12)호방豪放, 의기가 장하여 작은 일에 거리낌이 없음, 13)정신精神, 물질과 육체에 대한 마음의 목적의식, 14)진밀縝密, 섬세하고 치밀한 구성, 15)소야疎野, 작품 내용이 활달하여 예법에 얽매이지 않음, 16)청기淸奇, 청결하고 기이함, 17)위곡委曲, 작품 내용이 자세하고 소상함, 18)실경實境, 생각과 마음의 대상이 되는 실제의 것, 19)비개悲慨, 작품 속에 담긴 슬픔과 개탄, 20)형용形容, 세밀하고 정확한 묘사, 21)초예超詣, 작품이 매우 뛰어나고 뛰어남, 22)표일飄逸, 작품의 품격이 청신하고 뜻이 높음, 23)광달曠達, 작품 내용의 도량이 너그럽고 큼, 24)유동流動, 글이 아무런 지장 없이 흘러 움직이는 현상 등이다.

이 중에서 정선이 그린 『사공도시품첩』에는 '7)세련'과 '16)청기'가 누락됐다. 원래는 24편 모두 시와 그림으로 제작되었을 것으로 추정되나 현재는 정선의 그림 22폭과 이광사의 글씨 19폭만이 남아 있다. 화첩의 마지막 작품인 「유동」의 상단에는 "일흔네 살 되던 1749년 11월 하순에 겸재가 그린 작품"이라 적어 놓았다. 또 글씨의 마지막에는 "이광사가 1751년 윤 5월에 번천의 견일정에서 쓴 글"이라 적어 놓아 정선이 그림을 그린 지 3년째 되는 해에 이광사가 글씨를 썼음을 알 수 있다. 『사공도시품첩』은 조선 초기부터 꾸준하게 그려진 문학과 미술의 만남을 확인할 수 있는 작품이다.

시를 읽은 후 정선의 그림을 보면 그가 시를 어떻게 해석하고 소화하여 형상화시켰는지 짐작할 수 있다. 정선은 따뜻한 봄날 "그윽하고 깊은 골짜기에서 때때로 미인을 보네"라는 구절에 주목했다. 그런데 과연 시인이 골짜기에서 본 미인은 진짜 사람이었을까. 싱싱하게 피어나는 자연의 아름다움을 미인에 빗대어 표현한 것은 아니었을까.

잘 알려져 있다시피 정선은 여인을 거의 그리지 않은 작가다. 그의 작품에서 「섬농」처럼 여인이 주인공으로 등장한 그림은 찾아보기 힘들다. 그럼에도 정선이 기존까지 고수했던 원칙을 깨고 화사한 여인을 주인공으로 그린 것은 여인이 들어가야 「섬농」의 뜻을 충분히 살릴 수 있으리라 판단했기 때문이다. 꽃다운 여인처럼 봄을 잘 드러낼 수 있는 상징이 어디 있겠는가. 시를 시로 묘사하기는 쉽지 않다. 하물며 그림을 통해 시의 풍격을 묘사하기란 더더욱 쉽지 않다. 추상을 구상으로, 개념을 이미지로 표현해내야 하는 것이 그림이기 때문이다. 그 어려움을 일시에 뛰어넘어 시의 풍격을 시보다 더 정확하게 표현한 정선의 해석력이 감탄스럽다.

이렇게 싱싱한 봄날 「섬농」의 여인은 아름답다. 아무런 근심 걱정도 없는 것처럼 현재의 축복을 넉넉하게 누린다. 그런데 내가 만난 여신들은 왜 그리도 얼굴이 어두웠을까. 그림 속 여인보다 더 눈부시고 화사한 여신들이 걱정과 근심에 쌓여 있다. 그녀들이 오늘 부처가 들려준 말을 듣고 위로를 받았으면 좋겠다.

"과거를 좇지 말고, 아직 오지 않은 미래를 염려하지 마라. 과거는 이미 지나갔고, 미래는 아직 오지 않은 것. 오로지 현재 일어난 것들을 관찰하라. 어떤 것에도 흔들리지 말고, 그것을 추구하고 실천하라." 『중아함경中阿舍經』에 나오는 내용이다.

걱정 대신 지금 이 순간에 충실하기

지나고 나면 정말 쓸모없는 걱정에 사로잡혀 중요한 것을 놓쳤다는 탄식을 절로 하게 되는 것이 인생이다. 안타까운 일이다. 지난 과거 때문에 자신을 책망할 필요는 없다. 아직 살아보지도 않은 미래 때문에 겁먹을 필요도 없다. 그런 가당치 않은 시름에 빠져 꽃잎처럼 고운 시절을 저당 잡히기에는 우리

2
계율을 지켜 청정함을 얻다

인생이 너무 아깝다. 과거와 미래에 대한 걱정 대신 지금 자신이 서 있는 현재에 충실하면 된다. "지금 이 순간에 존재할 때, 당신은 비로소 과거와 미래라는 인생의 굴레에서 벗어날 수 있습니다. 그러면 참된 지혜를 얻고, 사랑 또한 깨닫게 될 것입니다." 에크하르트 톨레가 쓴 『이것 또한 지나가리라』에 나오는 내용이다.

사공도는 젊어서 관직 생활을 했으나 서른일곱 살에 미련 없이 사표를 쓰고 낙향했다. 그는 심심풀이로 작은 정자를 지었는데 '삼휴정三休亭' '휴휴정休休亭'이라 이름 지었다. '세 번 쉬는 정자' '쉬고 또 쉬는 정자'라는 뜻이다. 평생 과로에 짓눌려 쉬고 싶은 마음이 사무쳤던 것일까. 정자를 짓는 의도가 본래 쉬기 위함이거늘 굳이 쉬는 행위를 세 번씩이나 강조한 이유가 궁금하다. 피곤한 다리를 올려놓기 위한 용도로만 지은 정자는 아닌 듯싶다. 나처럼 의아해 할 사람을 의식한 듯 그는 「휴휴정기休休亭記」라는 글을 지어 그 연유를 밝혀 놓았다. 친절한 시인이다. "첫째는 재주를 헤아려 보니 쉬는 게 마땅하고, 둘째는 분수를 헤아려 보니 쉬는 게 마땅하고, 셋째는 귀 먹고 노망했으니 쉬는 게 마땅하다." 읽고 보니 정자에 대한 이름 풀이가 아니라 정자를 지은 목적을 설명한 글이다. 과욕을 내려놓기 위해 정자를 지었다는 뜻이다. 행여 벼슬살이를 떠난 결심이 희미해질 때면 정자 현판에 적어 놓은 글자를 보며 자신의 마음을 다잡기 위해 지은 이름이다. 재주 없고 분수를 모르며 귀 먹고 노망했어도, 악착같이 자리를 지키고 있는 경박한 사람들에게 귀감이 될 만한 이름이다. 이때부터 '삼휴三休'는 '관직에서 물러남'을 뜻하는 말로 쓰였다.

쉬는 것이 꼭 은퇴 후에만 필요한 행위는 아니다. 관직을 버리고 부귀영화를 멀리하기 위해서만 필요한 게 아니다. 상처입고 쓰러져 있는 여신이 봄날의 향기를 발견하기 위해서도 필요하다. 잠깐 쉬고 부처의 말을 들어보기를 권한다. 계속 쉬기만 하라는 게 아니다. 잠깐이면 된다. 하루에 단 10분만이라도 어지러운 마음을 내려놓고 부처의 가르침에 귀 기울이면 그 안에서 고요함과 평온함을 찾을 수 있을 것이다. 그리하여 찬란한 계절에 모두가 행복하기를.

2
계율을 지켜
청정함을 얻다

자기 비하

지금
포기하지
않는다면
곧 세상이 보이리라

최북 「늦가을」

나는 먼지를 턴다. 나는 더러움을 닦는다. ―『증일아함경』

　공부하는 사람의 가장 큰 고민은 무엇일까. 자괴감이다. 공부를 하면 할수록 자신의 무지가 더 뚜렷해지는 데서 오는 무력감이다. 취미 삼아 하는 공부는 즐겁다. 그런데 전공으로 선택하는 순간 얘기가 달라진다. 재미로 시작한 공부가 시간이 지날수록 부담스럽다. 파고 들어갈수록 오리무중인 거대한 학문의 세계에서 학생은 길을 잃기 일쑤다. 머릿속이 하얗게 텅 빈다. 나의 능력으로는 도저히 어떤 결론에 도달할 수 없을 것 같은 허탈감이 밀려온다. 주저앉고 싶다. 공부는 아무나 하나. 그만두는 게 나을 것 같다. 공부하는 사람치고 중도에 포기를 생각해보지 않은 사람은 없을 것이다. 남들은 하나같이 자신만만해 보이는데 나만 반치기처럼 모자라 보인다. 이런 생각이 심해지면 내가 밥 먹을 자격도 없는 사람처럼 느껴진다. 나 같이 둔한 사람이 무슨 공부를 하겠다고.

미련하고 둔한 주리반특의 비질

부처의 제자 중에 반특이라는 형제가 있었다. 형 반특은 총명하고 지혜로워 출가한 뒤 금방 아라한의 경지에 올랐다. 그러나 동생 주리반특은 형과는 달리 어리석고 아둔했다. 당시 출가 수행승들은 부처의 가르침을 짧은 시의 형태인 게송으로 암기하고 있었다. 형은 동생에게 하나의 게송이라도 외우게 하려고 무진 애를 썼으나 동생은 제대로 외우지 못했다.

이윽고 안거安居 날이 되었다. 안거 때는 제자들이 스승에게 받은 가르침을 되풀이해서 외우거나, 암기가 끝나면 다시 새로운 문구를 가르쳐 받았다. 형은 동생이 안거 날까지 게송 하나도 외우지를 못하자 화가 나서 말했다.

"너는 너무 어리석어 부처님의 제자가 될 수 없으니 다시 집으로 돌아가라."

주리반특은 형에게 꾸지람을 듣고 대문 밖으로 나가 엉엉 소리 내어 울었다. 이때 부처가 지나가다 이 일을 보시고 말씀하셨다.

"비구야, 걱정하지 마라. 나는 최상의 정각正覺을 이루었다. 너의 형 반특으로 인해 네가 도를 얻는 것이 아니다."

부처가 시자 아난에게 일러 주리반특을 특별 지도케 하셨다. 아난은 곧 포기하고 말았다. 결국 부처가 직접 지도하기에 이르렀다. 부처는 주리반특을 조용한 곳으로 데려가 "나는 먼지를 턴다. 나는 더러움을 닦는다"라는 문구를 외우도록 했다. 그런데도 주리반특이 외우지 못했다. 부처는 직접 빗자루로 마당을 쓸면서 두 구절을 외우게 했다. 주리반특은 부처가 시키는 대로 마당을 쓸면서 생각했다. '세존께서는 왜 이런 방법으로 나를 가르치는 걸까? 나는 지금 그 뜻을 연구해야 한다. 지금 내 몸에도 티끌과 때가 있다. 나 스스로를 비유해 보자. 무엇을 없애야 하고, 무엇이 때인가? 결박이 때이고, 지혜가 때를 없애 준다. 나는 지금 지혜의 빗자루로 이 결박을 쓸어버리리라.'

주리반특은 비질을 하며 오온五蘊. 인간을 구성하는 색·수·상·행·식의 다섯 가지 요소이 이루어지는 것과 소멸하는 것을 관찰했다. '이것은 색이요, 이것은 색의 발생 원인이며, 이것은 색의 소멸이다.' 뒤이어 수·상·행·식이 이루어지고 소멸하는 것을 관찰했다. 오랜 수행 끝에 주리반특은 마침내 아라한이 되었다. 미련하고 둔한 주리반특이 총명하고 영리한 형처럼 아라한이 된 것이다. 많은 양의 정보를 암기하는 능력 없이 오직 비질하는 단순노동만으로 목적지에 도달했다. 단지 빠르고 느린 차이만 있었을 뿐, 두 사람이 도달한 경지는 마찬가지였다.

만약 주리반특이 자포자기했더라면 어떻게 됐을까. 그는 영원히 어리석은 사람으로 남았을 것이다. 그러니 아무리 심한 무력감이 찾아들어도 포기하면 안 된다. 이렇게 해서 어느 세월에 이룰 수 있을까 맥이 빠져도 주저앉지 말고 계속 가야 한다. 공자도 비슷한 얘기를 하지 않았던가. "나는 온종일 먹지도 않고 밤새도록 잠자지 않고 생각해보았지만, 유익함이 없었으며, 배우는 것이 더 나았다."

부끄러운 얘기지만 나도 주리반특 못지않은 결점이 있었다. 조울증이다. 시인 구상의 시 「우음偶吟 2장章」에 이런 구절이 나온다. "나는 내가 지은 감옥 속에/ 갇혀 있다.// 너는 네가 만든 쇠사슬에/ 매여 있다.// 그는 그가 엮은 동아줄에/ 묶여 있다." 필자가 꼭 그랬다. 금방 즐거웠다가도 금방 우울해졌

法

최북, 「늦가을」(『사시팔경도첩』에서), 종이에 연한 색,
48.4×31.2cm, 18세기, 국립중앙박물관 소장

다. 이유 없이 가슴이 벌떡거리면서 두려움이 몰려오는가 하면 세상이 모두 내 것인 듯 의기양양해졌다. 변덕이 죽 끓듯 했다. 여기에 폐소공포증까지 있어 좁은 공간에 있으면 불안했다. 문제가 있다고 느꼈지만 의사의 도움을 받지는 않았다. 병원에 가서 상담하는 것이 나의 치부를 드러내는 것 같아 부끄러웠기 때문이다. 누군가에게 도움을 요청하는 대신 혼자 이겨내 보기로 했다. 일종의 자가치료였다. 관련 서적을 찾아 읽었다. 마음공부하는 곳은 어디든 찾아다니며 강의를 듣고 실천했다. 그 과정에서 알게 된 부처의 가르침이 필자에게는 최고의 명약이었다. 치료는 마음에 들지 않는 자신을 인정하고 받아들이는 데서 출발했다. 두 가지 병이 아직 다 완치된 것은 아니지만 지금은 거의 극복됐다. 부처의 가르침에 대한 공부가 짧은 필자가 굳이 이런 글쓰기를 감행한 의도가 여기에 있다. 「우음 2장」의 다음 구절 같은 느낌이다. "우리는 저마다 스스로의/ 굴레에서 벗어났을 때// 그제사 세상이 바로 보이고/ 삶의 보람과 기쁨도 맛본다." 아직도 필자와 같은 굴레에서 벗어나지 못한 벗에게 삶의 보람과 기쁨을 맛보게 해주고 싶기 때문이다.

최북의 마당을 쓰는 늦가을

맑게 갠 가을이다. 단정하게 'ㄱ'자로 된 초옥 앞에서 남정네가 마당을 쓸고 있다. 마당에 딱히 쓰레기가 많아 보이지는 않는다. 돌이나 흙이 널려 있어 지저분한 것도 아닌데 남정네는 허리를 구부리고 열심히 마당을 쓸고 있다. 그 모습이 마치 화가가 빗자루로 땅바닥에 붓질을 하고 있는 것처럼 정갈해 보인다. 이미 청소가 끝난 걸까. 남정네가 마당을 깨끗이 쓸었다는 것을 강조하기 위해 작가는 비질하는 부분을 제외하고 위아래를 연한 청색으로 물들였다. 땅바닥에 촘촘하게 점으로 찍은 풀들이 아직 푸르스름하다. 가을

이 깊어지기 전인 듯하다. 집 주위에는 여러 종류의 나무들이 서 있다. 나무를 표현한 붓질이 담백하면서도 깔끔하다. 오동나무처럼 보이는 나무 꼭대기로 시선을 옮기면 그곳에 높은 산이 솟아 있다. 산은 등성이만 보일 뿐 산자락은 구름 속에 잠겼다. 높은 산이다. 산자락을 휘감은 구름과 안개가 남정네가 사는 집 주위를 감싸고 돌아 넓고 시원한 공간을 만들었다. 우람한 산과 적막한 구름 속으로 오직 비질하는 소리만이 울려 퍼진다.

호생관毫生館 최북崔北, ?~?이 그린 「늦가을」은 『사시팔경도첩四時八景圖帖』에 들어있는 작품이다. 사계절의 모습을 여덟 장면으로 그린 『사시팔경도첩』은 조선 초기부터 말기까지 지속적으로 그려진 화제다. 사계절이니 네 장면을 그리면 되지 하필이면 여덟 장면인가. 조선시대 화가들은 계절을 그리면서 '초봄' '늦봄', '초여름' '늦여름' 하는 식으로 각 계절을 둘로 구분했다. 시간의 흐름에 따라 미묘하게 변하는 계절을 묘사하기 위함이다. 봄이다. 봄은 봄이로되 계절의 문을 여는 초봄과 생명력으로 뒤범벅이 된 늦봄은 같지 않다. 여름이다. 여름은 여름이로되 서서히 달궈지는 초여름과 맹렬하게 끓어오르는 늦여름은 다르다. 초가을과 늦가을, 초겨울과 늦겨울도 마찬가지다.

『사시팔경도첩』은 사계절이 뚜렷한 지역에 살면서 계절의 변화를 민감하게 느꼈던 선조들이 이루어놓은 문화다. 똑같은 장소도 계절에 따라 전혀 다른 느낌을 주듯 최북이 그린 『사시팔경도첩』도 그렇다. 『사시팔경도첩』에는 선비가 나귀타고 어디론가 가는 모습, 소나무 아래 앉아 담소를 나누며 폭포를 구경하는 모습, 우비를 걸친 어부가 낚싯대를 매고 귀가하는 모습 등 다양한 삶의 모습이 담겨 있는데 그중에서 마당 쓰는 모습은 「늦가을」에서 찾아볼 수 있다. 늦가을은 한 해의 군더더기가 낙엽처럼 쌓이는 계절이다. '나는 먼지를 턴다. 나는 더러움을 닦는다'라는 문구를 되뇌며 내면에 쌓인 먼지를 쓸어내기 좋은 계절이다.

우리가 공부하는 목적

오늘 경전의 이야기는 두 가지를 생각하게 해준다. 첫 번째는 아무리 둔하고 어리석은 사람이라도 포기하지 않고 계속 노력하면 결국 목적지에 도달할 수 있다는 사실이다. 형제마저 포기할 정도로 미련한 주리반특이 마침내 아라한이 될 수 있었던 비결은 본인의 노력에 있었다. 두 번째는 스승의 역할이다. 주리반특 같은 어림쟁이가 아라한이 될 수 있었던 것은 그에 맞는 적절한 교육법이 있었기 때문에 가능했다. 부처는 설법할 때 자신의 지식을 과시하기 위한 설법을 하지 않았다. 대신 듣는 사람의 이해 능력에 맞추어 그 사람이 알아들을 수 있도록 설법했다. 이것을 대기설법이라 한다. 병에 따라 처방해주는 약이 다르듯 듣는 사람의 근기에 맞게 교법을 말해주는 가르침이다.

훌륭한 스승은 어리숙한 제자를 다듬고 빚어 훌륭한 그릇이 되게 한다. 환한 대낮인 줄도 모르고 골방 구석에 틀어박혀 있는 제자를 밖으로 나오게 한다. 아니 자신이 앉아 있는 곳이 넓은 초원이라는 것을 깨닫게 해준다. 「우음 2장」의 마지막 구절은 이렇다. "앉은 자리가 꽃자리니라.// 네가 시방 가시방석처럼 여기는/ 너의 앉은 그 자리가/ 바로 꽃자리니라."

모르긴 해도 주리반특은 형 반특이보다 훨씬 너그럽고 온화했을 것이다. 지나치게 머리 좋은 사람들한테 느껴지는 까다로움이나 거만함이 없었을 것이다. 어찌 그러지 않겠는가. 긴 세월 동안 답답한 세월을 견디며 둥글둥글해졌는데, 형보다 훨씬 넉넉하고 여유로웠을 것이다. 자신이 부족하다고 생각하는 사람은 다른 사람을 폄훼하지 않는다. 그것만으로도 충분하다. 우리가 공부하는 목적은 덕을 쌓기 위함이다. 공자의 말씀처럼 "덕 있는 사람은 외롭지 않고 반드시 이웃이 있다." 주리반특은 그의 모자람으로 인해 형보다 훨씬 이웃이 많았을 것이다. 2,000년의 시간을 뛰어넘어 그의 얼굴 한 번 본 적 없는 필자까지도 그의 친구가 된 것을 보면. 나이 들어 공부하는 그대여, 힘을 내시라. 새롭게 시작하는 그대여, 용기를 가지시라. 포기하지 않고 계속 걷다 보면 언젠가는 목적지에 도달할 수 있을 것이다. 주리반특처럼.

숙면

깊게 잠드는
자만이
깨어 있을 수
있다

유숙 「오수삼매」

부처님께서는 비록 눈은 잠으로 음식을 삼는다고 하셨지만 저는 차마 잘 수 없습니다.
—『증일아함경』

　내가 아주 좋아하는 사람이 있다. 그와 함께 있을 때 나는 더없이 행복하다. 내가 그에게 사랑받고 있다는 사실을 충분히 느낄 만큼 오로지 나한테만 집중해 주기 때문이다. 그와 함께 있을 때 나는 그의 전부가 된다. 그는 오직 나 한 사람만을 사랑하기 위해 사는 사람 같다. 저 사람에게 나는 매우 중요한 사람이구나, 하고 존중받는 느낌이 든다. 그런데 나만 이렇게 생각하는 것이 아니었다. 나와 함께 있지 않을 때 그는 나 대신 그의 앞에 있는 사람에

法

유숙, 「오수삼매」, 종이에 먹, 40.4×28cm, 간송미술관 소장

게 집중한다. 그의 앞에 있는 사람이 세상 전부인 양 헌신하는 태도로 말이다. 마치 나 같은 존재는 싹 잊어버린 듯하다. 아니 그의 앞에 있는 사람 외에는 세상 그 누구도 모르는 사람 같다. 그 대상이 여자든 남자든 상관없다. 할머니든 어린아이든 묻지 않는다. 그와 함께 있다는 것이 중요하다. 그가 중요하게 여기는 대상은 사람뿐이 아니다. 일도 중요하다. 알고 보니 그는 매순간에 헌신적인 사람이었다. 공부할 때는 공부에, 밥 먹을 때는 밥에, 얘기할 때는 얘기에 몰입한다. 잠잘 때는 오로지 잠에 몰두할 것이다. 참 신기한 사람이다.

낮잠에 깊이 빠진 스님의 삼매

"늙은 스님네가 앉아서 조는 것이 좋아 머리를 깎게 되었습니다."

해안海眼, 1901~74 스님은 경봉鏡峰, 1892~1982 스님과 함께 '동東 경봉, 서西 해안'으로 불리며 선풍을 떨친 근현대 호남의 대표적인 선사다. 그런 분이 출가 동기를 밝히면서 하신 말씀이 늙은 스님이 조는 것이 좋아서였단다. 노스님이 좋아 보였던 이유를 덧붙였다. "홍안백발紅顔白髮의 노승이 삽살개 눈썹을 하고 전면前面 어간御間에 가부좌를 틀고 앉아 머리를 조아려 꾸벅꾸벅 조는 모습은 어느 선인도仙人圖에서나 볼 수 있는 아름다운 한 폭의 그림이었다."

나는 이 글을 읽자마자 유숙劉淑, 1827~73의 「오수삼매午睡三昧」가 떠올랐다. '오수午睡'는 낮잠이다. 그러니 「오수삼매」는 낮잠에 깊이 빠졌다는 뜻이다. 얼마나 깊이 잠들었으면 삼매에 든 것처럼 보였을까. 삼매에 들면 누가 '업어 가도' 모른다. 오수삼매에 든 사람도 그렇다. 봄이 되니 노곤하다. 점심을 먹고 나면 쏟아지는 졸음을 주체할 수가 없다. 세상에서 제일 무거운 것이 졸릴 때의 눈꺼풀이다. 밀려드는 졸음은 천하장사도 당해낼 수 없다. 스님이라고 예외가 아니다. 어디를 가던 길이었을까. 스님이 짚신을 신은 채 앉은 자리에서 깜빡 잠이 들었다. 무릎에 두 손을 올려놓고 잠시 쉰다는 것이 스르르 눈이 풀린 모양이다. 화가는 잠에 취한 스님을 표현하려고 어깨 부분을 먹으로 진하게 그렸다. 덕분에 바위처럼 무거운 졸음이 짓누르는 것 같다. 진한 먹으로 그린 가사장삼은 누군가 잠자는 스님 위로 이불을 덮어준 것처럼 풍성하다. 눈썹까지 세밀하게 그린 얼굴과 먹의 농담 변화를 결합한 승복이 묘한 대조를 이루면서 태산 같은 잠의 무게가 더욱 실감난다. 나는 「오수삼매」처럼 투철하게 잠에 빠진 그림을 본 적이 없다.

옛 그림 중에는 잠자는 사람을 그린 그림이 매우 다양하다. 시원한 서재에서 잠든 선비, 나무를 베고 누운 은자, 물결치는 바다에서 갈대를 밟고 앉아 잠든 동자, 배 위에서 구부린 채 쪽잠을 자는 어부, 소에게 꼴을 먹이며 잠든 목동 등등 틈만 나면 눈을 붙이려는 사람들로 그림세계는 혼잡하다. 그들 모두 잠에 관한한 전문가들이다. 그러나 잠의 깊이와 강도에 있어서는 보는 사람까지 졸리게 만드는 「오수삼매」가 단연 최고다.

그런데 수행자가 수행을 해야지 이렇게 잠에 빠져 있어도 될까. 「오수삼매」를 보면서 두 번째 든 생각이었다. 해안 스님의 출가 동기도 왠지 걱정스러웠다. 걱정과 근심으로 잠을 잘 수 없는 불면증을 경험하기 전까지는 그랬다. 잠이란 그저 피곤하면 저절로 잘 수 있는 생리적 현상인 줄 알았다. 그러나 아무리 잠을 자고 싶어도 잠들 수 없는 일을 겪고 나서는 배고프면 먹고 졸리면 자는 선禪의 경지가 얼마나 심오한지 비로소 깨달았다. 깨어 있는 시간을 잘 보낸 사람만이 편안히 잘 수 있다. 과거와 미래의 근심으로 얼룩진 사람은 쉽게 잠들지 못한다. 내가 좋아하는 그 친구처럼 오직 현재에 충실한 사람만이 깊이 잠들 수 있다. 부처도 자신을 "나는 세상에서 잠을 잘 자는 사람들 가운데 한 사람"이라고 말했다. 어떻게 해야 잠을 잘 잘 수 있는가. 『증일아함경增一阿含經』에는 부처가 말한 숙면의 비법이 이렇게 적혀 있다.

"감각적 욕망에 오염되지 않고, 청량하고 집착이 없고, 완전한 적멸을 성취한 거룩한 님은 언제나 잘 자네. 모든 집착을 부수고, 마음의 고통을 극복하고, 마음의 적멸을 성취한 님은 고요히 잘 자네."

잠을 잘 자는 것은 좋지만 잠도 잠 나름이다. 깨어 있는 시간에도 어영부영 지내다 저녁되면 또 다시 늘어지게 잠을 자는 것은 인생을 낭비하는 잘못된 습관이다. 부처의 10대 제자 중 천안 제일로 알려진 아나율존자가 그런 경우였다. 그는 처음 출가했을 때 수행 생활에 잘 적응하지 못했다. 썩 내키지 않은 출가를 했기 때문에 열심히 수행을 하지 않았던 탓이다. 그런 어느 날 부처가 출가자와 재가 신도들을 상대로 기원정사에서 법을 설하는 중에 아나율이 부처 앞에서 꾸벅꾸벅 졸았다. 그것을 본 부처가 아나율을 호되게 꾸짖으며 말했다.

"너는 도대체 무엇 때문에 출가했느냐? 사문이 그렇게 열심히 수행하지 않으면 출가한들 무슨 의미가 있겠느냐?"

순간 아나율은 심히 부끄러움을 느껴 졸지 않고 정진하겠다고 맹세했다. 그는 일주일 동안 용맹정진에 들어갔다. 그 결과 아나율은 사물을 식별할 수 없을 정도로 눈이 아파 실명 위기에 처했다. 부처가 명의名醫 지바카에게 아나율을 치료하라고 명했다. 그런데 지바카는 '아나율이 조금이라도 잠을 잔다면 치료할 수 있으나 잠을 자지 않기 때문에 치료할 수 없다'고 했다. 부처가 아나율에게 말했다.

"너는 잠을 자야 한다. 사람은 먹어야 살아갈 수 있고, 먹지 않으면 살아갈 수 없다. 눈은 잠으로 음식을 삼고, 귀는 소리로 음식을 삼으며, 코는 냄새로 음식을 삼고, 혀는 맛으로 음식을 삼으며, 몸은 감촉으로 음식을 삼고, 뜻은 법으로 음식을 삼는다. 그리고 지금 나의 열반에도 음식이 있다."

아나율이 부처에게 물었다.

"열반은 무엇으로 음식을 삼습니까?"

"열반은 부지런함을 음식으로 삼는다."

"부처님께서는 비록 눈은 잠으로 음식을 삼는다고 하셨지만 저는 차마 잘 수 없습니다."

아나율은 부처의 만류에도 불구하고 계속 정진하여 결국 실명하게 되었다. 비록 아나율이 물질을 식별하는 육안肉眼은 잃었지만, 세상에서 벌어지는 모든 일을 꿰뚫어볼 수 있는 천안을 얻었다.

힘 중의 힘, 복

아나율의 선택이 꼭 옳다고는 말할 수 없다. 그러나 스승의 꾸지람을 서운하게 생각하지 않고 잘못된 습관을 바로잡고자 한 자세는 대단하다 못해 숙연하다. 게으름 피우는 제자를 걱정한 얘기는 공자에게도 있었다. 제자인 재여가 낮잠을 자자 공자가 말했다. "썩은 나무에는 조각할 수 없고, 더러운 흙으로 쌓은 담장에는 흙손질을 할 수 없다. 너에 대해 내가 무엇을 탓하겠느냐?"

그렇다면 육안을 잃고 천안을 얻은 아나율은 어떻게 생활했을까. 당연히 불편했을 것이다. 『증일아함경』에는 그가 육안을 잃고 나서 어떻게 생활했는지 알려주는 비하인드 스토리가 적혀 있다.

어느 날 아나율이 옷을 꿰매려고 바늘에 실을 꿰는데, 앞을 보지 못하는 아나율로서는 여간 힘든 일이 아니었다. 아나율이 중얼거렸다.

"나를 위해 바늘에 실을 꿰어줄 사람이 누구 없을까?"

부처가 천이통天耳通으로 그 소리를 듣고 아나율의 처소로 찾아왔다.

"실과 바늘을 내게 다오. 내가 꿰어 주리라."

부처가 바늘에 실을 꿰어 아나율에게 건네주자 아나율이 말했다.

"부처님께서는 이런 복을 짓지 않아도 복덕과 공덕을 구족具足하신 분인데, 무엇 때문에 이런 일을 하십니까?"

부처가 말했다.

"세상에서 복을 구하는 사람으로 나보다 더한 사람은 없을 것이다. 여래는 여섯 가지 법에 있어서 만족할 줄을 모른다. 첫째는 보시요, 둘째는 교훈이며, 셋째는 인욕이요, 넷째는 법답게 진리를 설하는 것과 이치에 맞게 설명하는 것이며, 다섯째는 중생을 보호하는 것이요, 여섯째는 최상의 도를 구하는 것이다."

아나율이 물었다.

"여래의 몸은 법신法身인데 다시 법을 또 구하려 하십니까? 여래께서는 이미 생사의 바다를 건너 애착을 벗어났는데, 지금 또 애써 복덕을 닦으시는군요."

부처가 말했다.

"그렇다, 아나율아. 네 말과 같다. 여래도 여섯 가지 법에 있어서 만족할 줄 모른다. 만약 중생들이 죄악의 근본인 몸과 말과 생각으로 짓는 업을 안다면 결코 삼악도에 떨어지지 않을 것이다. 그러나 중생들은 그것을 모르기 때문에 삼악도에 떨어진다. 나는 그들을 위해 복을 지어야 한다. 이 세상의 모든 힘 가운데 복의 힘이 으뜸이다. 그러니 아나율아, 너도 열심히 정진해서 여섯 가지 법을 얻도록 하여라. 비구들이여, 그대들도 마땅히 이와 같이 공부해야 한다."
　이래저래 잠이 많이 오는 계절이다. 잠이 오면 잘 자자. 잘 자기 위해서는 깨어 있을 때 충실히 살아야 한다. 잘 자야 일도 할 수 있고 공부도 할 수 있고 복도 지을 수 있다. 잠이 보약이다.

2
계율을 지켜 청정함을 얻다

지혜

깊은
배움과
높은
가르침

김홍도 「매작도」

약에 의해 병이 나은 것처럼 뛰어난 수행력에 의해 모든 번뇌는 없어지고, 지혜는 사라지지만 깨달음은 없어지지 않습니다. ―『밀린다왕문경』

그러니 그대여,

오늘은

내가 저이들과 바람이 나더라도

바람이 나서 한 사나흘 떠돌더라도

저 눈빛에

눈도 빼앗겨 마음도 빼앗겨

내 생의 앞뒤를 다 섞어버리더라도
용서해다오.

— 복효근, 「5월의 숲」에서

지금 내가 딱 그 심정이다. 자전거 타기 2주째, 쌩쌩 날아다니는 재미에 빠져 "내 생의 앞뒤를 다 섞어" 버릴 정도로 흥분해 있다. 아직까지는 자신이 없어 아파트 단지 내에서만 타지만 그게 어딘가. 이 정도로 자신 있게 탈 수 있게 된 것을. 1동부터 7동까지 자전거로 왔다 갔다 하며 한 시간 내내 돌다보면 각 동 앞에 심긴 꽃나무를 서른 번도 더 보게 된다. 걸어서 가자면 한참 걸릴 거리인데 자전거를 타면 순식간이다. 뒤돌아선 지 단 몇 분 만에 아까 봤던 매화꽃 앞에 벌써 도착해 있다. 마치 순간 이동을 한 것 같다. 이 동네에 이사 온 지 10년이 지났지만 올해처럼 꽃을 골고루 보고 자주 보기는 처음이다.

<u>봄에 발견한 조경사의 뜻</u>

각 동 앞을 연거푸 왔다 갔다 하는 사이, 화단에 심긴 나무에서 나름대로 일정한 규칙을 발견했다. 조경사가 꽃과 나무를 배치한 구상 같은 거다. 각 동 앞 화단 양쪽 끝에는 매화나무를 심었다. 청매화와 모과나무도 반드시 한 그루씩 심었다. 간혹 홍매화가 심긴 곳도 있다. 양쪽에 수문장처럼 심긴 매화와 매화 사이에는 단풍나무와 주목나무가 서 있다. 큰 나무들 앞에는 철쭉꽃이 울타리처럼 둘러서 있는데 그 모습이 마치 어린아이가 키 큰 어른 앞을 아장거리며 걷는 것 같다. 철쭉 울타리 뒤에서는 새싹들이 죽순처럼 하늘을 향해 죽죽 솟아난다. 햇볕이 잘 들지 않는 아파트 뒤쪽에는 벚꽃과 자귀나무, 감나무, 산수유 등이 자란다. 우리 동네에 이렇게 많은 꽃과 나무가 있었던

가, 놀랍기도 하려니와 철저한 계산과 준비 속에서 심겼다는 사실이 신기하다. 새로운 발견이다. 그런데 특이하게 101동과 107동에는 매화를 건물 앞쪽이 아니라 뒤쪽에 심었다. 왜 그랬을까. 아파트 안을 몇 바퀴 돌 때까지 의문이 풀리지 않았다. 자전거를 끌고 두 동 앞으로 가 봤다. 매화 대신 벚꽃을 심어놓은 것을 보고 조경사의 혜안에 감탄을 금할 수 없었다. 아, 그렇구나. 두 동은 다른 동과 달리 아파트 입구에 세워져 있어 도로와 가깝다. 차량 소음과 사람들의 시선을 차단하기 위해서는 키 작은 매화보다 키 크고 우람한 벚꽃이 필요했고 조경사는 그 상황을 예측한 것이다.

조경사가 달리 조경사가 아니었다. 내가 별 것 아닌 것으로 무시하는 것조차 사실은 별 것 아닌 것이 아니었다. 깊은 고민과 검토 속에서 나왔다. 꽃과 나무를 심은 조경사의 의중을 이해하고 나니 갑자기 그가 친숙해진다. 얼굴 한 번 본 적 없는 조경사의 뜻을 그가 손질한 흔적을 통해 알아들었다는 사실이 새롭다 못해 기이하다. 말로 설명해도 알 수 없는 공안公案을 깨달은 심정이라고나 할까. 달마대사가 인도에서 중국으로 온 뜻이 무엇입니까, 라는 질문에 '뜰 앞의 잣나무'라고 대답했던 조주 스님 말씀의 참뜻을 비로소 알아들은 느낌이다. 조금만 관심을 갖고 둘러보면 우리 주변에는 매화꽃이나 목련꽃처럼 나를 깨달음의 세계로 이끌어주는 화두가 곳곳에 들어 있지 않을까.

날마다 꽃을 보며 관찰하자니 싹이 터서 꽃이 피는 과정을 생생하게 확인할 수 있다. 2주 전에는 아무리 애타게 불러도 기척도 없던 꽃송이들이 지금은 행여 불러주지 않나 대기하고 서 있다. 지난주에는 매화가 한창이더니 이번 주에는 개나리와 목련이 절정이다. 엊그제 내린 비로 매화꽃이 하나둘 떨어진 자리에는 벚꽃이 슬슬 눈치 보듯 피어난다. 소리 없이 피고 지는 꽃들은 남루한 일상을 황홀하게 뒤덮는다. 여기에 새소리까지 들리니 더 이상 무엇

김홍도, 「매작도」(『병진년화첩』에서), 종이에 연한 색,
26.7×31.6cm, 1796, 삼성미술관 리움 소장

2
계율을 지켜
청정함을 얻다

을 바라랴. 나는 꽃과 나무에 '눈도 빼앗겨 마음도 빼앗겨' 사나흘이 아니라 서른 날쯤 떠돌아다니고 싶은 심정이다.

매화와 까치들의 소박한 향연

풍속화가 김홍도는 꽃과 새를 그린 화조화가로도 유명하다. 그가 그린 「매작도梅鵲圖」는 이즈음의 자연을 그린 작품이다. 봄날의 절정을 목격한 사람만이 그릴 수 있는 걸작이다. 까치 두 쌍이 매화 가지에 앉았다. 지금은 천덕꾸러기로 전락했지만 까치는 예로부터 기쁜 소식을 알려주는 길조吉鳥로 환영받았다. 매화꽃이 피는 봄이 왔으니 새들도 즐겁다. 반가운 새가 좋은 계절이 왔음을 알려준다. 매화 가지에서 놀던 까치 한 마리가 날개를 펴고 날아가자 세 마리 까치가 날아가는 까치를 보며 일제히 짖는다. 날개를 쫘악 펼친 까치 덕분에 정적인 공간에 아연 활기가 돈다. 까악까악 짖어대는 까치 소리가 들리는 것 같다. 날아가는 까치가 그림에 움직임을 불어넣는다면 오른쪽으로 기울어진 대나무는 균형감을 잡아준다. 고심 끝에 나온 구도다. 매화나무를 보니 벌써 잎이 돋아나기 시작했다. 매화는 잎사귀보다 꽃이 먼저 피는 나무다. 잎이 날 때쯤이면 꽃은 거의 막바지다. 바로 지금 내가 보고 있는 저 매화다.

「매작도」는 김홍도가 쉰두 살에 그린 『병진년화첩丙辰年畵帖』에 들어 있다. 이 화첩은 김홍도가 연풍현감延豊縣監을 그만둔 후 제작했는데, 그의 기량이 최절정에 도달했음을 확인할 수 있다. 때문에 단순히 병진년에 그린 화첩이란 명칭이 아니라 『단원절세보첩檀園折世寶帖』이라는 제복을 붙여야 한다는 주장이 제기될 정도로 빼어난 작품이다. 그런데 이렇게 명성이 자자한 화첩의 소재가 의외로 소박하다. 김홍도는 화조화를 그릴 때 우리 주변에서 흔히 볼 수 있는 친숙한 소재를 선택했다. 까치, 오리, 꾀꼬리, 꿩, 독수리, 메추라기, 기러기 등의 새와 버드나무, 소나무, 연꽃, 국화, 매화, 대나무 등이 그것이다. 이런 소재들은 단독으로 그려질 때도 있지만 사람과 동물의 배경으로 그려질 때도 있다. 어떤 형태로 결합되든 꽃과 나무는 자연 그 자체다. 자연이 주는 선물이다.

그런데 2주 전만 해도 죽은 나무처럼 서 있던 매화가 언제 이렇게 꽃을 피웠을까. 꽃을 피운 힘은 매화 속 어디에 숨어 있었을까. 꽃을 피운 뒤 사라졌을까. 아니면 떠났다가 내년 봄이 되면 다시 올까. 내가 자전거를 타게 된 능력은 어디에 들어 있었을까. 내일이면 이 능력은 사라지는 걸까.

밀린다 왕의 질문과 자전거 타기

"스님, 지식을 갖는 자는 지혜도 갖습니까?"

"그렇습니다."

"지식과 지혜는 둘 다 같은 것입니까?"

"그렇습니다."

"그렇다면 지식과 함께 지혜를 갖는 사람은 미혹에 빠지는 일이 있습니까, 없습니까?"

"어떤 일에 대해서는 미혹되고 어떤 일에 대해서는 미혹되지 않습니다."

"그렇다면 어떤 일에 대해서 미혹됩니까?"

"아직 배우지 않은 기술이나 아직 가본 적이 없는 지방이나 아직 들어보지 못한 이름과 술어 등에 대해서는 미혹될 것입니다."

"어떤 일에 대해서 미혹되지 않습니까?"

"지혜에 의해 깨친 것, 즉 무상無常과 고苦와 무아無我에 대해서는 미혹되지 않을 것입니다."

"그러면 깨친 사람의 어리석음은 어디로 갑니까?"

"지혜가 생기자마자 어리석음은 곧 사라져 버립니다."

"비유를 들어 설명해 주십시오."

"사람이 어두운 방 안으로 등불을 가져왔을 때 어둠이 사라지고 밝음이 나타나는 것과 같습니다."

"스님, 그렇다면 지혜는 어디로 갑니까?"

"지혜는 자신이 해야 할 일을 이룩하자마자 곧 사라집니다. 그러나 지혜에 의해 이룩된 무상과 고와 무아의 깨침은 없어지지 않습니다."

"비유를 들어 설명해 주십시오."

"어떤 사람이 하인에게 등불을 밝혀 편지를 쓰게 한 다음, 등불을 끄게 하는 경우와 같습니다. 이 경우 등불은 꺼져도 편지는 없어지지 않습니다. 마찬가지로 지혜는 사라지지만 지혜에 의해 이룩된 깨침은 없어지지 않습니다."

"다른 비유를 들어 설명해 주십시오."

"의사가 약을 환자에게 먹여 병을 낫게 하는 경우와 같습니다. 이 경우 병이 나은 다음에도 의사는 다시 그에게 약의 효과를 보이려고 먹게 하겠습니까?"

"아닙니다. 약은 이제 할 일을 다하였습니다. 병이 다 나은 사람에게 약이 무슨 소용이 있겠습니까?"

"꼭 그와 같습니다. 약은 수행력이고 의사는 수행자. 병은 번뇌이며 환자는 범부와 같습니다. 약에 의해 병이 나은 것처럼 뛰어난 수행력에 의해 모든 번뇌는 없어지고 지혜는 사라지지만 깨달음은 없어지지 않습니다."

"잘 알겠습니다."

『밀린다왕문경』은 그리스의 밀린다 왕과 인도의 불교 고승 나가세나존자의 대화로 구성된 경전이다. '밀린다 왕의 질문'이란 경의 이름처럼 밀린다 왕이 불교에 대해 궁금한 사항을 질문하면 나가세나존자가 대답하는 일종의 교리문답서라고 할 수 있다. 두 사람의 대화는 3일 동안 계속되었는데 왕의 질문은 300개가 넘었다. 나가세나존자는 왕이 던지는 갖가지 난해한 질문에 대해 적절한 비유로 명쾌하게 대답한다. 지식과 지혜에 대한 질문과 대답도 그중의 하나다.

나가세나존자의 설명에 빗대어보면 내가 처음 자전거를 타지 못했을 때는 '미혹'에 빠진 상태였다. 그런데 자전거를 익숙하게 타는 지혜가 생기자마자 미혹이라는 어리석음은 사라져버렸다. 방 안으로 등불을 가져오자마자 어둠이 사라진 것처럼, 한 번 밝아진 방 안은 다시는 어두워지지 않을 것이다. 나 또한 자전거를 타지 못했던 과거로 다시 되돌아가지는 않을 것이다. 이미 내 안에 자전거 타기의 지혜가 들어 있기 때문이다. 그 지혜는 눈에 보이지는 않지만 내가 자전거를 타고 싶을 때면 언제든 잘 탈 수 있게 작용할 것이다. 봄이 되면 매화꽃을 피우는 신비스런 힘처럼. 으흐흐흐, 이런 지혜를 내 안에 담고 있다니 생각만 해도 기분 좋다. 모두 자전거 덕분이다. 아니 무릎이 깨지면서도 자전거 타기를 포기하지 않은 쉰세 살 아줌마의 용기 덕분이다. 나는 내가 자랑스럽다. 탄천변에 핀 꽃들이 어른거린다.

2
계율을 지켜
청정함을 얻다

검손

바람이
밀어주며
격려하다

유숙 「화외소거」 「무후대불」

신앙은 깨끗함을 특질로 하고 또 뛰어 들어감을 특질로 한다.

— 『밀린다왕문경』

　드디어 탄천으로 나왔다. 생애 최초 자전거 산책이다. 각오를 단단히 하고 완전무장을 했다. 머리에는 헬멧, 선글라스, 마스크를 착용하고 손에는 장갑을, 오른쪽 발목에는 체인에 바지가 걸리지 않도록 밴드를 끼웠다. '결행' 날짜는 자전거 타는 사람들이 많지 않은 월요일로 잡았다. 남편이 앞에서 길잡이가 돼 줬다. 남편만 따라가면 된다. 아파트를 나와 신호등을 건너니 탄천 옆으로 자전거 도로가 쭈욱 펼쳐졌다. 내가 한 번도 들어가 보지 못한 금단의 구역이었다. 파란색 산책로를 걸을 때면 붉은색 자전거도로를 씽씽 달리는

사람들이 한없이 부러웠다. 오늘은 내가 그 도로를 달린다. 두려움과 설렘이 교차했다.

그런데 막상 자전거도로에 들어가자 걱정이 일시에 사라졌다. 자전거만 달릴 수 있는 도로라서 아파트 단지 내에서처럼 들고 나는 차량이나 사람들에게 신경 쓸 필요가 없었다. 그저 앞으로 달리기만 하면 됐다. 훨씬 편하고 신났다. 바람을 가르며 씽씽 달렸다. 봄 속으로 질주하는 것이 어찌나 신났던지 앞에 사람이 없는데도 괜히 벨을 찌릉찌릉 울렸다. 도로가 좋아서인지 아니면 자전거가 새것이라서인지 페달을 몇 번 밟기만 해도 바퀴가 저절로 굴러갔다. 날아가는 기분이었다. 그렇게 20여 분을 달려 내가 원하는 목적지에 도달했다. 10킬로미터 조금 넘는 거리였다. 탄천 양쪽에 온통 벚꽃으로 뒤덮인 꽃동네에 자전거를 세웠다. 그리고 의자에 앉아 초코파이에 물을 마시면서 쉰세 살의 나를 일으켜 세워 여기까지 달려오게 한 꽃들을 마음껏 감상했다. 그러자니 꽃에 취해 재미있는 일화를 남긴 한 사람이 떠올랐다.

꽃에 미친 학자를 그리다

북송北宋의 학자 소옹邵雍, 1011~77도 나 못지않게 꽃을 좋아한 사람이었다. 그는 어찌나 꽃을 좋아했던지 봄가을이 되면 꽃구경 가는 재미로 살았다. 「화외소거花外小車」는 소옹이 꽃을 찾아가는 모습을 그린 작품이다. 소옹은 동자가 미는 작은 수레에 앉아 꽃을 감상하느라 넋이 나갔다. 턱을 높이 들고 있는 것을 보면 언덕 위에 핀 매화 너머 다른 꽃을 찾는 듯하다. 대각선으로 배치된 언덕의 바위에는 물기 젖은 화면에 진한 먹을 쓸어내리듯 칠했다. 반면 매화는 잎사귀 없이 꽃부터 피는 매화나무의 특성이 잘 드러나도록 선으로만 그렸다. 단단한 바위는 부드럽게, 부드러운 매화는 거칠게 그리는 역설의 힘으로 「화외소거」는 이제 막 잠이 깬 초봄의 변화가 만져질 듯 실감난다.

소옹은 꽃에 취해 자주 약속을 잊었다. 사마광司馬光의 별장에서 만나기로 한 날도 그랬다. 약속도 잊고 꽃 보러 간 것이다. 기다리던 사마광은 화를 내는 대신 「약소요부부지約邵堯夫不至, 약속한 소요부는 오지 않네」를 지어 다음과 같이 중얼거렸다. "옅은 해 짙은 구름에 가렸다 다시 열리고(淡日濃雲合復開)/ 푸른 숭산 맑은 낙수 저 멀리 둘러 있네(碧嵩淸洛遠縈回)/ 숲 속 높은 누각에서 바라본 지 오래건만(林間高閣望已久)/ 꽃 밖의 작은 수레는 아직도 오지 않네(花外小車猶未來)"

그림 제목 「화외소거」는 사마광의 시 마지막 구절 "꽃 밖의 작은 수레(花外小車)"에서 따왔음을 알 수 있다.

밀린다 왕이 물었다.

"존자 나가세나여, 신앙은 무엇을 특질로 합니까?"

"대왕이여, 신앙은 깨끗함을 특질로 하고 또 뛰어 들어감을 특질로 합니다. 신앙이 생겨날 때 그것은 다섯 가지 덮개를 멸하고 덮개를 벗어난 마음은 명징하고 청정하고 혼탁이 없습니다. 그와 같이 신앙은 깨끗함을 특질로 합니다."

"존자여, 어째서 신앙은 뛰어 들어감을 특질로 하는 것입니까?"

"대왕이여, 예를 들면 수행자가 다른 사람이 해탈한 것을 보고 '성자의 흐름에 들어간 경지' 혹은 '한 번만 이 세상에 돌아오는 경지' 혹은 '다시 이 세상에 돌아오지 않는 경지' 혹은 '아라한의 깨달은 경지'에 뛰어들고, 또한 아직 도달하지 못한 경지에 도달하고, 아직 획득하지 못한 경지를 획득하고, 아직 깨닫지 못한 것을 깨닫기 위해 수행하는 것처럼 대왕이여, 그와 같이 신앙은 뛰어 들어감을 특질로 합니다."

法

유숙, 「화외소거」, 종이에 연한 색, 132.4×53.3cm, 국립중앙박물관 소장

유숙, 「무후대불」, 종이에 연한 색, 132.4×53.3cm, 국립중앙박물관 소장

2
계율을 지켜
청정함을 얻다

"비유를 들어 설명해 주십시오."

"대왕이여, 예를 들면 산의 정상에 큰 비가 내린다고 합시다. 그 빗물은 낮은 곳을 따라 흘러 산간의 좁은 골짜기와 바위의 갈라진 곳과 벌어진 틈새를 채우고 강을 채운 뒤 강물은 양쪽 언덕에 범람할 것입니다. 그때 많은 사람들이 그 강의 넓이와 깊이를 모르고 두려워 망설이며 언덕에 서 있다고 합시다. 그때 어떤 사람이 와서 자신의 체력과 역량을 바로 알고 허리띠를 매고 나서 뛰어들어 맞은편 언덕으로 건너갔다고 합시다. 그가 완전히 건너간 것을 보고 많은 사람들도 따라서 건너갈 것입니다. 대왕이여, 그와 마찬가지로 수행자는 다른 사람이 해탈한 것을 보고 '성자의 흐름에 들어간 경지' 혹은 '한 번만 이 세상에 돌아오는 경지' 혹은 '다시 이 세상에 돌아오지 않는 경지' 혹은 '아라한의 깨달은 경지'에 뛰어들고, 또한 아직 도달하지 못한 경지에 도달하고, 아직 획득하지 못한 경지를 획득하고, 아직 깨닫지 못한 것을 깨닫기 위해 수행해야 합니다. 대왕이여, 그와 마찬가지로 신앙은 뛰어 들어감을 특질로 합니다."

"잘 알았습니다. 존자 나가세나여!"

「화외소거」 옆에 「무후대불」을 그린 뜻

유숙이 그린 「무후대불武后大佛」은 「화외소거」와 똑같은 크기로 그려진 대련이다. 두 그림을 나란히 놓고 보면 「화외소거」의 소옹이 「무후대불」 쪽으로 올라가는 것 같다. 「무후대불」은 비탈진 언덕에 키 작은 나무들이 자란 모습을 그렸다. 산사태가 난 걸까. 나무뿌리가 훤히 드러나도록 어수선한 오른쪽 중간 바위 뒤로는 하얗게 텅 빈 공간이 나타나고 그 아래로는 계곡물이 흐른다. 그다지 눈여겨볼 만한 풍경은 없는 듯하다.

「화외소거」 옆에 「무후대불」을 그린 이유는 무엇일까. 「무후대불」의 왼쪽 하단에는 "당나라 무후가 새로 큰 불상을 만들어 천하의 스님들에게 날마다 1전씩 내도록 하고 그 일을 돕도록 했다"라는 화제畵題, 그림의 제목 또는 위에 쓰이는 시문가 적혀 있다. 그런데 유숙에 관한 자료나 논문을 다 뒤져 봐도 이 화제가 적힌 내력에 대한 설명은 찾을 수가 없다. 유숙이 굳이 두 작품을 한 쌍으로 제작한 데는 특별한 의도가 있었을 것이다. 그러다 사마광의 저서 『자치통감資治通鑑』에서 유숙의 화제를 발견했다. 화제에 밝힌 당나라 무후는 중국 역사상 유일한 여자 황제였던 측천무후則天武后, 625~705다. 무후는 여러 차례 불사佛事를 일으켰는데, 이 화제가 쓰인 700년에도 불상 조성을 위해 스님들에게 돈을 거둘 작정이었다. 그때 국로國老라 불리던 적인걸狄仁傑이 나서 "석가여래가 가르침을 베푼 것은 자비를 주로 하는데, 어찌 사람을 힘들게 하여서 겉치레하기를 바라느냐"라고 간언해 그 일을 그만두게 했다.

이 사실을 알고 나서 다시 「무후대불」을 찬찬히 들여다보면 하얗게 텅 빈 공간에서 보이지 않던 부분이 보인다. 그곳에 연한 필선으로 그린 부처의 모습이 숨겨져 있다. 유숙은 소옹을 그린 「화외소거」 옆에 그와 친했던 사마광의 『자치통감』 한 구절을 적어 넣음으로써 두 사람의 돈독했던 관계를 밝혀주려 했다.

나는 아직도 294권이나 되는 『자치통감』의 내용 중에서 굳이 '무후대불' 부분을 인용한 이유는 파악하지 못했다. 조금 더 유숙의 제작 의도에 뛰어들어 봐야 알 수 있을 것 같다.

비로소 수많은 바람의 격려를 깨닫다

소옹처럼 벤치에 앉아 질리도록 꽃을 감상한 뒤, 다시 자전거를 탔다. 집으로 되돌아오기 위함이다. 그런데 아무리 힘껏 페달을 밟아도 아까처럼 진도가 나가지 않았다. 왜 이럴까. 처음에는 그 원인을 몰랐다. 내가 너무 지쳐서라고 생각했다. 나중에야 그 까닭이 바람 때문이란 것을 알았다. 올 때는 바람이 부는 방향으로 가니까 쉬웠는데 갈 때는 맞바람을 맞으며 가야 하니 힘든 것이다. 그때야 깨달았다. 올 때 자전거 바퀴가 저절로 굴러간 것은 내 힘이 아니라 모두 바람이 밀어준 덕택이란 것을. 그걸 모르고 내 실력이 뛰어나 그리 된 것처럼 의기양양했던 것이다. 쉰 해를 넘기며 오로지 내가 잘나 여기까지 온 줄 알았는데 아니었다. 수없이 많은 바람이 밀어주고 격려해준 덕분이었다.

갈 때보다 거의 두 배의 시간이 걸려 겨우겨우 아파트에 도착했다. 그런데 느낌이 참 묘했다. 거의 한 시간가량 넓은 도로를 달리고 와서 보니 아파트 단지 안이 그렇게 좁아 보일 수가 없었다. 마치 어른이 되어 초등학교 운동장을 둘러보는 기분이었다. 드디어 집에 도착했다. 계속 페달을 밟았더니 다리가 후들거려 곧 주저앉을 것 같았다.

남편에게 물었다.

"다리 안 떨려?"

"떨리기는. 당신한테 맞추느라고 천천히 간 건데."

"그게 최고 속도 아니었어? 보통 때는 몇 분 걸리는데?"

"한 10분 정도."

내가 죽자 사자 달려서 30분 걸린 거리를 남편은 10분 만에 간단다. 역시 고수는 고수다.

처음으로 넓은 세상을 보고 나서 아파트 안이 좁네 어쩌네 했던 생각이 부끄러웠다. 아직도 한참 멀었다. 세상에는 나 정도 수준은 이미 뛰어넘고서도 전혀 티 내지 않고 겸손하게 살아가는 고수들이 참으로 많다. 나 또한 그들처럼 고수로 살아가는 일상을 당연하게 받아들일 때까지 자전거 타기에 풍덩 뛰어 들어가 봐야겠다. 자전거 타기 또한 수행의 하나이므로.

2
계율을 지켜 청정함을 얻다

예배

속세
떠났다고
사색도
끝이랴

이명기 「미원장배석도」

너는 무엇 때문에 목욕까지 하고, 동서남북상하의 여섯 군데를 향해 예배하느냐?
—『육방예경』

"지금 뭐 하냐?"
"일하는데요."
"무슨 일? 저녁 밥 짓냐?"
"아니요……. 글 쓰고 있었어요."
"너의 집에서 동백까지는 얼마나 걸리냐?"
"?"

낮에 헤어진 시어머니한테서 전화가 왔다. 당고모가 사는 용인 동백에 갔다가 터미널에서 버스에 태워드린 지 서너 시간 만에 전화로 이것저것 물었다. 왜 그러시지? 평소에 그렇게까지 며느리의 사생활을 꼬치꼬치 캐는 분이 아니신데. 더 이상했다. 알고 보니 사연이 급박했다. 목걸이를 당고모 집 앞에 버리고 왔으니 혹시 시간이 되면 찾아오라는 것이었다. 목걸이를 버리다니. 무슨 소린가. 아흔이 넘은 당고모는 스스로 걷기조차 힘들 정도로 연로했다. 노인의 앞날은 예측할 수 없는 법. 살아 있을 때 당고모를 보겠다며 올라온 시부모님은 환자를 만나는 것이 왠지 꺼림칙했다. 그때 어떤 사람이 시어머니에게 조언을 했다. 환자 집에 갈 때는 고춧가루, 소금, 후추를 싸가지고 가서 나올 때 버리라는 조언이었다. 이른바 부정풀이를 하라는 것이었다. 시어머니는 그 말대로 '부정을 없애주는 물건'을 비닐에 싸서 가방에 넣었다. 그런데 당고모집이 너무 더웠다. 목에 건 목걸이가 친친 감길 정도였다. 시어머니는 목걸이를 풀어 또 다른 비닐에 싸서 넣었다. 그러다가 나올 때 엉뚱하게도 목걸이를 싼 비닐을 버리고 온 것이었다.

육방에 제대로 예배하는 법

부처가 왕사성 영축산에서 1,250명의 비구와 함께 있을 때의 일이다. 부처가 공양할 때가 되어 가사를 입고 발우를 들어 성안으로 들어갔다. 성안에 선생善生이란 장자의 아들이 살았는데, 그는 아침마다 성 밖으로 나와 목욕하고 언덕에 올라가 동서남북상하, 여섯 곳을 향해 예배를 하곤 했다.

부처가 선생에게 물었다.

"너는 무엇 때문에 목욕까지 하고, 육방六方에 예배하느냐?"

"저의 아버지가 임종할 때, '네가 예배하고 싶거든 먼저 동서남북상하의 여

2
계율을 지켜
청정함을 얻다

섯 군데를 향해 예배하라'라고 유언했습니다. 저는 아버지의 유언을 받들어 예배하고 있습니다."

부처가 선생에게 말했다.

"거기에는 방위의 이름만 있을 뿐이다. 그러나 성현의 법에서는 단지 여섯 방향에 예배함으로써 공경하지 않는다."

선생 거사가 부처에게 물었다.

"그 성현의 법 안에서 육방에 예배하는 방법을 가르쳐 주십시오."

부처가 말했다.

"만약 재가자가 네 가지 결업結業, 번뇌로 말미암아 일어나는 악업을 알고, 네 가지 악한 행동을 삼가며, 재물이 손실되는 여섯 가지(六損財業)를 알고 육방에 예배를 한다면, 이번 생에서도 행복하고, 내생에서도 좋은 과보를 받을 것이다."

네 가지 결업이란 살생, 도둑질, 음행, 거짓말이다. 네 가지 악한 행동은 탐심貪心, 진심瞋心, 치심癡心, 두려움이다. 재물이 손실되는 여섯 가지는 지나치게 술을 많이 마시고, 노름하며, 방탕하고, 기악伎樂에 미혹되어 있으며, 좋지 않은 친구를 사귀고, 게으른 것이다. 이것을 아는 것이 육방에 예배하는 것이다.

미불이 돌을 보고 절을 하는 이유

멋진 경치를 구경하는 걸까. 두 명의 동자를 거느린 선비가 절벽 위에 매달린 나무를 올려다보고 있다. 어떤 나무를 보고 있는 걸까. 머리 위의 나무를 보는 것일까 의심이 들 정도로, 나무는 사람의 눈길을 사로잡을 만큼 우람하지도 특별하지도 않다. 그렇다. 선비가 바라보는 것은 나무가 아니다. 나무가 매달린 바위다. 심하게 주름지고 구멍이 숭숭 뚫린 바위는 허공으로 위태롭게 돌출되어 세월의 나이테를 고스란히 드러내고 있다. 여기에 키 작은 나무

法

이명기, 「미원장배석도」, 종이에 연한 색,
105.7×58.7cm, 조선 후기, 삼성미술관 리움 소장

와 풀이 피부처럼 붙어 있으니 그 형상이 기묘하면서도 운치 있다. 그런데 바위를 감상하는 선비의 자세가 이상하다. 두 손을 맞잡아 팔을 들어 올린 모습이 꼭 바위를 향해 절을 하고 있는 것 같다. 무슨 사연이 있는 걸까.

　화산관華山館 이명기李命基, 18세기 후반가 그린 이 작품의 제목은 「미원장배석도米元章拜石圖」다. '미원장이 돌에 절을 하다'라는 뜻이다. 미원장은 북송의 서화가인 미불米芾, 1051~1107로 원장元章은 그의 자字다. 미불은 금석金石과 고기古器를 애완愛玩하였는데, 특히 기이한 돌을 좋아했다. 그런 어느 날 그는 보기 드물게 기괴한 돌을 발견했다. 심히 기쁜 미불은 의관을 갖춰 입고 뜰 아래로 내려가 돌에 절을 했다. 이 이야기는 '미전배석米顚拜石' 혹은 '원장배석'이라는 제목으로 많은 작가들의 사랑을 받았다. 미전米顚은 미불의 별호別號다. 미불은 그의 아들 미우인米友仁과 함께 서화에 탁월한 실력을 발휘하여 진晉나라 때의 명필 왕희지王羲之와 왕헌지王獻之 부자에 비견되곤 했다. 그들 부자는 산수화를 그리는 표현법 중 하나인 '미가산수법米家山水法'을 창안했다. 붓을 옆으로 뉘어 횡으로 점을 찍는 미가산수법은 녹음이 무성한 여름 산이나 나무를 그릴 때 많이 사용된다. 안개가 자욱하고 습윤한 풍경을 그릴 때도 애용되는 기법이다.

　「미원장배석도」는 이명기가 스스로 밝혔듯이 김홍도의 영향을 많이 받았다. 화면 중간에 "원장이 돌에 절하다元章拜石"라는 제목과 함께 "단원 김홍도의 뜻에 따라 그렸다. 화산관筆擅園意 華山館"이라고 적어 놓은 것처럼 묵법과 필법에서 김홍도의 화풍이 느껴진다. 머리에 쓴 복건幅巾과 몸에 걸친 심의深衣는 선묘로 표현한 반면 바위와 폭포는 진한 먹과 연한 먹을 적절히 배합하여 변화를 주었다. 모두 김홍도가 즐겨 쓰던 표현법이다. 인물화를 잘 그린 이명기와 김홍도의 친밀한 관계를 확인할 수 있다. 두 사람은 「서직수초상徐直修肖像」을 함께 그릴 정도로 친분이 두터웠다.

그렇다면 미불이 돌을 보고 절하는 행위를 우리는 어떻게 봐야 할까. 벽癖으로 봐야 한다. 벽은 버릇이다. 버릇 중에서도 무엇을 너무 지나치게 즐기는 버릇이다. 어느 정도의 버릇을 벽이라 할까. 벽에 대해서는 『홍길동전』의 작가 허균이 『성소부부고惺所覆瓿藁』에서 아주 정확하게 설명해놓았다. 그는 "혜강嵇康이 쇠붙이 다루기를 좋아한 것과 무자武子가 말을 좋아한 것과 육우陸羽가 차를 좋아한 것과 미전이 바위에게 절한 것과 예운림倪雲林 예찬倪瓚이 깨끗한 것을 좋아한 것은, 다 벽으로써 그 뇌락磊落, 준일雋逸한 기개를 보인 것"이라고 설명했다. 그리고 "세상에서 그 말이 맛이 없고 면목面目이 가증스러운 사람은 다 벽이 없는 무리들"이라고 정의한 다음, "진정으로 벽이 있다면 거기에 빠지고 도취되어 생사조차 돌아보지 않는다"라고 단정했다. 한마디로 벽이야말로 참 멋을 아는 풍류가의 골수 취미생활이라는 것이다. 이런 풍류를 끌어안고 사는 사람은 진정한 마니아다. 혜강, 무자, 육우, 미불, 예찬 등은 모두 자신의 분야에서 한가락 한 사람들이다. 마니아를 넘어 전문가 중의 전문가였다. 어느 정도로 깊이 빠져서 살까. 허균의 이야기를 좀 더 들어보자.

"옛적에 화벽花癖이 있는 이는 어디에 기이한 꽃이 있다는 소문만 들으면 아무리 깊은 산골짜기나 높은 산봉우리라도 미끄러지거나 다리를 저는 것을 꺼리지 않고 찾아가되, 혹심한 추위와 무더운 더위에 피부가 얼어터지고 땀이 비 오듯 하여도 일체 아랑곳하지 않았다. 즉, 어느 꽃이 피기 시작하면 금침衾枕까지 가지고 가서 그 꽃나무 아래 묵으면서, 그 꽃이 피기 시작하고 만발하고 시들고 떨어지는 과정을 낱낱이 관찰한 뒤에야 떠나는가 하면, 혹 천만 개의 꽃으로써 그 변화를 궁리하기도 하고 혹 한두 개의 가지로써 그 의취를 즐기기도 하고 혹 잎을 냄새 맡아 보고 나서 꽃의 대소大小를 짐작하기도 하고 혹 뿌리를 보고 나서 빛깔의 홍백紅白을 분별하기도 하였으니, 이는 진정 꽃을 사랑한다 하겠고 또 진정 일 만들기를 좋아한다 하겠다."

모름지기 이 정도는 되어야 벽을 가진 사람이라 할 수 있다. 벽을 가진 사람은 오로지 자신이 좋아하는 것에 탐닉한다. 다른 사람의 시선 따위는 신경 쓰지 않는다. 그런 사람의 모습은 아름답다. 무엇인가 자신이 의미를 부여한 대상에 빠져드는 모습은 보기 좋다. 심지어 숭고하기까지 하다. 문제는 자신이 하는 행동이 무엇인지도 모르면서 남이 하니까 맹목적으로 따라하는 사람이다. 이런 사람에게서는 멋도 아름다움도 발견할 수 없다.

기도하는 사람의 자세와 간절함

기도도 마찬가지다. 백일을 작정하고 관세음보살 염불을 하다가도, 누가 지장보살 염불이 좋다고 하면 솔깃해서 지장보살 염불로 바꾼다. 지장보살 염불을 하다가도 누가 광명진언이 좋다고 하면 언제 그랬냐는 듯 곧바로 광명진언으로 바꾼다. 어떤 일이 있더라도 백일 동안은 한결같은 마음으로 한 가지 염불만 하겠다던 초발심은 이미 잊은 지 오래다. 어떤 기도가 영험하다면 그까짓 초발심쯤이야 문제될 것이 없다. 모든 기도는 나름의 특징이 있다. 나름의 목적이 있고 효험이 있다. 중요한 것은 그 기도를 하는 사람의 자세와 간절함이다. 핵심을 잊고 오직 결과만 바란다는 것은 본질이 제거된 껍질과 같다. 이런 말을 해봤자 이미 귀에 들어오지 않는다.

같은 종교 내에서 기도법을 바꾸는 것은 그나마 양반이다. 종교 자체를 바꾸어버리는 경우도 비일비재하다. 특정 종교에 귀의하여 열심히 기도하다가도 자신이 원하는 기도가 성취되지 않으면 미련 없이 돌아서서 다른 종교로 바꾼다. 기도의 응답만 받을 수 있다면 가차 없다. 그래서 지금도 절에서 교회로, 교회에서 성당으로, 성당에서 다시 절로 좀 더 힘센 대상을 찾아 종교

편력을 멈추지 않는 방랑자의 발길이 끊이지 않고 계속된다.

이렇게 우리는 부초처럼 흔들린다. 무거운 운명을 바꿔 나가야 할 삶의 자세가 공기보다 가볍다. 고춧가루와 소금과 후추를 버림으로써 내게 다가올 재앙을 막을 수 있다면 그건 재앙도 아니다. 오히려 귀한 목걸이만 잃어버릴 수도 있다. 동서남북상하에 절을 한다고 해서 육방에 예배하고 공경하는 것이 아니다. 고춧가루를 버리든 바위에 절을 하든 어떤 행동을 할 때는 타당한 이유가 있어야 한다. 그렇다면 어떤 것이 진짜 부정풀이일까. 어떤 것이 육방이고 육방에 예배하는 것일까.

부처가 말했다.

"마땅히 육방을 알아야 한다. 부모는 동방이고, 스승은 남방이며, 아내는 서방이고, 친척은 북방이며, 아랫사람은 하방이고, 사문과 바라문 등 성현은 상방이다."

우리 모두는 육방에 예배해야 한다. 허공이 아니라 내 삶 속의 육방에 말이다.

2
계율을 지켜 청정함을 얻다

불법

역경을
깨달음으로
승화하다

김홍도 「노승염송」

사람 몸 받는 일은 바다 한가운데 눈 먼 거북이가 백 년에 한 번씩 머리를 내밀어 나무토막 구멍에 들어가는 것보다 더 어려운 일이다. 불법 만나기는 더더욱 어려운 일이다.

— 『잡아함경』

분갈이를 했다. 베란다에 있는 100여 개의 화분을 전부 분갈이하자니 40리터짜리 거름흙 열두 포대가 들어갔다. 화분 위에 뿌린 마사토까지 합하면 열다섯 포대 정도 바꾼 셈이다. 작은 화분을 한 개씩 분갈이한 적은 있었으나 전체를 한꺼번에 손질한 것은 이번이 처음이다. 화분에 꽃을 기른 지는 25년이 됐다. 처음에는 아이비나 제라늄 등 작은 화분에서도 잘 자라는 식물을 길렀다. 작은 만큼 분갈이도 쉬웠다. 그런데 홍콩 고무나무나 떡갈나무, 관음

法

김홍도, 「노승염송」, 종이에 연한 색, 57.5×19.7cm, 간송미술관 소장

2
계율을 지켜 청정함을 얻다

죽이나 염좌는 나무가 크다 보니 화분도 커서 전체 흙을 바꾸기가 쉽지 않았다. 힘들기도 하고 귀찮기도 해서 웃거름을 얹어 주는 것으로 분갈이를 대신했다. 그것만으로도 잘 자랐다. 이번에 큰마음을 먹고 화분 전체를 분갈이하게 된 깃은 작년부터 나무들이 시들시들했기 때문이다. 아무래도 영양이 부족해 보였다.

고무나무가 심긴 화분을 옆으로 누이고 모종삽으로 흙을 긁어냈다. 윗부분의 흙은 잘 긁어졌다. 중간쯤 파고 들어가자 더 이상 흙이 떨어지지 않았다. 흙이 시멘트처럼 딱딱하게 굳어 있었다. 삽질을 하면 바위에 부딪치듯 쨍쨍 소리가 났다. 돌보지 않아도 잘 자라는 줄 알았는데 알고 보니 속은 병들어 있었다. 나무를 산 지 5년이 넘었는데 수돗물만 주면서 흙을 바꿔주지 않아 발생한 사건이었다. 그 모습이 마치 식물인간이 고무호스에 연명해 생명을 유지하는 것 같았다. 어떻게 이런 흙에서 죽지 않고 살았을까.

화가 김홍도, 노승을 그리다

김홍도가 그린 「노승염송老僧念誦, 노승이 염불을 외우다」은 심심할 정도로 단순하다. 두 손을 맞잡은 스님 곁에 석장을 든 동자가 서 있다. 스님과 동자를 그린 인물 형상은 최대한 간략하게 그리되 구불구불한 선과 먹의 농담 변화가 적절하게 조화를 이룬다. 선 몇 가닥으로 살려낸 가사장삼의 맛이 더 이상 붓질이 필요 없을 만큼 자연스럽다. 먹을 많이 쓴 것도 아닌데 먹을 칠한 부분이 참 절묘하다. 옷의 앞부분에 진한 먹을 칠함으로써 회색 장삼 위에 적갈색 가사를 입었음을 보여줌과 동시에 가슴까지 올린 두 손에 힘이 들어가 있음을 암시해준다. 진한 먹은 허리 뒤에도 살짝 칠했다. 여기에 칠한 먹이 또 기막히게 적절하다. 허리 뒤쪽의 진한 먹은 스님의 무게중심이 앞쪽으로 기울어지지지 않도록 균형을 잡아준다. 아무 생각 없이 쓱쓱 문지른 붓질 같지만 오랜 세월 인물을 그려온 노련함이 배어 있는 그림이다. 얼굴도 마찬가지다. 밋밋해 보이던 스님 얼굴은 길게 뻗은 눈썹 덕분에 생동감이 살아난다. 동자의 얼굴과 비교해보면 금세 알 수 있다. 머리카락이 검게 자란 동자는 눈썹을 생략하고 눈만 그린 반면 머리카락이 없는 스님은 긴 눈썹을 그려 넣어 인물의 특징을 살렸다. 보통 사람들은 눈썹이 긴 스님을 보면 도인 같다고 말한다. 김홍도가 그 감정을 모를 리 없다. 감상자의 심리상태를 분석해 붓 끝으로 설명했다. 세심한 성격이 돋보이는 대목이다.

「노승염송」은 김홍도가 인생 말년에 제작한 것으로 추측된다. 그는 말년에 '단원 늙은이'라는 의미의 '단노檀老'라는 관서를 자주 썼다. 연꽃 위에 앉은 스님의 뒷모습을 그린 「염불서승」에서도 '단노'를 발견할 수 있다. 그의 말년 불화 속의 인물은 정면상보다 측면상과 뒷면이 많다. 「노승염송」과 「염불서승」은 모두 스님을 주인공으로 그렸지만 「노승염송」은 좌상이고, 「염불서승」은 입상이다. 「노승염송」은 얼굴 옆모습이나마 확인할 수 있지만 「염불서승」은 스님의 얼굴이 전혀 보이지 않는 완전 뒷모습이다. 이런 세부적인 차이를 제외하면 두 작품에는 걸작이라는 공통점이 남는다. 보는 사람의 마음을 숙연하게 만드는 숭고함이다.

「노승염송」의 상단에는 '단노'라는 관서 위에 "입으로는 갠지스 강의 모래알처럼 끝없이 염불하네(口誦恒阿沙復沙)"라는 글을 적었다. 만년에 염불에 주력했음을 확인할 수 있다. 한편 지장보살이 흔히 석장을 든 스님 모습으로 묘사되는 것을 감안하면 「노승염송」의 스님은 지장보살로도 해석할 수 있겠다. 그렇다면 「노승염송」은 죽음을 얼마 남겨두지 않은 김홍도가 자신의 극락왕생을 기원하며 마지막으로 남긴 작품이 아닐까.

김홍도는 여러 점의 도석인물화道釋人物畵를 제작했는데,「군선도」같은 도교道敎 소재의 그림은 젊은 시기에 치우친 반면 불교 회화는 인생의 후반기에 많이 제작했다. 그는 정조의 명으로 용주사龍珠寺 불화를 제작한 1790년(46세) 이후 급격하게 불교에 심취한 듯 여러 점의 훌륭한 감상용 불교 회화를 남겼다.「절로도해」「탑상거사」「혜능상매」등이 모두 이 시기의 대표작이다. 용주사 불화 제작이 불교 세계를 공부하고 이해할 수 있는 계기였다면, 연풍현감 시절에 경험한 사건은 불교를 개인적인 신앙의 차원으로 받아들일 수 있는 계기가 되었다. 용주사 불화를 마친 다음 해인 1791년 12월 22일에 김홍도는 충청도 연풍현감에 제수된다. 다음 해인 1792년에 연풍에 심하게 가뭄이 들어 기우제를 지내러 공정산公靜山, 조령산 상암사上庵寺에 오를 당시 김홍도는 나이가 마흔여덟 살이었는데, 후사가 없어 시름이 깊었다. 절에 오른 김홍도는 정결한 도량이 치성 드리기에 적합하다고 여겨 자신의 녹봉을 던져 시주를 했다. 이로써 아들 김양기金良驥를 얻었다. 그가 인생의 황금기 때 제작한 「남해관음南海觀音」에는 기도의 가피加被, 부처나 보살이 중생에게 힘을 주는 일를 입은 자의 환희심과 감동이 절절하게 배어 있다.

불자 김홍도, 불행을 종교적으로 발효시키다

부처가 베살리 중각당에 있을 때 아난에게 말했다.

"불법 만나기는 매우 어려운 일이다. 비유하면 바다 한가운데 눈 먼 거북이가 있다. 이 거북이는 한량없는 겁을 살고 있는데 백 년에 한 번씩 머리를 내민다. 그리고 바다 가운데 나무토막이 떠 있는데, 구멍이 하나 나 있다. 구멍 뚫린 나무토막은 바다 물결에 떠다니면서 바람을 따라 이러 저리 떠돌아다닌다. 눈 먼 거북이가 백 년에 한 번 나와 바로 그 나무토막 구멍으로 머리를 내민다고 가정한다면, 가능하겠느냐?"

아난이 될 수 없다고 대답했다. 부처가 다시 말했다.

"눈 먼 거북이와 나무토막은 비록 서로 어긋날지라도 만날 수 있는 가능성이 있다. 그러나 어리석은 범부는 오취五聚·지옥·아귀·축생·인·천를 흘러 다니다 잠깐이나마 사람 몸을 받는 일이, 저 눈 먼 거북이가 백 년에 한 번씩 머리를 내밀어 나무토막 구멍에 들어가는 것보다 더 어려운 일이다. 사람 몸 받는 것도 어려운데 불법 만나기는 더더욱 어려운 일이다. 그러므로 비구들이여, 사성제에 대해 공부하지 못했다면 반드시 그 진리를 알고 익혀 실천해야 한다."

진정한 신앙은 어려움을 겪어봐야 깊어진다. 김홍도가 쉰여섯 살이 되던 1800년에 뜻밖의 사건이 발생했다. 6월 28일에 정조가 갑자기 승하한 것이다. 김홍도의 재주를 누구보다 먼저 알아보고 아꼈던 문예군주의 죽음은 큰 충격으로 다가왔다. 김홍도는 정조가 승하하고 나서 6년 동안 병고와 실의에 잠긴 나날을 보냈다. 어람용 그림을 전담하다시피 하면서 특별대우를 받던 과거의 행복은 더 이상 누릴 수 없었다. 대신 어린 후배들과 함께 규장각 차비대령화원을 치르며 녹봉을 받아야 했다. 실의에 빠진 그는 오래전부터 앓아오던 천식 같은 병마에 시달려야 했고, 외아들 김양기의 훈장에게 월사금을 보내지 못할 정도로 생활고에 허덕여야 했다.

「노승염송」은 이 시기에 그려지지 않았을까 추측된다. 김홍도가 그린 감상용 불교 회화는 대략 30점 정도가 남아 있는데 그가 겪은 인생 말년의 불행을 종교적으로 승화시켜 다른 어떤 작품보다도 감동적이다. 「노승염송」은 삶의 무상함과 신산스러움을 절절이 느낀 김홍도가 세속에 대한 부질없는 욕망을 모두 내려놓은 초탈한 심회가 담겨 있다. 수행의 참맛을 알지 못하면 결코 나올 수 없는 작품이다. 글과 그림에는 예술가의 마음이 담겨 있다. 재주나 기술만으로 좋은 작품이 완성되지 않는다. 「노승염송」은 작품의 완성도에서 「남해관음」을 넘지 못하지만 감동에서는 「남해관음」이 감히 「노승염송」 옆 자리를 넘보지 못한다.

　김홍도는 노년의 고통 속에서 진정한 불자가 됐다. 바다 한가운데 눈 먼 거북이가 백 년에 한 번씩 머리를 내밀어 나무토막 구멍에 들어가는 것보다 더 어려운 불법을 만나 진심으로 불교에 귀의한 셈이다. 그는 고난에 찬 삶을 염불로 승화시켰다. "갠지스 강의 모래알처럼 끝없이 염불"하면서 자신에게 드리워진 어둠과 칙칙함을 작품으로 승화시켰다. 우리는 흔히 자신의 처지가 행복하고 즐거울 때 신심(信心)이 우러난다고 생각한다. 그러나 아무 문제가 없으면 신심을 내기 어렵다. 모든 것이 다 잘되는 줄 알고 느슨해지기 마련이다. 작년에 고무나무가 시들지 않았으면 나 또한 분갈이할 생각을 하지 못했을 것이다. 돌보지 않아도 잘 자라는 나무라고 생각했을 텐데, 나무가 말라 죽기 전에 조치를 취할 수 있어서 다행이다. 이제 고무나무는 고무호스를 떼고 마음껏 숨 쉴 수 있을 것이다.

　부처의 가르침을 공부하는 것도 그와 같다. 한 번 크게 신심을 냈다 해서 성불하는 것이 아니다. 나무를 돌보듯 자주 자신을 살펴야 한다. '백천만겁난조우'한 불법을 만났으면 불법의 나무가 잘 자라도록 가꾸어야 한다. 불자라면 누구나 지켜야 할 육바라밀에 근거해서 자신을 점검하면 깨달음의 나무는 시들지 않고 잘 자랄 것이다. 설령 진딧물이 들러붙고 더위와 추위가 번갈아 찾아와도 나무는 끄떡하지 않고 뿌리를 내릴 것이다.

우리도 부처처럼

　'부처님 오신 날'이 다시 돌아왔다. '부처님 오신 날'이 빛나는 것은 열반재일 때문이다. 불기는 열반재일을 기준으로 삼는다. 한 사람의 생애는 '그가 어디서 어떤 신분으로 태어났는가'하는 문제로 평가받지 않는다. '어떻게 살았는가'하는 문제로 평가받는다. 부처는 왕자로 태어났기 때문에 찬탄 받는 것이 아니라 우리들이 보물처럼 여기는 돈과 명예와 권력이 허망하다는 것을 깨닫고, 그 깨달음을 중생에게 전해주었기 때문에 공경 받는다. 45년 동안을 한결같이 타인을 위해 사는 삶은 숭고하고 위대하며 아름답고 거룩하다. 우리가 부처를 닮기 위해 비슷하게 흉내 내는 것만으로도 우리 삶이 바뀔 정도로 그 삶은 거대하다. 이것이 '부처님 오신 날'보다 열반재일이 더 위대한 이유다. 탄생일은 훌륭한 삶이 뒷받침되었을 때 가치 있다. '부처님 오신 날'을 해마다 기념하는 목적은 부처의 삶을 잊지 말자는 의미에서다. 우리도 부처처럼 살자는 뜻이다.

인욕바라밀   忍辱波羅蜜

3
고통을 삼켜
흔들리지 않다

3
고통을 삼켜
흔들리지 않다

염불

염불을 하는
순간은
부처가 되는
순간

김홍도 「염불서승」

> 지성으로 소리를 끊이지 않고 아미타불을 열 번만 온전히 부르면, 부처님의 명호를 부른 공덕으로 그는 순식간에 바로 극락세계의 보배 연못 연꽃 속에 태어나느니라.
> ─『관무량수경』

아무래도 안 되겠다. 나가봐야겠다. 세 시간 동안 컴퓨터 앞에 앉아 있었는데 겨우 제목 한 줄 쓰고 끝이다. 더 이상 진척이 없다. 버티고 있어 봐야 소용없을 것 같다. 이럴 때는 무조건 머리를 식혀야 한다. 자전거를 꺼내 탄천으로 나갔다. 내가 자전거를 탈 수 있다는 사실이 얼마나 다행인지 모른다. 스스로에게 감사하다. 버드나무 꽃가루가 안개처럼 휘날려 한동안 자전거를

法

152

김홍도, 「염불서승」, 모시에 연한 색, 28.7×20.8cm,
간송미술관 소장

타지 못했다. 비가 두 차례 오고 나더니 거리가 말끔해졌다. 이제 더 이상 꽃가루는 날리지 않는다. 5월의 신록이 축복처럼 뻗어 오른다. 민들레꽃이 사라진 자리에는 시계풀이 한창이다. 금계국과 양귀비도 더러 보인다. 이보다 더 좋은 계절이 있을까. 아름다운 계절 5월이다.

탄천에 들어서자마자 정신이 혼미할 정도로 진한 향기가 공기 중에 가득했다. 아카시아 향기다. 향기의 근원을 찾아 두리번거리니 언덕 위에 드문드문 심긴 아카시아 나무에 꽃송이들이 주렁주렁 매달려 있다. 저 나무에서 나는 향기가 맞나? 나무는 자전거도로에서 거의 30미터가 넘는 거리에 서 있는데도 마치 바로 곁에 있는 듯 향기가 진하다. 멀미를 일으킬 정도로 진하다. 자전거를 타는 내내 아카시아 향기 속을 떠다녔다. 자전거 타기를 마치고 탄천에서 멀어질 때까지도 향기에서 쉽사리 벗어날 수 없었다. 자전거를 탄 한 시간 동안 내 몸은 온통 아카시아 향기에 젖은 듯했다. 그때 얼마 전에 있었던 사건 하나가 떠올랐다.

뒤돌아 앉은 스님이 바라보는 곳

스님이 구름 위에 앉아 있다. 아니다. 자세히 들여다보니 구름 위가 아니라 연꽃 위에 앉아 있다. 연꽃과 구름은 쉽게 구분되지 않는다. 스님이 앉은 연꽃은 뭉글뭉글 피어오르는 구름 위에 떠 있다. 연꽃의 연장선상에 구름이 있고 구름 안쪽에 연꽃이 피었다. 구름이 연꽃 같고 연꽃이 구름 같다. 연꽃에는 살짝 붉은색을 칠했다. 잎사귀에도 연하게 푸르스름한 색을 칠했다. 꽃과 잎사귀에 연하게 색을 입히지 않았더라면 스님은 구름 위에 앉아 있는 것으로 보였을 것이다.

부처는 흔히 연꽃 의자에 앉은 모습으로 표현된다. 부처가 앉은 자리를 연화대좌蓮花臺座라 부른 이유다. 「염불서승念佛西昇」의 스님도 부처처럼 연꽃 위에 앉아 있다. 스님의 머리 주변에도 부처처럼 두광頭光이 그려졌다. 그렇다면 그림 속 주인공은 스님이 아니라 부처일까. 먹물 옷을 입었으니 스님이 맞겠다. 부처나 스님이나 분소의糞掃衣를 걸치기는 마찬가지지만 예배 대상으로서 부처는 황금색이다. 부처의 몸에서 황금색처럼 눈부신 빛이 쏟아져 나오기 때문에 황금색을 칠한다. 「염불서승」에 보이는 스님은 분명히 스님이 맞다. 뒷모습만 봐도 우리 절에서 만날 수 있는 조선의 스님이다. 태국이나 중국 스님이 아니라 회색 가사장삼을 걸친 우리 절의 익숙한 스님 모습이다. 꼿꼿하게 앉아 있는 스님의 뒷모습에서 앞 얼굴이 저절로 상상된다. 스님 얼굴에서는 오랜 세월 염불행자로 살아온 수행자의 형형한 눈빛이 뿜어져 나올 것이다. 사람은 꼭 앞모습만으로 자신을 보여주는 것이 아니다. 옆모습으로도 뒷모습으로 얼마든지 자신을 보여줄 수 있다. 그림자만으로도 그 사람의 모습을 보여줄 수 있다.

　이 그림 제목은 「염불서승」이다. 앞글에서 살펴본 「노승염송」과 같은 시기에 제작된 작품이다. '염불하며 서방정토로 올라가다'라는 뜻이 의미하듯 염불이 강조되었다. 작품 제목은 김홍도가 아닌 후대 사람이 붙였다. 무릎을 칠 만큼 잘 붙인, 그림을 그린 김홍도의 심중에 들어가 보지 않고서는 붙일 수 없는 제목이다. 한 작가의 작품을 이해한다는 것은 그 작가의 인생을 이해하는 것이다. 「염불서승」과 「노승염송」은 김홍도가 말년에 염불에 깊이 심취했음을 안 사람만이 붙일 수 있는 제목이다. 그림 상단에는 김홍도가 인생 말년에 자주 쓴 '단노'라는 관서가 적혀 있다. 얼굴의 정면이 아닌 측면과 뒷면을 그린 시기의 작품이다. 「노승염송」이 옆얼굴이나마 보여줬다면, 「염불서승」은 아예 뒤돌아 앉아 얼굴의 흔적조차 감춰버렸다. 비장함이 느껴진다.

3
고통을 삼켜 흔들리지 않다

뒤돌아 앉은 스님이 바라보는 곳은 어느 쪽일까. 서쪽이다. 서쪽은 극락정토가 있는 곳이다. 극락정토는 아미타불이 세운 세계다. 아미타불은 무량수불無量壽佛 또는 무량광불無量光佛이라고도 부른다. 아미타불의 수명과 광명이 한량없다는 뜻이다. 아미타불을 모신 전각을 아미타전阿彌陀殿이라 부르는데 무량수전無量壽殿 혹은 극락전極樂殿이라고도 한다. 모두 다 같은 말이다. 아미타불이 세운 극락정토에 대한 내용은 『무량수경無量壽經』에 나온다. 『무량수경』은 『관무량수경觀無量壽經』 『아미타경阿彌陀經』과 함께 『정토삼부경淨土三部經』에 들어 있는 경전이다. 『정토삼부경』은 극락세계의 부처인 아미타불을 믿고 모든 선근과 공덕을 닦아 극락세계에 왕생하기를 바라는 내용이 담겨 있다.

극락정토는 청정하고 안락한 국토를 의미한다. 다섯 가지 흐린 것(五濁)이 없고 생로병사를 비롯한 모든 괴로움이 없고 즐거움만 있는 세계다. 생사윤회하는 삼계三界, 욕계·색계·무색계를 뛰어넘은 영원한 낙토樂土다. 모든 불보살이 찬탄하는 청정한 국토인 극락정토는 십만억국토를 지난 아득한 서쪽에 있다. 그렇다면 왜 하필이면 십만억국토인가? 십만억국토는 얼마나 먼 거리일까. 이에 대해 일본의 종교철학자이자 민예 연구가인 야나기 무네요시柳宗悅, 1889~1961는 십만 억이라는 거리가 '예토와 정토의 엄격한 차이를 말하기 위함이지, 단순한 숫자'는 아니라고 해석한다. 이를테면 '절대적인 거리이지, 측정할 수 있는 수적인 거리'는 아니라는 뜻이다. 길이로서의 거리라기보다는 '(부처와) 중생 사이(에 존재하는) 망집妄執의 간극을 가리킨다'라는 것이다. 무주당無住堂 청화선사淸華禪師, 1923~2003 또한 같은 견해를 제시했다. 번뇌에 때 묻은 중생에게 극락세계는 '실재하지 않는 꿈같은 세계이기 때문에 중생의 차원에 영합한 비유와 상징의 표현'으로 십만억국토라 했다는 것이다. 청화선사는 "범부의 망정妄情, 미망된 감정이나 의식을 여읜 성자의 정견에는 사바세계 그대로가 극락세계"라고 가르친다.

그러나 온갖 번뇌에 시달리고 가지가지의 고액으로 충만한 현실세계의 중생에게 극락은 역시 너무나 머나먼 이상향이 아닐 수 없다. 그러니 우리 중생은 "필경 돌아가야 할 본래 고향인 극락세계를 동경하고 흠모하며 거기에 이르기 위한 간절한 서원을 굳게 세우고 한량없는 선근공덕"을 쌓아야 한다. 그 방법이 바로 염불이다. 우리가 '나무아미타불'이나 '관세음보살'을 외울 때 흔히 '염불한다'라고 표현한다. '염불'은 '부처를 생각하는 것'이다. 모든 부처는 법계法界를 몸으로 한다. 거룩한 석가모니 부처의 마음에도 평범한 우리 중생의 마음에도 부처는 들어 있다. 우리의 본래 자성自性, 모든 존재가 지니고 있는 변하지 않는 존재성은 부처다. 그러므로 염불이란 '자성불自性佛'을 생각하고 자성불로 돌아가는 법이자연法爾自然의 수행법'이다. 염불하는 순간 우리도 부처가 된다. 그래서 『관무량수경』에는 염불하는 사람을 "인간 가운데서 가장 순결한 연꽃"이라 했다. 염불할 때 "관세음보살과 대세지보살은 그의 좋은 친구가 되며, 그는 항상 진리를 떠나지 않고, 필경에 부처를 성취"하게 된다고 가르쳐준다.

염불을 밥 먹듯이 해야 하는 까닭

김홍도가 그린 「염불서승」에는 그의 말년의 염원이 담겨 있다. 그가 말년에 극락세계에 왕생하기 위한 선근과 복덕으로 염불을 선택했음을 알 수 있다. 그는 정토왕생을 앙망仰望하는 스님처럼 염불에 절어서 살았을 것이다. 「염불서승」은 "걸음걸음 소리소리 생각생각마다 오직 나무아미타불(步步聲聲念念唯在南無阿彌陀佛)"을 외우며 산 자만이 그릴 수 있는 숭고함이 담겨 있기 때문이다.

그런데 왜 염불을 생활화해야 하는가. 『관무량수경』에는 "소리를 끊이지 않고 지성으로 아미타불을 열 번만 온전히 부르면, 그는 부처의 명호를 부른 공덕으로 순식간에 바로 극락세계의 보배 연못 연꽃 속에 태어난다"라고 되어 있다. 겨우 열 번밖에 되지 않는데 무슨 연습이 필요한가. 그것은 죽음을 경험해보지 못한 사람이 하는 소리다. 죽음이 찾아오는 순간에는 열 번이 아니라 단 한 번도 힘들다. 혼이 빠지고 넋이 나가는 절체절명의 순간에 정신을 잃지 않고 나무아미타불을 부를 수 있는 사람이 과연 몇 명이나 되겠는가. 이것이 우리가 염불을 밥 먹듯이 해야 하는 이유다.

"아까 휴게소에서 출발할 때 어떤 사람이 쥐포를 먹고 들어오는 거야. 자가용도 아니고 여러 사람이 함께 타는 고속버스인데 그런 것은 밖에서 먹고 들어와야 되지 않아? 매너가 없어요, 매너가."

"그랬었구나. 어쩐지 아까부터 이상하게 꼬랑내가 난다 했더니……."

고속버스에서 내린 내가 투덜대자 마중 나온 남편이 한 말이었다. 남편의 대답을 듣고 나는 깜짝 놀랐다. 내가 쥐포를 먹은 것도 아니고 겨우 한 시간 동안 같은 버스를 타고 온 것뿐인데, 어느새 그 냄새가 내 몸에 밴 것이다. 겨우 같은 공간에 있었다는 이유만으로 나 또한 꼬랑내 나는 사람이 된 것이다. '근주자적近朱者赤 근묵자흑近墨者黑'은 이런 경우를 두고 한 말이다. 붉은색을 가까이한 자는 붉어지고 검은색을 가까이한 자는 검어진다는 뜻이다. 지금 나한테는 어떤 냄새가 날까. 아카시아 냄새일까 쥐포 냄새일까. 아니면 "걸음걸음 소리소리 생각생각마다 오직 나무아미타불"을 외운 염불행자의 향 냄새일까.

원력

명작은
원력의
결실이다

김홍도 「기로세련계도」

제가 부처가 될 적에, 그 나라에 지옥과 아귀와 축생의 삼악도가 있다면 저는 차라리 부처가 되지 않겠나이다. —『무량수경』

여름이 도착한 탄천에 나갔다. 자전거를 탈 수 있게 된 뒤로 탄천에 나가는 횟수가 많아졌다. 족저근막염 때문에 많이 걷지 못한 나에게 자전거는 발이나 다름없다. 자전거 바퀴를 굴리며 앞으로 나아가면 양쪽에 늘어선 나무와 꽃들이 저절로 뒤로 밀린다. 그때는 마치 내가 한 마리 새가 되어 나무숲을 날아다니는 기분이다. 자전거를 능숙하게 다룰 수 있을 때까지 넘어지고 부딪히고 깨지고 욱신거리는 과정을 견뎌 낸 결과다. 포기하지 않고 여기까지 와 준 내가 고맙고 자랑스럽다.

3
고통을 삼켜 흔들리지 않다

탄천에 자주 나오다 보니 끊임없이 살아 움직이는 자연을 생생하게 느끼게 된다. 눈앞에 펼쳐진 풍경은 어제와 오늘이 다르다. 내일과 모레가 다를 것이다. 지금은 버드나무 꽃가루도 날리지 않고 아카시아 향도 사라졌다. 시계풀과 금계국과 덩굴장미가 한창이다. 시시각각 바뀌는 계절의 움직임을 보고 있노라면 이 우주가 한 순간도 쉬지 않고 변화함을 실감한다. 제행무상이다. 세 가지 불변하는 진리를 뜻하는 삼법인三法印의 첫 번째가 제행무상이라 가르친 불교의 교리는 얼마나 위대하고 과학적인가. 자전거를 타며 자연을 감상하고 부처의 가르침을 되새길 수 있는 탄천 길은 말없이 법문을 들려주는 숭고한 법당이다. 향긋한 야외 법당에서 새처럼 날아다니며 부처의 법문을 들을 수 있는 이곳이 내게는 바로 극락정토다.

지금 이곳이 법당이요 극락정토다

처음부터 이곳이 극락정토였던 것은 아니다. 10여 년 전, 처음 이사 왔을 때만 해도 이곳은 아수라장이었다. 쓰레기와 폐기물이 뒤범벅이 되어 걷는 것조차 힘들었다. 탄천에는 맑은 물 대신 악취가 풍기는 하수가 흘렀다. 길에는 나무 한 그루 심겨 있지 않아, 가까이 있는 경부고속도로의 차량 소음이 여과 없이 울렸다. 그런데 10년 사이 완전히 바뀌었다. 자갈과 폐기물이 있던 자리에 산책로가 만들어졌고, 쓰레기가 있던 자리에 꽃이 피었다. 더러운 오수가 흐르던 탄천은 오리가 헤엄치는 맑은 물로 바뀌었다. 산책로에는 버드나무가 자라 고속도로의 소음을 차단해주는 방음벽이 되었다. 그야말로 상전벽해다.

극락세계는 어떤 곳일까. 『무량수경』 『관무량수경』 『아미타경』으로 구성된 『정토삼부경』 곳곳에는 극락세계의 장엄한 모습이 곳곳에 묘사되어 있다.

부처가 아난에게 말했다.

　"불국토는 금, 은, 유리, 산호, 호박, 자거, 마노 등 칠보로 땅이 이루어지고, 그 넓이는 광대하여 끝이 없으며, 그곳 온갖 보배들은 서로 빛나서 한량없이 찬란하고 미묘 청정하게 장엄되어, 시방세계의 어느 세계보다도 뛰어나게 훌륭하니, 그것들은 모든 보배 중의 으뜸으로써 마치 타하자재천의 보배와도 같으니라. 또한 그 국토에는 수미산과 금강철위산 등 일체 산이 없고, 바다나 강이나 시내나 골짜기 우물 등도 없으나, 보고 싶어 할 때는 부처의 신통력으로 바로 나타나느니라. 그리고 지옥과 아귀와 축생 등의 괴로운 경계도 없고, 봄 여름 가을 겨울의 사계절도 없으니, 춥지도 덥지도 않아서 항시 온화하고 상쾌하느니라."

　『무량수경』에 나오는 내용이다.

　"극락세계에는 항상 천상의 음악이 청아하게 울려 퍼지고, 황금으로 이루어진 땅 위에는 밤낮으로 끊임없이 천상의 만다라 꽃이 비오듯이 흩날리고 있느니라. 그래서 극락세계의 중생들은 언제나 새벽마다, 가지가지의 미묘한 꽃을 꽃바구니에 담아서, 다른 십만억불국토의 부처님들께 공양을 올리느니라. 그리고 바로 식전에 극락세계에 돌아와서 식사를 마치고는 산책을 즐기느니라."

　『아미타경』에 나오는 내용이다. (더 자세한 내용은 『관무량수경』을 참고하면 된다.)

　이렇게 아름다운 극락세계를 세운 분이 아미타부처다. 아미타부처는 부처가 되기 전에 법장法藏비구였다. 법장비구는 극락세계를 세우기 위해 오랜 세월 동안 청정한 수행을 갖춘 뒤 마침내 세자재왕世自在王 부처 앞에서 불국토를 이룩해도 된다는 인가를 받게 되었다. 보통 사람 같으면 인가를 받은 것만으

3
고통을 삼켜
흔들리지 않다

로도 기뻐 날뛸 판에 법장비구는 그러지 않았다. 오히려 중생을 향한 보리심을 담은 사십팔대원四十八大願을 세웠다. "제가 부처가 될 적에……"로 시작되는 법장비구의 사십팔대원은 '자타불이自他不二'를 기본으로 하는 불교인이라면 반드시 들어봐야 할 감동적인 법문이다.

예순 살에 그린 일생일대의 큰 잔치

  1804년 9월, 수많은 사람이 개성 만월대에 모였다. 만월대는 송악산 기슭에 있는 옛 왕궁터로 유서 깊은 장소다. 한때는 화려했지만 이제는 고려 왕조의 자취만 남은 만월대에서 오늘은 64명의 노인들이 계회를 열었다. 계회를 준비한 사람들은 며칠 전부터 만월대의 2단 석축 위에 차일을 치고 병풍을 두르고 자리를 깔았다. 드디어 오늘 연회가 시작됐다. 64명의 노인들이 꽃병과 술병을 올린 중앙의 주칠朱漆한 상을 중심으로 빙 둘러 앉았다. 상 위의 꽃병에는 붉은색 꽃이 담긴 꽃병과 술동이가 놓였다. 두 명의 무동舞童이 악기소리에 맞춰 춤을 추며 흥을 돋우는 가운데 일곱 명의 시동이 참석자들한테 연신 술을 대접하기 바쁘다. 참석자들 뒤로는 연회를 준비한 사람들과 음식을 장만한 사람들 그리고 견마꾼들로 북적거린다. 잔치마당에 구경꾼들이 빠질 수 없다. 동네 사람들, 나무꾼, 어른, 아이 할 것 없이 잔치가 궁금한 사람들은 전부 모였다. 잔칫집이라면 절대 빠지지 않는 각설이까지 등장했다. 구경꾼들은 비록 오늘 초대받은 손님이 아니라서 잔칫상을 받을 수는 없지만 구경하는 것만으로도 충분하다. 언제 정보를 입수했는지 구경꾼들을 대상으로 술을 파는 주모도 보인다. 행사장에서 들리는 풍악 소리에 맞춰 절로 춤을 추는 사람도 있다. 원님 덕에 나팔 부는 격이다.
  어쩌다 한 번 있을까 말까 할 정도로 이 큰 잔치 장면을 김홍도가 그렸다.

法

김홍도, 「기로세련계도」, 비단에 색, 137×53.3cm, 1804, 삼성미술관 리움 소장

3
고통을 삼켜 흔들리지 않다

김홍도는 「기로세련계도耆老世聯契圖」를 그리면서 전통적인 계회도 묘사 방식을 선택했다. 그림 상단에는 계회도의 내력을 밝히는 홍의영洪儀泳, 1750~1815의 발문을 쓰고 중간에는 계회도 장면을, 하단에는 참석자를 적어 넣었다. 상단에 제목과 발문, 중단에 그림, 하단에 참석자를 적는 계축契軸 형식은 조선 전기부터 내려온 오래된 전통이다. 그러나 김홍도가 살았던 조선 후기에는 계축 대신 화첩에 계회도를 그리는 계첩契帖 형식이 유행했다. 김홍도가 당시에 유행하던 계첩 대신 계축을 선택한 것은 만월대가 갖는 역사성을 강조하기 위함인 듯하다. 더구나 그림 속 주인공들이 나이 든 사람들이 아닌가.

　김홍도는 그림을 두 부분으로 나눴다. 배경이 된 송악산과 오늘의 주인공들이 모인 만월대의 계회 장면이다. 가을빛에 물든 송악산은 화면의 절반을 여백으로 남겨둘 만큼 시원하고 넉넉하게 그렸다. 사람들로 북적거리는 잔치 마당에는 빈 공간이 거의 없을 정도로 꽉 차게 그렸다. 두 장면이 교차하는 부분에는 안개를 풀어 완충지대를 만들었다. 안개로 인해 서로 다른 성격의 산수화와 풍속화가 한 화면에서 조화롭게 공존한다. 안개는 깊이감과 거리감도 느끼게 해준다. 뛰어난 구도 감각이다. 송악산이 그려진 산수 부분과 계회 장면이 그려진 풍속 부분은 시점도 달리했다. 송악산은 아래에서 위를 쳐다보는 고원법高遠法으로 그린 반면 만월대는 위에서 아래를 내려다보는 부감법俯瞰法으로 그렸다. 한 화면에 여러 시점이 혼재된 경우는 동양화에서 흔히 볼 수 있는 특징이다.

　김홍도는 단순히 기록화로 남을 수 있는 모임 장면을 탁월한 작가적 능력을 발휘해 명작으로 만들었다. 하엽준荷葉皴, 산이나 바위를 묘사할 때 연잎의 잎맥 줄기와 같이 그리는 기법으로 윤곽선을 잡고 연한 색으로 물들인 송악산은 그 부분만 떼어 독립시켜도 훌륭한 진경산수화眞景山水畵家가 될 만큼 잘 그렸다. 잔치에 참여한 각 인물들의 특징을 실감나게 잡아낸 계회 장면에는 풍속화가로서 김홍도의 능력이 십분 발휘되어 있다. 하나의 작품이 진경산수화이자 풍속화이며, 계회도이자 기록화가 된 특별한 경우다.

이 작품은 김홍도가 예순 살 때 제작했다. 자신을 아끼던 군왕 정조와 스승 강세황이 세상을 떠난 뒤 한참 실의에 빠져 있을 때다. 이런 상황에서 완성한 작품인데, 김홍도의 필력에는 한 치의 흔들림도 없다. '썩어도 준치'라는 속담이 있듯 거장은 하루아침에 사라지지 않는다. 「기로세련계도」에는 고약한 생활고와 흉흉한 무력감 따위가 감히 근접할 수 없는 장엄한 작가의 의지가 담겨 있다. 예술가로 늘 푸르게 살고자 했던 숭고한 의지다.

저절로 이뤄지지 않는 극락의 세계

김홍도가 평범한 모임 장면을 잊을 수 없는 명작으로 만든 것처럼, 내가 날마다 휘파람을 불며 찾아가는 탄천도 누군가의 노력에 의해 아름답게 변했다. 극락 또한 마찬가지다. 어떤 혼탁한 기운도 들어설 자리가 없는 극락은 저절로 된 것이 아니다. 법장비구의 원력에 의해 만들어졌다. 법장비구는 세자재왕불의 설법을 듣고 환희심을 내어 국왕 자리를 버리고 출가했다. 그리고 바른 깨달음을 성취하고 모든 생사 고난의 근원을 없애 주는 청정미묘한 불국토를 이룩하겠다는 원력을 세웠다. 그는 불국토를 건설하고 장엄하기 위해 오겁五劫의 세월 동안 선정에 들어 청정한 수행에 매진했다. 오 년이 아니라 오 겁이다. 극락은 한두 해 준비해서 급조한 모델하우스가 아니다. 그렇게 준비해서 만든 세상을 아낌없이 중생을 위해 무료로 개방했다. 우리도 그들처럼 우리가 사는 세상을 위해 무엇인가 아름다운 일을 하면 참 좋겠다.

3
고통을 삼켜 흔들리지 않다

번뇌

> 괴로움과 고통은
> 깨달음의
> 불씨다
>
> 작자 미상 「관경서분변상도」

세존이시여! 저는 과거 숙세에 무슨 죄가 있사옵기에 이런 악독한 아들을 두게 되었습니까?
─『관무량수경』

건강한 몸, 정원이 딸린 집, 평생 나오는 연금, 그리고 통장에 꽂아둔 현금 10억…… 이 정도면 행복하겠지? 얼마 전에 친구들 모임에서 행복한 노년에 대한 토론이 벌어졌다. 오랜 설왕설래가 끝난 뒤 한 친구가 최종 결론을 내린 것이 바로 위의 문장이었다. 그러자 바로 반격이 들어왔다. 나는 태어날 때부터 지금까지 비실비실한 데다 해마다 치솟는 전세금 맞추기도 허덕허덕한데 뭐? 10억? 꿈도 야무져. 그러자 사방에서 동조의 목소리가 들렸다. 맞아 맞아. 나는 월말마다 돌아오는 마이너스 통장 채우기도 바빠. 나는 정원이 없어

도 괜찮으니까 내 집 한번 가져봤으면 좋겠어. 아유, 몸은 어떻고. 갈수록 더 보살펴달라고 아우성이야. 너도 그러니 나도 그래. 나도 나도. 얘기 한 번 거창하게 터뜨렸다가 기가 죽은 친구가 한마디 던졌다. 꿈도 못 꿔 보냐? 산전수전 공중전까지 다 겪었다는 50대 초반 여인들의 동창 모임에서 있었던 일이다.

세상의 모든 것을 가진 왕비의 고민

그런데 꿈이라도 꿔보고 싶은 모든 조건을 다 가진 여인이 있었다. 위제희 부인이다. 위제희 부인은 부처가 살아 있을 때 가장 강성한 국가였던 마가다국의 왕비다. 왕비의 남편은 그 유명한 빔비사라 왕이다. 빔비사라 왕은 왕 중에서 가장 먼저 불교에 귀의했으며, 부처에게 죽림정사를 지어 보시한 왕이다. 빔비사라와 위제희 사이에는 아사세라는 왕자까지 있었다. 이런 사람에게 무슨 걱정이 있을까. 겉으로 보면 전혀 문제될 것이 없어 보인다. 정원 딸린 집과 10억의 현금을 넘어서 부와 권력을 다 가졌다고 볼 수 있다. 그런데 오늘 읽은 경전 구절은 위제희 왕비가 절규한 내용이다. 그녀에게도 근심과 고민이 있었던 모양이다. 다 가진 자의 고민이라니, 도대체 무슨 사연일까.

왕사성에 있던 위제희 왕비는 계속 안절부절못하며 마음을 잡지 못했다. 어떻게 이런 일이 있을 수 있단 말인가. 그녀는 지금 자신 앞에 벌어진 상황을 도저히 받아들일 수가 없었다. 얼마 전에 아사세 왕자는 친구 제바달다의 꼬임에 빠져 아버지 빔비사라 왕을 일곱 겹의 담으로 둘러싼 감옥에 가뒀다. 아무리 세상이 말세라고 하지만 내 배속으로 낳은 자식이 그럴 줄은 몰랐다. 그렇게 귀엽고 영특한 왕자가 아니었던가. 불면 날아갈까 쥐면 깨질까 애지중지 기른 자식이 하루아침에 돌변해 아버지를 감옥에 가두다니. 왕비는 생각하면 생각할수록 원통하고 기가 막혔다. 그러나 지금은 신세한탄만 하고 있을 때가

3
고통을 삼켜 흔들리지 않다

아니었다. 자칫하면 남편이 굶어죽을 수도 있었다. 왕자가 벌써 며칠째 밥은커녕 물 한 모금도 들여보내지 못하게 막았다. 우는 것은 나중에 해도 된다. 우선은 남편부터 살려야 한다. 왕비는 마음이 급했다. 무슨 방법이 없을까. 어떻게 해야 될까. 그때 왕비의 머리에 전광석화 같은 생각이 스쳐 지나갔다.

왕비는 떨리는 마음으로 왕이 갇힌 감옥으로 향했다. 손에 아무것도 든 것이 없는 것을 안 병사들은 별 의심 없이 왕비를 들여보내줬다. 왕비는 옥문이 닫히자마자 자신의 몸에 바른 음식을 왕에게 먹였다. 그녀는 왕을 위해 깨끗이 목욕하고 꿀에 밀가루와 우유를 반죽해 몸에 바른 다음 영락 구슬 속에 포도즙을 담아 왔다. 왕은 왕비가 준 꿀 반죽과 포도즙을 먹고 겨우 기운을 차렸다. 정신이 든 왕은 부처가 간절히 그리웠다. 평소에 부처를 신봉하는 마음이 돈독했던 왕은 부처가 있는 기사굴산을 향해 합장 예배하며 간절히 기원했다. 부처의 제자인 목련존자가 그와 친구 사이이니, 자비를 베풀어 팔재계를 주도록 해달라는 간청이었다.

기사굴산에서 왕의 기도를 들은 부처는 목련존자와 부루나존자를 감옥으로 보냈다. 그들은 새매처럼 재빠르게 감옥에 도착했다. 목련존자는 왕을 위로하고 팔재계를 주었다. 설법제일 부루나존자는 왕을 위해 설법했다. 왕은 비로소 마음의 위안을 얻었다. 그날부터 왕은 비록 몸은 감옥에 갇혔으나 평온한 나날을 보낼 수 있었다. 그렇게 21일이 지났다.

아사세 왕자는 아버지의 소식이 궁금했다. 부왕이 갇힌 감옥의 문지기를 불러 아직도 아버지가 살아 있느냐고 물었다. 왕자의 문책이 두려웠던 문지기는 자신이 본 대로 거짓 없이 고했다. 얘기를 듣고 난 왕자는 불같이 화를 냈다. 자신의 명을 거역한 어머니를 용서할 수 없었다. 화가 난 왕자가 칼을 뽑아들었다. 왕자가 어머니를 향해 칼을 막 내리치려는 찰나, 월광이라는 신하가 왕비를 막아섰다. 개벽 이래 왕위를 탐내 부왕을 살해한 자는 많았어도 자신의 어머니를 살해한 자는 없었다는 이유를 들어 왕자를 말렸다. 왕자는 비로소 자신의 행동을 뉘우쳤다. 대신 어머니를 깊은 골방에 가두라고 명했다.

궁중 깊은 골방에 갇힌 왕비는 슬픔과 걱정으로 마음이 타들어가는 것 같았다. 왕비는 기사굴산을 향해 예배하면서 복받쳐 오르는 슬픔으로 하염없이 눈물을 흘렸다. 그런데 왕비의 애틋한 하소연을 들은 부처는 왕비가 미처 머리를 들기도 전에 허공을 날아 왕궁에 나타났다. 깜짝 놀란 왕비가 자세히 보니 부처가 찬란한 자마금색의 몸으로 연꽃 위에 앉아 있었다. 부처 옆에는 목련존자와 아난존자를 비롯해 제석천과 범천과 사대천왕 등 여러 천신이 서서 부처에게 공양하고 있었다. 부처를 본 왕비가 흐느껴 울며 말했다.

"세존이시여, 저는 과거 숙세에 무슨 죄가 있사옵기에 이런 악독한 아들을 두게 되었습니까. 원하옵나니 세존이시여, 저를 위해 괴로움과 번뇌가 없는 세계를 자상하게 말씀하여 주시옵소서. 저는 마땅히 그곳에 태어나겠사오며, 이 염부제와 같은 혼탁하고 사나운 세상에는 아예 살고 싶지가 않사옵니다. 이 더럽고 악한 세상에는 지옥과 아귀와 축생이 충만하고 못된 무리들이 너무나 많사옵니다. 저는 다음 세상에서는 나쁜 소리를 듣지 않고, 사나운 무리들을 만나고 싶지 않사옵니다. 지금 저는 부처님 앞에 오체투지하여 참회하오며 구원을 비옵니다. 진정으로 원하옵나니, 중생의 태양이신 부처님께서는 저에게, 청정한 업으로 이루어진 안락한 세계를 보여주옵소서."

왕비의 간절한 소원을 듣고 부처는 한량없는 시방세계에 있는 불국토를 비춰주었다. 이렇게 해서 부처의 위신력으로 아미타여래의 찬란한 극락정토가 펼쳐졌다. '왕사성의 비극'으로 알려진 위의 내용은 『관무량수경』의 「서분序分」에 나온다.

파노라마처럼 펼쳐지는 왕사성의 비극

고려시대 때 제작된 「관경서분변상도觀經序分變相圖」는 왕사성의 비극을 한 화면에 압축해서 그린 작품이다. 『관무량수경』의 「서분」은 드라마틱한 내용으로 인해 「관경서분변상도」로 특화해서 제작됐다. 한 화면에 일곱 장면이 그려져 있는데 이해하기 쉽게 필자가 그림 속에 이야기 순서대로 번호를 삽입했다. 번호 순서대로 이야기를 따라가 보면 1)위제희 왕비가 감옥에 갇힌 빔비사라 왕에게 몰래 음식을 가져간 장면 2)목련존자와 부루나존자가 왕 앞에 나타나 허공에 떠 있는 장면 3)부루나존자가 왕을 위해 설법하고 재계를 주는 장면 4)모든 사실을 안 아사세 왕자가 칼을 뽑아 어머니를 겨누자 신하들이 말리는 장면 5)부처가 있던 기사굴산 6)유폐된 위제희 왕비의 요청으로 부처가 제자들과 천신을 데리고 나타난 장면 7)위제희 왕비가 부처를 향해 울면서 설법을 청하는 장면 등으로 구성되어 있다. 화려한 누각과 나무를 사이에 두고 이야기가 파노라마식으로 전개된다.

장엄한 극락세계를 한 화면에 펼친 「관경변상도」는 고려시대 때 많이 제작되었다. 일본의 서복사와 지은원, 인송사, 법륜사 등 여러 곳에 아직까지도 훌륭한 「관경변상도」가 소장되어 있다. 『정토삼부경』에 포함된 『무량수경』 『관무량수경』 『아미타경』은 모두 극락정토에 대한 내용을 담고 있지만 질문자와 이야기의 주인공이 조금씩 다르다. 『무량수경』에서는 아난이 부처에게 극락정토에 대해 질문하고 부처가 극락세계의 교주인 아미타여래에 대해 설법한다. 경의 많은 부분이 극락정토에 대한 묘사로 채워져 있다. 더불어 우리 같은 중생이 극락세계에 왕생할 수 있는 방법도 세밀하게 적혀 있다. 극락왕생을 원하는 사람이라면 누구든지 읽어야 할 필독서다. 『관무량수경』은 오늘 살펴보게 될 왕사성의 비극이 계기가 되어 설한 법문집이다. 마지막으로 『아

法

작자 미상, 「관경서분변상도」, 비단에 색,
150.5×113.2cm, 고려시대, 일본 사이후쿠지(西福寺) 소장

미타경』은 부처가 사위국의 기수급고독원에서 사리불존자를 상대로 설법한 내용이다. 『무량수경』과 『관무량수경』의 뒤를 이어 두 경전의 뜻을 요약했다고 할 수 있을 만큼 분량이 짧고 간결하다. 역시 극락정토를 찬탄하는 내용과 극락왕생에 대한 내용이 담겨 있다.

 부처가 이렇게 여러 차례 극락정토에 대해 설법한 이유는 무엇일까. 위제희 부인처럼 고통 받는 사람들이 많기 때문이 아닐까. 그러나 '번뇌즉보리煩惱卽菩提'라 했다. 번뇌가 곧 깨달음이듯, 삶의 괴로움과 고통이 있어야 깨달음을 구한다. 왕사성의 비극이 없었다면 위제희 부인은 극락정토에 대한 법문을 듣지 못했을 것이다. 우리가 매일 일상에서 겪고 있는 번뇌 또한 보리(깨달음)를 얻기 위한 가르침이 아닐까.

진면목

눈에 보이는
것들 너머
진면목을 보라

작자 미상 「왕회도병풍」

범소유상 개시허망 약견제상비상 즉견여래凡所有相 皆是虛妄 若見諸相非相 卽見如來,
무릇 형상이 있는 것은 모두가 다 허망하다. 만약 모든 형상을 형상이 아닌 것으로 보면 곧 여래를 보리라. ─『금강경』

아, 이거였구나. 얘기가 하고 싶어 나를 보자고 했구나. 그 친구를 마주 보며 앉아 있는 시간 내내 그 생각이 들었다. 그는 인사가 끝나기 무섭게 얘기를 시작했다. 밥 먹는 순간에도 차를 마시는 순간에도 그의 얘기는 쉼 없이 계속됐다. 말의 물길을 틀어막았다가는 홍수가 날 것 같은 속도였다. 얼마나 답답했을까. 불교 공부를 시작했는데 자신이 제대로 공부를 하고 있는지 확인받고 싶다면서 만나자고 했다. 내가 불교를 전공한 것도 아니고 아는 것도 많지 않아 망설였지만 경험을 공유할 수는 있겠다 싶어 나왔다. 스승이 아니라 도반이라면 만남에 무슨 어려움이 있겠는가. 만나 보니 그게 아니었다. 감당하기 힘들 정도로 엄청난 일을 겪었는데 그걸 얘기할 사람이 필요했던 것이다. 그 속이 오죽했으랴.

얼마 전에 「10억 주고 산 부처님」이란 신행 수기를 쓴 이후 있었던 일이다. 그 친구는 대뜸 자기는 부처를 10억이 아니라 100억을 주고 샀다고 털어놓았다. 나보다 열 배나 부처를 비싸게 주고 산 사연이 네 시간 동안 계속됐다. 얘기가 다 끝나고 헤어질 무렵 그가 내게 물었다.

"나도 열심히 수행하면 이 괴로움에서 벗어날 수 있을까요?"

"나는 자신 있게 말했다."

"제행무상이잖아요!"

부처의 실체는 육신의 몸이 아니다

그때 장로 수보리가 대중 가운데 있다가 자리에서 일어나 오른쪽 어깨를 드러내고 오른쪽 무릎을 땅에 꿇고 합장하여 공경히 부처에게 말했다.

"세존이시여! 선남자 선여인이 아뇩다라삼먁삼보리심을 내고는 마땅히 어떻게 그 마음을 가져야 하며 어떻게 그 마음을 항복 받아야 합니까(世尊 善男子善女人 發阿耨多羅三藐三菩提心 應云何住 云何降伏其心)?"

'아뇩다라삼먁삼보리'는 무상정등정각無上正等正覺이라는 뜻으로 산스크리트어를 음역音譯한 것이다. 위 없는 최고의 깨달음이며 견줄 바 없이 가장 바른 부처의 깨달음을 의미한다. '아뇩다라삼먁삼보리심을 낸다'(發阿耨多羅三藐三菩提心)는 말은 부처가 되려는 마음을 낸다는 뜻이다. 줄여서 발보리심發菩提心 또는 발심發心이라고도 한다.

수보리가 1,250명의 대중을 대표해서 부처에게 물었다. 발심한 사람은 어떤 마음의 자세를 가져야 하며 어떻게 그 마음을 항복 받아 통제해야 하는가, 라고. 이 질문에 대한 답이 "무릇 형상이 있는 것은 모두가 다 허망하다. 만약 모든 형상을 형상이 아닌 것으로 보면 곧 여래를 보리라"다.『금강경』에 나오는 사구게四句偈, 경전의 사상을 집약해서 짧은 네 글귀로 읊은 게송 중의 하나다. 워낙 유명하여 뜻풀이보다 원문으로 더 많이 알려져 있다. 그래서 오늘은 '범소유상 개시허망 약견제상비상 즉견여래'라는 원문을 소개했다. 발심한 사람의 자세를 물었는데 상相을 버리라는 대답이다. 상이 도대체 무엇이기에 상을 버리라 하셨을까. 상은 눈에 보이는 겉모습을 실체로 잘못 보고 집착하는 것을 말한다. 중생들은 실체가 아닌 것을 실체로 잘못 보고 실체라고 믿는다. 껍데기를 실체라고 믿는 것이다.

실체가 아닌 껍데기에는 네 가지가 있다. 그 네 가지 상(四相)이 바로 아상我相, 인상人相, 중생상衆生相, 수자상壽者相이다. 나라고 하는 아상, 나와 남을 구별하는 인상, 나는 못난 존재라는 중생상, 나는 나이가 몇 살인데 하는 수자상 등이 모두 실체가 아닌 껍데기다. 이런 껍데기에 집착하지 말라는 얘기다. 보시를 할 때도 껍데기에 집착하지 말고 보시해야 한다. 보시를 하고도 흔적을 남기지 않는 보시. 머무는 바 없이 행하는 보시는 그 복덕이 헤아릴 수 없이 크다. 네 가지 상에 집착하지 말라는 가르침은『금강경』전체를 관통하고 있는 키워드다.

심지어 부처를 볼 때도 상에 집착하지 말라고 가르친다. 부처는 지혜와 복덕을 구비한 분으로 32길상吉相과 80종호種好를 갖추었다. 수억 겁의 세월 동안 선행과 수행을 한 결과 이런 길한 상을 갖추게 되었다. 그런데 아무리 훌륭하고 자비로운 부처의 형상이라도 그 형상마저 허망하다고 가르친다. 부처의 형상은 우리에게 깨달음을 주기 위한 방편일 뿐 부처의 참모습은 아니기 때문

3
고통을 삼켜 흔들리지 않다

이다. 부처의 실체는 육신의 몸이 아니다. 진리의 몸인 법신이다. 그러니 눈에 보이는 형상에 집착해서는 안 된다. 눈에 보이는 상 너머를 볼 수 있어야 한다. 눈에 보이는 모든 것이 다 허망하기 때문이다. 그래서 부처는 다시 한 번 말한다.

"약이색견아 이음성구아 시인행사도 불능견여래若以色見我 以音聲求我 是人行邪道 不能見如來. 만약 색신으로써 나를 보거나 음성으로써 나를 구하면 이 사람은 사도를 행함이라. 능히 여래를 보지 못하리라."

상은 끊임없이 변한다. 제행무상이다. 그런데 우리는 그것이 영원한 줄 착각하며 살아간다. 항상하지 않은 것에 집착한 데서 크고 작은 고통이 생긴다. 내가 가진 젊음이 항상하기를 바라는 마음, 내가 가진 돈이 항상하기를 바라는 마음, 내가 가진 사랑이 항상하기를 바라는 마음에서 고통과 괴로움이 찾아온다. 그러나 세상의 그 어떤 것도 항상하는 것은 없다. 항상 변한다. 항상하지 않다는 진리를 알면 우리에게 다가오는 바깥으로부터의 경계를 담담하게 받아들일 수 있다. 집착과 편견으로부터 벗어날 수 있다. 애착에서 벗어나 자유롭게 살 수 있다. 이것이 만상의 근원에 있는 진면목, 여래를 보는 것이다.

화가는 어떻게 황제의 존재감을 드러낼까

「왕회도병풍王會圖屛風」은 직접 본 작품이다. 2014년 이화여대박물관에서 열린 〈미술과 이상〉전에서였다. 황제가 각국 사신들에게서 조공 받는 장면을 오방색의 진채로 10폭 병풍에 그린 작품으로, 보존 상태가 좋아 처음 제작했을 당시의 힘이 생생하게 살아 있다. 부감법으로 내려다본 궁궐에는 소나무와 오동나무 등의 고목들이 기품 있게 심겨 있다. 공작새가 거니는 나무 위로 상서로운 구름이 뒤덮인 가운데 각국의 사신이 황제에게 조공을 바친다.

꼼꼼한 채색으로 묘사된 건물과 괴석, 정원에서 거니는 공작, 수목의 표현

작자 미상, 「왕희도병풍」, 비단에 색, 167×380cm, 19세기, 이화여대박물관 소장

3
고통을 삼켜
흔들리지 않다

은 19세기에 많이 제작된 「요지연도瑤池宴圖」 「백동자도百童子圖」 「곽분양행락도郭汾陽行樂圖」 같은 궁중 회화에서 공통적으로 발견되는 특징으로 이 작품의 제작 시기를 추정해볼 수 있다. 「왕회도병풍」은 다른 궁중 장식화와 마찬가지로 화려함과 장식성이 돋보인 작품이다. 차이점이 있다면 다른 작품들에 비해 행사 장면이 매우 강조되었다는 점이다. 10폭이나 되는 긴 화면에 황제가 조공 받는 모습을 근접 촬영하듯 집중적으로 그리고 나머지 부분은 과감하게 생략했다. 그만큼 행사 장면이 실감나게 눈에 들어온다.

「왕회도王會圖」는 황제가 각국의 사신들에게 조공을 받는 모습을 그린 것이다. 『구당서舊唐書』 권86 「남만열전南蠻列傳」에 보면 "정관貞觀 3년629년에 원심元深이 들어와 조회하였다. 중서시랑中書侍郞 안사고顔師古가 아뢰기를 '옛날 주무왕周武王 때에 천하가 태평하여 먼 나라들이 찾아오자 사관史官이 그 일을 기록하여 「왕회편王會篇」을 만들었습니다. 지금 만국이 찾아와 조회하였는데, 그들의 의상이 실로 그릴 만하니, 지금 왕회도를 편찬하였으면 합니다'라고 하니, 윤허하였다"라고 하여, 왕회도가 이때부터 그려졌음을 알 수 있다. 화가는 초당初唐을 대표하는 인물화가 염립본閻立本, 600?~673이 맡았다. 관료이자 화가인 염립본은 「역대제왕도권歷代帝王圖卷」 「직공도職貢圖」 등을 남긴 대가다.

중국에서는 왕회도가 당 태종 때부터 시작되었지만 조선에서는 대한제국 1897.10.12~1910.8.29 이후에 제작된 것으로 추정해볼 수 있다. 대한제국이 선포됨으로써 고종이 황제의 칭호를 사용했기 때문이다. 고종 황제는 이 작품이 제작되기 훨씬 이전부터 왕회도에 대해 잘 알고 있었다. 고종 16년1879년 5월 24일 『승정원일기承政院日記』를 살펴보면 여러 신하들이 『통감』을 진강하는 과정에서 왕회도에 대한 언급이 나온다. 이에 고종은 "먼 나라에서 와서 조공을 바친 것이 이때보다 더 성대했던 때는 없다. 왕회도를 그려서 후세에 보인 것은 참으로 아름다운 일이다"라고 하교한다. 물론 이 「왕회도병풍」은 실제 장면을 그린 기록화가 아니다. 비록 고종 황제가 대한제국이라는 황제국을 선포했으나 외국 사신들에게서 조공을 받은 적이 없었기 때문이다. 그렇다면 이 작품은 중국의 왕회도에 의거하여 나라의 번영을 꿈꾼 상상화였을까. 아니면 고종 황제의 미래를 향한 청사진이었을까. 자료가 없으니 어떤 의도로 제작되었는지는 확신할 수 없다. 그런데 「왕회도병풍」을 들여다보면 재미있는 사실을 발견할 수 있다. 수많은 사람들이 조공을 바치며 알현하기를 청하는 황제의 모습이 의외로 아주 작게 묘사되었다는 점이다. 황제는 오른쪽 1, 2폭에 세워진 전각 안에 옹색하게 앉아 있다. 두 손을 맞잡고 공손하게 앉은 황제의 모습은 엄청난 위용을 갖춘 최고 권위자로서의 모습보다 궁벽한 오지의 판관 나리처럼 소박하다. 진짜 황제가 맞을까 의심이 들 정도로 존재감이 약하다.

　오늘의 주인공은 황제가 아니라 차례를 기다리는 각국 사신들 같다. 황제의 모습이 낯선 것은 작게 그려졌기 때문만은 아니다. 왕이 등장하는 궁중기록화에서 왕을 실제로 그리지 않고 일월오봉도로 대신하는 관행이 깨졌기 때문이다. 왕의 실물은 왕의 초상화인 어진에서나 볼 수 있었다. 그만큼 위대하고 신비로웠다. 그런데 「왕회도병풍」에서는 특이하게도 왕이 그려졌다. 그것도 다른 사람들과 똑같이 사람의 모습을 하고 있다. 세월이 변해도 참 많이 변했다.

　기록화에 왕의 실물이 그려진 예는 이화여대박물관에 소장된 「동가도動駕圖」에서도 확인할 수 있다. 「동가도」는 고종의 어가행렬을 그린 기록화로 조선 말기의 초상화가 채용신蔡龍臣, 1850~1941의 작품이다. 「왕회도병풍」이 제작되던 시기에 해당된다. 조선 말기에는 왕이 신비스러움의 베일을 벗고 사람의 모습으로 표현되었음을 알 수 있다. 「왕회도병풍」에는 황제가 등장했다. 그것도 심하게 평범한 모습으로 등장했다. 범상치 않은 구석이라고는 거의 찾아볼 수 없는 다소곳한 모습이다. 화가는 황제의 존재감을 어떻게 드러낼 수 있을까.

"정말 중요한 것은 눈에 보이지 않아"

눈에 보이는 것이 전부가 아니다. 등장인물들의 자세와 몸짓, 그들이 바라보는 시선을 따라가 보면 그 끝에 황제가 있다. 구석에 있되 결코 비중이 낮은 인물이 아니라는 뜻이다. 황제는 누구보다 크게 그려야 하고 중앙에 그려야 하며 화려하게 그려야 한다는 고정관념을 깨뜨려 준다. 크기나 모양으로 존재감을 확인하려 했다가는 읽을 수 없는 작품이다.

생텍쥐페리의 『어린 왕자』에는 "정말 중요한 것은 눈에 보이지 않아"라는 구절이 나온다. 그 말처럼 눈에 보이는 것이나 시선을 끌어당기는 것에만 집착하면 볼 수 없는 것들이 많다. 그 너머에 있는 본질을 읽어야 참 진리를 만날 수 있다. 여래를 만날 수 있다. 형상을 형상이 아닌 것으로 봐야 볼 수 있는 실체다. 허망한 것에 사로잡혀서는 볼 수 없는 실체다.

현재 내가 겪고 있는 어려움. 감당하기 힘든 고통과 번민. 이것도 모두 허망하다. 여러 원인과 시절인연에 의해 도래한 것일 뿐, 항상하지도 않고 고정되어 있지도 않다. 기쁨과 즐거움이 항상하지 않듯 이 또한 원인이 제거되면 결과 또한 바뀔 것이다. 그것은 "꿈과 같고 환상과 같고 물거품과 같으며 그림자 같고 이슬과 같으며 또한 번개와도 같으니(如夢幻泡影 如露亦如電)" 때가 되면 사라진다. 지금 고통을 겪고 있는 이가 있다면 『금강경』이 가르쳐주는 참 진리를 생각하고 용기를 내기 바란다.

3
고통을 삼켜
흔들리지 않다

반야행

반야용선을
타고
깨달음의
세계로

장승업 「태평항해도」

아제아제 바라아제 바라승아제 모지 사바하 — 『반야심경』

    비가 내린다. 오랜만에 비가 내리니 공기가 말끔하다. 당분간은 더위에 헉헉거리지 않아도 될 것 같다. 감사한 일이다. 오늘은 박물관 가는 길에 그 부근에 있는 단골 카페에 들렀다. 원두를 사기 위해서였다. 원두만 사고 그냥 나오려는데 주인이 한마디한다.
    "오늘같이 분위기 좋은 날, 그냥 가시면 어떡해요? 제가 커피 한 잔 대접할 테니 드시고 가세요."
    그러면서 꿀을 잔뜩 끼얹은 허니브레드에 방금 추출한 예가체프를 내온다.

비오는 날의 커피 한 잔. 생각보다 운치 있다. 이런 선물을 받고 나면 허전했던 마음이 넉넉하게 채워진다. 자칫 우울해질 수 있는 날인데 따뜻한 대화 때문에 밝아졌다. 커피 한 잔으로 사람 마음을 온전하게 살 수 있는 사람. 카페 주인은 진짜 장사가 무엇인지 아는 사람이다. 나올 때는 큼지막한 수박까지 한 통 안겨준다. 내가 지불한 원두 값보다 받은 것이 더 많은 날이다.

비 오는 날이면 떠오르는 엄마

비가 내릴 때면 항상 떠오르는 추억이 있다. 중학교 2학년 여름. 딱 이맘때였을 것이다. 방학하는 날이라 수업이 일찍 끝났다. 신나서 교실 문을 나서는데 세차게 비가 내렸다. 이레째 내리는 장맛비였다. 방학인데 그까짓 비가 대수랴. 우산도 준비해왔겠다 일부러 물을 첨벙거리며 종종걸음으로 집으로 향했다. 집은 학교에서 5분 거리에 있었다. 당시 우리 가족은 아래층이 가게이고 위층은 살림집으로 된 상가에 살았다. 보통 때는 가게로 가지 않고 2층 집으로 바로 올라가는데, 그날은 방학식이라 들떠서 1층 가게로 들어갔다. 반가운 얼굴. 엄마가 앉아 계셨다. 엄마는 일찍 온 막내딸을 보더니 반색을 하셨다. 나는 엄마를 졸라 아이스크림을 사 가지고 와서 먹으며 신나게 방학식 얘기를 했다. 엄마는 그저 웃으며 말없이 막내딸의 수다를 들어주셨다. 아이스크림도 다 먹고 떠들기도 지친 나는 가방을 집어 들었다. 2층으로 올라가기 위해서였다. 몸을 돌려 계단을 막 올라가려는데 엄마가 혼잣말처럼 중얼거리셨다.

"이렇게 비가 많이 와서 어쩐다냐……."

그러고 보니 집에 오는 내내 상가 통로에서 물건 사러 다니는 사람들을 보지 못한 것 같았다. 내가 엄마한테 조잘거리며 떠든 동안에도 손님은 단 한 명도 찾아오지 않았다. 장마철에 칙칙한 청바지를 사러 올 사람이 있을 리 없었다. 야채 가게와 쌀가게도 손님이 끊겼는데 하물며 청바지 가게는 오죽하랴. 청바지는 사도 그만 안 사도 그만이었다. 비가 억수같이 쏟아지는 날 꼭 사야 할 정도로 생활에 필요한 필수품은 아니니까. 그러나 엄마에게 청바지는 비가 오든 눈이 오든 꼭 팔아야 할 물건이었다. 눈에 넣어도 아프지 않을 정도로 귀한 자식들을 먹여 살릴 수 있는 절박한 물건이었다. 청바지는 팔아야 하는데 장맛비가 손님들 발걸음을 막고 있었다. 원망스럽고 야속한 비였다. 비가 올 때면 항상 그때 엄마의 쓸쓸한 뒷모습이 떠오르면서 독백처럼 내뱉은 탄식 소리가 선명하게 들린다. 사바세계라는 거친 바다에서 온 가족을 태운 배를 노 저어가야 했던 어머니의 탄식이 38년의 세월을 넘어 어제 일처럼 생생하게 내 귀에 들린다. 비 오는 날이면 항상 떠오르는 엄마의 모습이다. 카페에 앉아 우아하게 분위기를 즐길 때도 결코 잊을 수 없는 어머니의 고단한 뒷모습이다.

「태평항해도」에 서린 비운의 역사

바다 한가운데에 배 한 척이 떠 있다. 나머지는 온통 일렁이는 파도다. 바닷속에서 용이 꿈틀거리는 걸까. 겹겹이 솟아오른 파도가 마치 용비늘을 그린 것 같다. 파도 위로는 하얀 구름이 덮여 있다. 파도와 구름은 쉽게 구분되지 않을 정도로 유사하다. 배를 탄 인물은 모두 다섯 명이다. 노를 젓는 두 사람은 뱃사공이다. 나머지 세 사람은 관복을 입고 있다. 이들이 공무를 띠고 항해 중임을 알 수 있다. 관복을 입으면 두려움이 없어지는 걸까. 높은 파도 때문에 배가 심하게 흔들리는데도 관원들의 얼굴에서 두려움이라고는 찾아볼 수 없다. 한결같이 밝고 긍정적이다. 배 난간에 기댄 두 관원은 뱃놀이 나

장승업, 「태평항해도」, 종이에 연한 색, 48×134cm, 이화여대박물관 소장

3
고통을 삼켜 흔들리지 않다

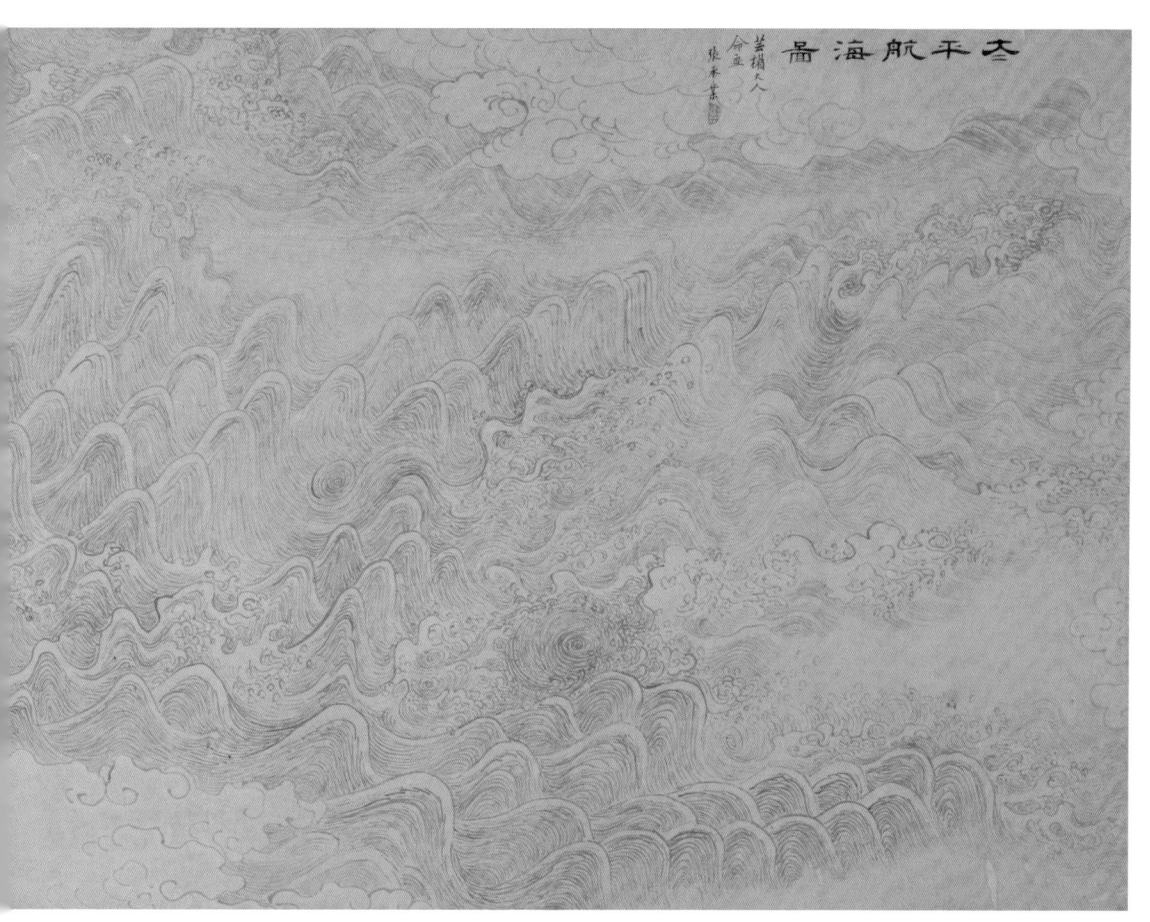

온 사람들처럼 느긋하다. 고물배의 뒷부분에서 뒷짐 지고 서 있는 사람은 밀리는 파도를 감상하는 여유까지 지녔다. 그들은 지금 무슨 목적으로 이 배를 탔을까. 어디로 가고 있는 걸까.

장승업이 그린 「태평항해도太平航海圖」는 2013년 이화여대박물관 특별전에서 처음으로 실견實見한 작품이다. 그림 제목 옆에 '운미대인의 명으로 그렸다(云楣大人命畵)'는 제발題跋이 적혀 있고 장승업이라는 이름도 보인다. 「태평항해도」가 어떤 목적으로 그려졌는지에 대해서는 아직까지 연구논문이 발표되지 않아 확언하기는 조심스럽다. 다만 '운미대인의 명으로 그렸다'는 제발에서 제작 목적을 추정해볼 수는 있겠다.

운미云楣는 민영익閔泳翊, 1860~1914의 호로 그는 명성황후의 친정 조카다. 명성황후의 친정에는 아들이 없었는데, 양자로 들어온 명성왕후의 오빠 민승호閔升鎬가 민영익을 양자로 들였다. 민영익은 양자의 양자인 셈이다. 양자도 엄연히 가족이다. 민영익은 명성황후의 친조카가 되어 조선 말기 정치 세력의 중심에서 살았다. 그는 정시문과에 급제하여 이조참의를 시작으로 도승지·호조참판을 거쳐 이조참판이 되었다. 1882년 임오군란 후에는 김옥균과 함께 비공식 사절로 일본에 다녀왔고, 이후 중국에도 파견되었다. 한미수호통상조약이 체결된 후에는 보빙사報聘使로 미국에 건너가 미국 대통령에게 국서를 전달했다. 미국으로 갈 때 민영익이 포함된 사절단은 1883년 7월 하순 인천을 출발해 나가사키(長崎), 요코하마(橫濱), 샌프란시스코, 시카고, 워싱턴을 거쳐 뉴욕에 도착했다. 길고 긴 항해였다.

「태평항해도」는 민영익이 미국으로 출발하기 전에 그려진 걸까. 배를 타고 가야 하는 멀고 먼 항해를 앞두고 무사 귀환을 바라는 마음으로 장승업에게 부탁했을 것 같다. 당시 장승업은 가장 유명한 화가였고 민영환, 민영익 등 민씨 집안 사람들과 친분이 두터웠다. 민영익은 그림과 글씨에 조예가 깊었고 묵란을 잘 그렸다. 민영익과 장승업이 가까워질 수 있는 공동의 관심사는 서화였다. 장승업이 '운미대인의 명'으로 「태평항해도」를 그렸다는 제발이 이해되는 부분이다. '비록 멀고 먼 뱃길이지만 그림 속에서 뱃놀이하듯 여유로운 사람들처럼 무탈하게 잘 다녀오십시오'라는 기원이 담긴 그림이다.

그런데 그림을 보면 볼수록 참 묘하다. 장승업의 작품이라고 보기에는 파도를 그린 선이 너무 약하다. 미완성일까. 색을 올리기 전에 스케치만 한 상태인 듯 뭔가 조금 미진하다. 강약이 없다. 쥐었다 폈다 하는 동세動勢가 제거된 파도는 변화가 거의 감지되지 않는다. 간송미술관에 소장된 「삼인문년도三人問年圖」의 시퍼런 파도를 생각하면 더더욱 이해하기 힘든 작품이다. 배에 탄 관원들을 드러내기 위해서 바다는 단조로운 색을 선택했을까. 이 그림이 가짜가 아니라면 내가 장승업의 제작 의도를 읽지 못했다고 봐야 할 것이다.

「태평항해도」를 그리게 한 민영익은 그의 바람대로 무사히 항해를 끝마쳤다. 항해는 무사했지만 그의 인생 항해는 그다지 평탄하지 못했다. 그는 1905년 을사조약 체결 후 상하이로 망명하여 귀국하지 못하고 그곳에서 죽었다.

지혜의 배, 반야바라밀다호를 타는 법

'아제아제 바라아제 바라승아제 모지 사바하'는 『반야심경』의 끝부분에 나오는 진언眞言이다. 진언은 해석하지 않고 그대로 외우는 것이 상식이지만 굳이 그 뜻을 해석한다면 다음과 같다.

"가세 가세 저 언덕으로 가세. 우리 함께 저 언덕으로 건너가세. 속히 깨달음의 저 언덕으로."

내가 서 있는 이곳은 오탁악세가 가득한 사바세계다. 저 언덕은 해탈과 열반의 세계다. 두 세계 사이에는 깊은 바다가 출렁거린다. 걸어서는 건널 수 없는 바다다. 배를 타야만 건널 수 있다. 어떤 배인가. '반야바라밀다'라는 지혜의 배다. 반야바라밀다는 오온이 공하다는 법계의 실상을 통찰하는 지혜의 배다. 우리 모두가 고통으로 가득 찬 오탁악세를 떠나 해탈과 열반의 세계로 가기 위해서는 반야바라밀다라는 지혜에 의지해 건너가야 한다. 그러므로 반야바라밀다는 '가장 신비하고 밝은 주문이며, 위없는 주문이며, 무엇과도 견줄 수 없는 주문'이다. 또한 '온갖 괴로움을 없애고 진실하여 허망하지 않은 주문'이다. 과거, 현재, 미래의 부처들도 모두 이 반야바라밀다를 의지해 최상의 깨달음을 얻었다.

우리 모두는 인생이라는 거대한 바다를 건너고 있다. 팔리지 않는 청바지를 보고 애가 닳으셨던 엄마도, 타국에서 돌아오지 못하고 생을 마쳐야 했던 민영익도 모두 세찬 파도가 출렁이는 인생의 바다를 건너야 했다. 현재를 살고 있는 우리도 마찬가지다. 사람으로 태어나 생로병사를 겪어야 하는 현실 자체가 격노하는 바다를 건너는 항해다. 우리는 어떻게 이 바다를 건너, 저 언덕에 도달할 수 있을까. 낡은 배로는 건널 수 없다. 부실한 배는 사고만 초래할 뿐이다. 수많은 생명을 앗아간 세월호 참사만 봐도 알 수 있지 않은가. 오직 반야바라밀다라는 배를 타고 건너야 한다. 반야바라밀다호에는 저 혼자 살기 위해 도망치는 선장이 없다. 끝없이 많은 중생이 열반을 이룰 수 있게 생사의 바다를 항해하는 불보살님이 있을 뿐이다. 반야바라밀다는 '반야용선般若龍船'에는 두 명의 노련한 보살이 앞뒤에서 배를 지휘한다. 이물배의 머리에서는 인로왕보살이 서서 길을 인도하고, 고물에서는 지장보살이 앉아 중생을 돌봐준다. 중생이 원하면 아미타부처가 관음보살과 세지보살을 거느리고 배에 승선할 수도 있다. 반야용선은 왕생자의 고혼을 극락으로 실어 나르는 배지만 꼭 죽어야 탈 수 있는 사자호^{死者號}가 아니다. 우리가 원하기만 하면 언제든 승선할 수 있다. 오온이 공하다는 진리를 깨달아 마음에 걸림이 없어지면 두려움이 사라지고 전도된 망상을 여의어 열반을 성취할 수 있다. 이것이 살아서 반야용선을 타는 방법이다. 반야바라밀다라는 반야용선을 타는 비법이다. 마음만 먹으면 누구라도 쉽게 승선할 수 있는 비법 아닌 비법이다.

法

보살심

수행은
구름처럼
머무르는 바
없어야

전 서문보 「산수도」

마땅히 형색에 머물러서 마음을 내지 말 것이며 마땅히 소리, 냄새, 맛, 감촉, 법에 머물러서 마음을 내지 말 것이며, 마땅히 머문 바 없이 그 마음을 낼지니라.

— 『금강경』

『금강경』은 조계종의 소의경전所依經典으로 불교의 중요한 근본이다. 그래서 『금강경』과 관련된 일화가 많이 전한다. 『금강경』의 가치에 대해서는 일찍이 중국 선종의 제6조인 당나라의 혜능慧能, 638~713대사가 『육조단경六祖壇經』에서 다음과 얘기했다.

"선지식들이여, 만약 깊은 법의 세계에 들고자 하고 반야삼매에 들어가고

자 하는 사람은 바르게 반야바라밀의 행을 닦을 것이며 오로지 『금강반야바라밀경金剛般若波羅蜜經』 한 권만 지니고 수행하면 바로 자성을 보아 반야삼매에 들어가느니라. 이 사람의 공덕이 한량없음을 마땅히 알아야 할지니, 경에서 분명히 찬탄하였으니, 능히 다 갖추어 설명하지 못하느니라. 이것은 최상승법으로서 큰 지혜와 높은 근기의 사람을 위하여 설법한 것이니라."

떡장수 노파에게 걸려든 스님의 오만방자

혜능대사는 장터에 땔나무를 팔러 갔다 출가했다. 어느 스님이 독송한 『금강경』의 한 구절인 '응무소주 이생기심應無所住 而生其心, 응당 머문 바 없이 그 마음을 내라'을 듣고 출가하여 제5조 홍인弘忍대사의 법맥을 이었다. 그런데 혜능대사처럼 단박에 『금강경』의 핵심을 파악한 사람도 있는 반면 덕산德山, 782~865 스님처럼 뒤늦게야 깨달은 사람도 있다.

덕산 스님은 중국 당나라 때 스님으로 이름이 선감宣鑑, 속성은 주周씨다. 어린 나이에 출가하여 율장을 깊이 연구했다. 여러 경전의 뜻을 두루 통달한 후에 『금강경』을 강설했으므로, 당시 사람들은 그를 '주금강周金剛'이라 불렀다. 한마디로 『금강경』에 능통한 전문가였다. 그런 어느 날 남방 오랑캐들이 불립문자不立文字니 교외별전敎外別傳이니 하는 말을 떠들며 견성성불見性成佛할 수 있다는 소문이 들려왔다. 교학을 금과옥조로 삼았던 덕산 스님은 그들의 그릇된 견해를 깨우쳐줘야겠다고 생각하고 남쪽으로 향했다.

가는 도중 점심 때가 되었다. 그때 마침 떡장수 노파가 떡을 팔고 있는 모습이 눈에 들어왔다. 덕산 스님이 노파에게 다가가 떡을 청했다. 그런데 노파가 떡을 팔 생각은 하지 않고 엉뚱한 질문을 던졌다.

"스님, 바랑이 무거워 보입니다. 그 속에 무엇이 들어 있기에 그렇게 무거워

전 서문보, 「산수도」, 비단에 색, 39.6×60.1cm,
15세기 후반, 일본 야마토문화관 소장

보이나요?"

덕산 스님에 대해 익히 알고 있던 떡장수 노파의 수작에 스님이 걸려들었다.

"『금강경』에 내가 직접 주석을 단 『금강경소초金剛經疏鈔』가 들어 있소."

"아, 그래요? 잘됐군요. 제가 궁금해서 그러는데 뭐 한 가지 물어봐도 될까요? 만약에 이 질문에 대답을 하시면 떡을 공짜로 드리고, 대답을 하지 못하시면 떡을 팔지 않겠습니다."

주금강이 아니던가. 덕산 스님은 자신 있게 대답했다.

"예, 좋습니다. 무엇이든 물어 보십시오."

"『금강경』에 이르기를, '과거의 마음도 얻을 수 없고, 현재의 마음도 얻을 수 없고, 미래의 마음도 얻을 수 없다'라는 구절이 나오는데 스님께서는 어느 마음에 점심點心을 하시려는지요?"

시시각각 움직이는 구름의 신비

서문보徐文寶, 15세기 후반가 그린 것으로 전해지는 「산수도」는 '산수화山水畵'의 연원이 어디에서 유래했는지 확인할 수 있는 작품이다. 산수화는 산(山)과 물(水)을 그린 그림(畵)으로 동양화의 한 장르를 의미한다. 산이나 물이 들어가야 산수화가 될 수 있다는 뜻이다. 서문보가 그린 「산수도」에는 산수화가 갖추어야 할 요소가 전부 들어가 있다. 산이 있고 물이 있고 바위가 있고 나무가 있다. 그 품 안에 절과 빈 정자가 작은 돌멩이처럼 놓여 있다. 산이 높으면 물이 깊은 법. 그림 하단에 넓게 펼쳐진 강물이 산줄기에서 흘러내린 물이 풍부함을 암시한다. 추사 김정희金正喜, 1786~1856가 붓으로 쓴 「산숭해심山崇海深, 산은 높고 바다는 깊다」의 경지가 바로 이러할 것이다.

서문보의 「산수도」에는 눈에 띄는 구성요소가 하나 더 있다. 바로 구름(雲)

이다. 구름은 '산수화'를 그릴 때 빠져서는 안 될 중요한 요소다. 산과 바위와 나무는 모두 고정되어 있어 움직일 수 없다. 움직일 수 없는 경물에 항상 움직이는 구름이 내려앉았다. 구름은 시시각각 그 모습을 달리하며 산 사이를 돌아다닌다. 비로소 자연이 살아 움직이는 것 같다. 「산수도」에서 구름을 제거한다고 생각해보라. 그림이 얼마나 건조하고 팍팍하게 느껴지는가. 구름은 단 한 순간도 고정된 장소에 머무르지 않는다. 온도에 따라 모습이 바뀐다. 바람이 불면 바람이 부는 방향으로 흔적을 숨긴다. 더위가 들이닥치면 재빠르게 몸을 피해 하늘로 날아간다. 몸이 무거워 더 이상 하늘을 돌아다닐 수 없으면 빗방울이 되어 대지에 스며든다. 한때는 물이었고 한때는 수증기였고 한때는 빗방울이었던 구름은 단 한순간도 사라진 적이 없다. 모양을 달리했을 뿐이다. 우리 눈에 보이든 보이지 않든 항상 그 자리에 있었다. 머무는 바 없이 머물러 있었다.

　서문보는 성종 때 활동한 화가다. 『조선왕조실록』 성종 14년1483년 1월 21일 기록에 의하면 "강희맹姜希孟이 서문보를 추천하여 9품 체아직遞兒職으로 삼았다"라고 되어 있어 그의 활동 시기를 가늠해볼 수 있다. 그와 비슷한 시기에 활동한 작가로 최숙창崔叔昌과 이장손李長孫을 들 수 있다. 세 사람 모두 비슷비슷한 소재에 구도와 필법도 유사한 작품을 남겼다. 그들이 남긴 작품은 모두 한 사람의 것으로 오해될 만큼 화풍이 비슷하다. 현존하는 그들의 작품 전부가 일본의 야마토문화관에 소장되어 있는 것도 특이하다. 이들은 서로 함께 모여 구름 덮인 산과 강을 자주 찾아 갔던 것일까. 조선 초기에 활동했던 작가들의 산수 지향적인 삶이 눈에 보이는 듯 선하다.

　『금강경』에는 구름같이 사는 수행자의 모습이 여러 차례 언급되어 있다. 보리심을 낸 사람은 어떤 것에도 걸림이 있어서는 안 된다. 눈으로 보이는 모습에 걸려서도 안 되고 소리, 냄새, 맛, 감촉, 법에 걸려 마음을 내서도 안 된다. 오직 머무르는 바 없이 그 마음을 내야 한다. 산허리를 휘감고 도는 구름처럼 말이다.

불시에 노파의 공격을 받은 덕산 스님은 아찔했다. 20여 년 동안 자신이 공들여 풀이한 『금강경소초』에는 어느 마음에 점을 찍어야 하는지 해답이 적혀 있지 않았다. 문자를 넘어선 불립문자의 세계에서만 찾을 수 있는 답이었다. 불립문자는 덕산 스님이 교화시키겠다고 큰소리치던 남쪽 오랑캐 무리들이 수행하는 선禪의 세계가 아닌가.

넋을 잃고 서 있는 덕산 스님에게 노파가 길을 일러줬다.

"이 길로 곧장 올라가시면 용담원龍潭院이라는 절이 있습니다. 숭신崇信대사를 찾아가시기 바랍니다."

덕산 스님은 용담원의 숭신대사를 찾아가 가르침을 받고서야 비로소 문자에 얽매이는 한계를 벗어날 수 있었다. 하지만 오만방자했던 덕산 스님이 숭신대사를 만나 곧바로 그 가르침을 받아들인 것은 아니었다.

알면 알수록 거대한 뿌리

경전 공부를 조금 했다는 이유로 목에 힘이 들어간 것은 나 또한 마찬가지였다. 덕산 스님처럼 깊이 있게 공부한 것도 아닌데 시건방졌으니 지금 생각해도 얼굴이 뜨거워진다.

올해 뜬금없이 『금강경』 독송을 시작했다. 처음에는 뜻도 어렵고 용어도 익숙하지 않아 한 번 읽는데 40분이 걸렸다. 계속 읽다 보니 나중에는 10분으로 단축되면서 뜻도 거의 이해됐다. 그런데 읽으면 읽을수록 납득되지 않는 부분이 있었다. 계속 비슷비슷한 내용이 되풀이되어 나오는 대목이었다.

『금강경』은 모든 현상이 공^{空}함을 알아 집착하지 말라는 가르침이 결론이다. '응무소주 이생기심'이다. 그 가르침을 표현을 달리하고 거듭 되풀이하여 당부하고 있다. 여기까지는 이해할 수 있었다. 문제는 수보리존자의 대답이었다. 부처가 수보리존자에게 형상에 얽매이지 말라고 거듭 당부한 후 32상으로 여래를 볼 수 있느냐고 물었다. 수보리존자가 단호하게 32상으로는 여래를 볼 수 없다고 대답한다. 13장에 나오는 내용이다. 전체 32장 중 13장이면 앞부분에 속한다. 이때 이미 수보리존자는 겉모습만으로는 여래를 볼 수 없다는 사실을 알고 있었다는 뜻이다. 그런데 26장에서 부처가 수보리존자에게 32상으로 여래를 볼 수 있느냐고 다시 묻는다. 이번에는 수보리존자가 정반대로 대답한다.

　"그렇습니다, 부처님. 32가지 신체적 특징으로 여래를 볼 수 있습니다."

　처음에는 수보리존자가 어리석어서 그런 대답을 한 줄 알았다. 그런데 수보리가 누구인가. 부처의 십대 제자 중 공에 대한 도리를 가장 잘 파악한 해공제일^{解空第一} 수보리존자가 아닌가. 그런 분이 부처의 뜻을 모를 리 없다. 더구나 장로^{長老} 수보리가 아닌가. 장로는 여러 수행자들 중에서 나이가 많고 덕이 높은 어른을 일컫는다. 나이 많은 수보리는 지혜나 수행자로서의 자세가 부처의 제자들을 지도하는 데 손색이 없었다. 같은 질문에 다른 대답을 한 데는 반드시 무슨 이유가 있었을 것이다.

　나중에야 알았다. 하루에 열 번씩 거의 50일을 독송하고 나서야 수보리존자의 깊은 뜻을 알고 가슴이 뭉클했다. 수보리존자는 자신이 몰라서 거듭 질문한 것이 아니었다. 부처의 가르침을 충분히 알고 있으면서도 일부러 틀리게 대답했다. 그래야 그곳에 있는 다른 비구들이 부처의 설법을 더 들을 수 있기 때문이다. 당시 대중 속에는 부처의 설법을 이해하지 못한 비구가 있었으리

라. 또한 후세에 이 경전을 읽는 사람이 복습하듯 거듭되는 부처의 설법을 들어야 이해할 수 있다는 것을 예측했으리라. 이것이 보살심이었다. 베풀었다는 생각도 없이 베푸는 '응무소주 이생기심'이었다. 『금강경』에는 부처의 보살심뿐만 아니라 수보리의 보살심도 들어 있다. 알면 알수록 더 거대한 뿌리다.

法

독송

괴로움은
실체가
없다

이계호 「포도도」

이 경전이 있는 곳은 어디든지 모든 세상의 천신, 인간, 아수라 들에게 공양을 받을 것이다. 이곳은 바로 탑이 되리니 모두가 공경하고 예배하고 돌면서 그곳에 여러 가지 꽃과 향을 뿌릴 것임을 알아야 한다. ―『금강경』

"『금강경』을 읽으면 뭐가 좋아요?"

이런 질문을 자주 받는다. 주변에 있는 사람들에게 『금강경』을 함께 독송하자고 권하면 반드시 듣게 되는 질문이다. 내게 질문한 사람의 속뜻은 『금강경』을 독송하면 어떤 가피를 받을 수 있느냐는 뜻일 것이다. 가피는 '부처나 보살이 자비를 베풀어 중생을 이롭게 한다'는 의미다. 그러니까 『금강경』을 독송하면 소위 '기도발'을 받을 수 있는가. 기도의 효험은 바로 나타나는가.

이런 뜻일 거다. 이럴 때 떠오르는 모 광고 카피가 있다.

"좋은데, 정말 좋은데 뭐라 표현할 방법이 없네……."

말로 표현할 길 없는 포도의 맛

이계호李繼祜, 1574~1645는 조선 중기에 활동한 문인화가다. 호를 휴휴당休休堂, 휴당休堂, 휴옹休翁이라 했는데 특히 묵포도를 잘 그렸다. 「포도도葡萄圖」는 이계호가 포도를 잘 그린다는 소문이 결코 거짓이 아님을 확인할 수 있는 작품이다. 수레바퀴가 굴러가는 걸까. 파도가 출렁거리는 걸까. 8폭으로 된 긴 화면에 포도 덩굴이 가득하다. 화면 양쪽에서 원과 반원을 그으며 뻗어나간 덩굴이 꿈틀거릴 듯 동적이다. 포도송이는 잎사귀와 덩굴에 비해 상대적으로 작게 그렸다. 작가의 의도가 포도송이가 아니라 포도 덩굴에 있음을 알 수 있다. 그 때문에 그림이 조금 번잡하다. 신사임당의 「포도」에서 느낄 수 있는 정갈한 맛이 결여되어 있다. 이계호는 왜 굳이 예술성에 상처 입히는 줄 알면서도 이런 구도를 택했을까.

포도는 하나의 가지에 수많은 열매가 주렁주렁 열린다. 다산의 상징이다. 척박한 땅에서도 죽지 않고 잘 자란다. 강인한 생명력과 장생의 상징이다. 그러나 아무리 많은 포도송이도 덩굴이 없으면 소용없다. 포도 덩굴을 뜻하는 '만대萬帶'는 '만대萬代'와 동음이의어다. 만대萬代는 자손이 끊이지 않고 계속 이어진다는 뜻이다. 포도를 그릴 때 덩굴을 함께 그려야 하는 이유다. 그러니 이계호가 「포도도」에서 특별히 포도 덩굴을 강조해서 그린 것은 포도송이처럼 많은 자식들이 오래오래 살기를 염원했기 때문이다. 「포도도」는 분명히 선물용으로 그렸을 것이다. 자손이 귀한 집에서 포도송이처럼 많은 자식들을 낳아 번창하기를 바라는 축원의 의미를 담아서 말이다. 감상용으로만 그린

이계호, 「포도도」, 비단에 먹, 각 121.5×36.4cm,
17세기, 국립중앙박물관 소장

3
고통을 삼켜
흔들리지 않다

그림인 줄 알았더니 그 안에 이런 살뜰한 의미가 담겨 있다. 꿈틀거리듯 강한 힘이 느껴지는 「포도도」를 보면서 그 집의 자손들도 건강하고 씩씩하게 자랐을 것이다.

조선시대에는 포도 그림으로 이름이 알려진 작가가 여러 명 있다. 지난번에 살펴 본 신사임당을 비롯해 황집중黃執中, 1533~?, 홍수주洪受疇, 1642~1704, 최석환崔奭煥, 1808~? 등이 모두 포도 그림을 잘 그렸다. 또한 심정주沈廷胄, 1678~1750와 이인문도 담백한 형태의 포도 그림을 남겼다. 이들이 그린 포도 그림을 보노라면 어느새 입안에 군침이 돌면서 달콤한 포도가 먹고 싶어진다.

"좋은데, 정말 좋은데 뭐라 표현할 방법이 없네……."

이 광고 카피의 목적은 간단하다. 일단 먹어 보라는 뜻이다. 먹어 봐야 맛을 알고, 먹어 봐야 효험을 알지 않겠는가. 내가 아무리 포도가 맛있다고 설명해줘도 먹어 보기 전에는 그 맛을 알 수 없다. 달착지근하면서도 새콤한 포도 맛은 말로 설명이 안된다. 백문百聞이 불여일견不如一見이고 백견百見이 불여일행不如一行이다. 그렇다면 포도 맛은 백문이 불여일식不如一食이다. 백 번 듣는 것보다 한 번 먹어보는 것이 낫다.

『금강경』 독송의 참맛

『금강경』 독송도 마찬가지다. 『금강경』 독송의 맛은 말로는 설명할 수 없다. 직접 본인이 『금강경』을 맛보는 수밖에 없다. 『금강경』이 어떤 경전인가. 『금강경』은 『금강반야바라밀경』의 준말이다. 금강金剛은 가장 견고하여 어떤 번뇌라도 깨뜨릴 수 있는 지혜를 뜻한다. 반야般若는 깨달음의 지혜를, 바라밀波羅蜜은 '저 언덕에 이른다(到彼岸)'라는 의미로 지혜의 완성을 뜻한다. 그러니 『금강반야바라밀경』은 '확고한 지혜의 완성에 이르는 길'이다. 다이아몬드처림 견고하고 빛나는 깨달음의 지혜로, 번뇌와 고통이 사라져 평화와 행복만이 있는 저 언덕에 도달함을 설하는 경전이다. 조계종의 소의경전인만큼 많은 사람들이 수지독송受持讀誦한다. 소의경전이란 신행信行뿐만 아니라 교의적敎義的으로도 가장 크게 의지하는 근본경전根本經典을 일컫는다. 이런 심오한 뜻이 담긴 경전 독송의 가피를 어찌 몇 마디 말로 표현할 수 있겠는가.

어둔하고 지혜롭지 못한 필자지만 그동안 조금이나마 『금강경』을 독송해온 사람으로서 내가 맛본 『금강경』의 맛을 소개할까 한다. 『금강경』 독송을 시작한 지 열흘쯤 지났을 때였다. 아침밥을 먹는데 부엌에서 퍽, 하는 소리가 들렸다. 수도에 연결된 정수기가 터진 것이다. 만약 식구들이 모두 다 외출하고 없었더라면 어떻게 됐을까. 온 집안이 물바다가 됐을 것이다. 독송 13일째, 강남역에서 환승하기 위해 에스컬레이터를 타고 내려가던 중이었다. 중간쯤 내려왔는데 어디선가 두두두두, 하는 소리가 났다. 무심코 뒤를 돌아봤더니 위쪽에서 큼지막한 여행용 가방이 굴러 떨어지고 있었다. 맨 위에서 이제 막 에스컬레이터를 탄 사람이 가방 손잡이를 놓친 것이다. 다행히 내가 뒤를 돌아본 덕분에 몸을 옆으로 피해 큰 사고는 면했다. 집에 돌아와서 그 얘기를 하자 남편이 맞장구를 친다. 함께 『금강경』을 독송한 남편도 요즘 희한한 경험을 많이 하고 있다는 것이었다. 논문을 쓰려고 1년 동안 찾아도 찾지 못했던 선행 논문을 우연히 발견하는가 하면 만나는 사람마다 논문에 도움을 준다는 것이었다. 이게 모두 다 『금강경』 독송의 공덕인 것 같다고 했다.

『금강경』을 보면 이 경전을 수지독송한 공덕이 말로 표현할 수 없을 정도로 크다고 적혀 있다. 부처는 과거에 한량없는 아승기겁 동안 팔백사천만억 나유타인도의 수량 단위 나유타에 팔백사천만억이라는 무량수를 붙여 그 수의 많음을 비유의 여러 부처를 만나 모두 공양하고 받들어 섬기며 그냥 지나친 적이 없었다. 실로 상상이 어려운 공덕이다. 그러나 그 어마어마한 부처의 공덕도 우리가 『금강경』을 수지독송한 공덕에는 감히 미치지 못한다고 한다. 백에 하나에도 미치지 못하고, 천에 하나, 만에 하나, 억에 하나에도 미치지 못한다. 아니 그 어떤 셈이나 비유로도 미치지 못한다. 그야말로 대박이다. 부처는 『금강경』 수지독송의 공덕에 대해 자세히 말하면서, 그 말을 듣는 사람은 마음이 어지러워서 의심하고 믿지 못할 거라고 했다. 그만큼 『금강경』의 뜻은 불가사의하고 과보 또한 불가사의하다. 『금강경』 전체가 아니라도 상관없다. 다만 사구게만이라도 수지독송한 공덕은 항하恒河, 갠지스 강의 모래 수만큼의 삼천대천세계에 칠보를 가득 채워 보시하는 것보다 더 크다. 수미산만큼의 칠보 무더기를 가지고 보시하는 사람의 복보다 더 크다.

그런데 과연 이런 얘기를 듣고 사실이라고 믿을 만한 사람이 몇이나 될까. 수보리존자도 나와 똑같은 생각을 했던 모양이다. 더구나 부처한테 직접 얘기를 듣는 것도 아니고 먼 훗날에 이런 얘기를 전해 듣는 사람은 과연 어떨까. 의심하지 않을까.

"세존이시여. 이와 같은 말씀을 듣고 진실한 믿음을 내는 중생들이 있겠습니까?"

부처가 수보리에게 말했다.

"그런 말하지 마라. 여래가 열반에 든 500년 뒤에도 계를 지니고 복덕을 닦는 이는 이런 말에 신심을 낼 수 있고 이것을 진실한 말로 여길 것이다. 이 사람은 한 부처님이나 두 부처님, 서너 다섯 부처님께 선근을 심었을 뿐만 아니라 이미 한량없는 부처님 처소에서 여러 가지 선근을 심었으므로 이 말씀을 듣고 잠깐이라도 청정한 믿음을 내는 자임을 알아야 한다."

부처가 어떤 분인가. 부처는 "바른 말을 하는 이고(是眞語者), 참된 말을 하는 이며(實語者), 이치에 맞는 말을 하는 이고(如語者), 속임 없이 말하는 이며(不誑語者), 사실대로 말하는 이(不異語者)"가 아니던가. 이렇게 수지독송한 공덕이 크면 그 복도 바로바로 드러나야 한다. 그런데 『금강경』을 수지독송했는데도 나쁜 일이 많이 생긴다면 어떨까. 갑자기 몸이 아프거나 다른 사람과 불화가 생기거나 사고를 당하게 된다면 왜 그럴까. 『금강경』 수지독송의 효험이 없는 걸까. 아니면 『금강경』이 특별히 맞지 않는 사람이 있는 걸까.

독송으로 붓는 마음의 적금통장

나 또한 『금강경』을 독송한 100일 내내 갖가지 병에 시달렸다. 20일쯤 지나서였다. 독송을 많이 한 탓인지 침을 삼킬 수 없을 정도로 목이 부었다. 이비인후과에 가서 감기약을 지어다 먹었는데 이번에는 약이 너무 독했던지 위경련이 일어나서 가슴을 쥐어뜯는 것 같았다. 다시 내과에 가서 약을 지어다 먹었다. 위경련이 진정될 쯤해서 허리에 계란 크기만 한 염증이 생겼다. 절대로 염증이 생길 부위가 아닌데 벌겋게 부어오르면서 짓물렀다. 손도 못 댈 정도로 아프던 염증은 열흘 정도 지나자 저절로 나았다. 염증이 낫자 이번에는 눈에 다래끼가 났다. 일주일 정도 약을 먹자 겨우 가라앉았다. 그러나 결코 『금강경』 독송을 멈추지 않았다. 다음과 같은 부처의 가르침 때문이었다.

"또한 수보리여. 이 경을 수지독송한 선남자 선여인이 남에게 천대와 멸시를 당한다면 이 사람이 전생에 지은 죄업으로는 악도에 떨어져야 마땅하겠지만, 금생에 다른 사람의 천대와 멸시를 받았기 때문에 전생의 죄업이 소멸되고 반드시 가장 높고 바른 깨달음을 얻게 될 것이다."

몸 아픈 것도 마찬가지일 것이다. 그동안 쌓인 업장이 소멸되고 내 몸의 세포가 바뀌면서 일어나는 현상이라고 생각된다. 그러지 않고서야 독송하는 내

내 방 안에서 향 냄새가 나는 이유를 설명할 수가 없다. 그 향 냄새는 내 몸에서도 나고 내가 입은 옷에서도 나고 심지어는 세탁기에 돌려 햇볕에 말린 옷에서도 사라지지 않았다. 향 냄새의 근거를 나는 오늘 읽은 경전 내용에서 찾고자 한다.

"이 경전이 있는 곳은 어디든지 모든 세상의 천신, 인간, 아수라 들에게 공양을 받을 것이다. 이곳은 바로 탑이 되리니 모두가 공경하고 예배하고 돌면서 그곳에 여러 가지 꽃과 향을 뿌릴 것임을 알아야 한다."

이러다 보니 날마다 숙제하듯 독송하는 『금강경』 횟수를 확인할 때마다 마음이 넉넉해진다. 마치 저축금이 다달이 늘어가는 적금통장을 보는 듯하다. 그러나 어찌 이런 공덕이 『금강경』 독송에만 담겨 있겠는가. 『법화경』에도 『화엄경』에도 『지장경』『관음경』『능엄경』『아미타경』에도 모두 다 똑같이 들어 있는 것을. 중요한 것은 진실한 마음을 내어 부처의 말을 듣고 실천하려는 자세가 아닐까. 그 마음을 내는 것이 몸이 건강해지고 불화를 겪던 이웃이 이사 가고 뜻하지 않게 집이 생기고 아들이 시험에 합격하는 가피보다 더 큰 가피일 것이다.

3
고통을 삼켜
흔들리지 않다

집착

움켜쥔
모든 것은
끝내
흘러 내린다

작자 미상 「수선전도」

관자재보살이 깊은 반야바라밀다를 행할 때 오온이 공함을 관조해 깨닫고 모든 고통과 고뇌에서 벗어났다.
— 『반야심경』

"마하반야바라밀다심경 관자재보살 행심반야바라밀다시……."

불교를 모르던 시절이었다. 찻집에 앉아 있는데 스피커에서 장엄한 소리가 흘러나왔다. 사람 목소리에 대금과 소금이 뒤섞인 숭고한 합창이었다. 합창단 목소리가 어찌나 경건하던지 헝클어진 영혼이 맑게 헹궈지는 것 같았다. 주인에게 제목을 물어 바로 CD를 구입했다. 알고 보니 목소리의 주인공은 합창단원이 아니라 송광사 스님들이었고 음악 제목은 「반야심경般若心經」이었다.

작곡가 김영동이 송광사 새벽 예불 현장을 녹음해서 만든 곡이었다. 『반야심경』에 대해 전혀 몰랐으니 예불 소리가 합창 소리로 들렸던 것이다. 그래도 아름다웠다. 뜻을 몰라도 듣는 것만으로도 충분히 의미가 전달되는 소리였다. 나중에서야 깨달았다. 다라니陀羅尼와 진언眞言이 왜 필요한지를. 굳이 뜻을 알지 못해도 그 자체만으로도 힘과 효력이 있음도 알게 됐다. 한동안 '옴마니반메훔'을 염송하다 '광명진언'을 거쳐 '신묘장구대다라니'에 주력하게 된 것은 그날 찻집에서 들은 「반야심경」의 감동이 있었기 때문이다.

『반야심경』은 법회 때마다 항상 독송하는 경전이다. 불자라면 누구든지 친숙하게 느끼는 경전으로 워낙 자주 읽다 보니 거의 대부분 외우고 있을 정도다. 잘 안다고 해서 문제가 없는 것은 아니다. 습관적으로 외우다 보니 그 안에 담긴 뜻을 놓치는 경우가 더 많기 때문이다. 나태주 시인의 「풀꽃」이란 시를 보면 "자세히 보아야 예쁘다"라는 구절이 나온다. 『반야심경』도 마찬가지다. 외울 정도로 익숙한 경전이라 해서 슬렁슬렁 넘기기에는 너무 아까운 가르침이다. 『반야심경』의 진짜 매력을 알기 위해서는 「풀꽃」이란 시에 다음 한 구절을 추가해 새겨 들으면 좋을 것 같다.

"깊이 들여다봐야 깨닫는다."

반야행은 어떻게 닦아야 할까

『반야심경』은 『마하반야바라밀다심경摩訶般若波羅蜜多心經』의 준말이다. 마하摩訶는 '크다'는 뜻이다. 반야般若는 '지혜'를, 바라밀다波羅蜜多는 '저 언덕에 이른다'는 뜻이다. 그러니 『마하반야바라밀다심경』은 '큰 지혜로 저 언덕에 이르게 하는 경전'이라 풀이할 수 있다. 저 언덕은 '해탈과 열반'의 세계가 있는 곳이다. 그 언덕에 가기 위해서는 큰 지혜가 필요하다. 반야의 지혜는 배워서 얻는 지혜가 아니다. 직관에 의해 얻는 지혜다. 우리가 세속에서 배운 분별에 의한 지식을 여읜 상태에서만 드러날 수 있는 지혜다. 그 지혜가 얼마나 커야 해탈과 열반의 세계에 도달할 수 있을까. 육조 혜능대사는 『육조단경』에서 마하에 대해 다음과 같이 풀이해놓았다.

"마하는 크다는 뜻이다. 마음은 한량없이 넓고 커서 허공과 같다. 허공은 능히 일월성신과 대지산하와 모든 초목과 악한 사람과 악한 법과 착한 법과 천당과 지옥을 그 안에 다 포함하고 있으니 세상 사람의 자성이 빈 것도 또한 이와 같으니라."

혜능대사는 "자성이 만법을 포함하는 것이 큰 것이며 만법 모두가 다 자성"이라고 설명한다. 즉, "모든 사람과 사람 아닌 것과 악함과 착함과 악한 법과 착한 법을 보되, 모두 다 버리지도 않고 그에 물들지도 아니하여 마치 허공과 같으므로 크다고 하나니, 이것이 곧 큰 행위"라는 것이다. 그렇다면 반야행은 어떻게 닦아야 할까. 혜능대사는 "미혹한 사람은 입으로 외우고 지혜로운 사람은 마음으로 행한다"라고 가르친다. 마음이 아무리 크고 넓다 해도 실행하지 않으면 작은 것이다.

관자재보살觀自在菩薩은 관세음보살觀世音菩薩이다. 세간(世)의 소리(音)를 관(觀)하는 보살이다. 관세음보살은 천수천안관세음보살千手千眼觀世音菩薩이라는 호칭에서도 알 수 있듯 대자대비大慈大悲를 근본 서원으로 한다. 모든 중생의 고통과 괴로움을 전부 보고 어루만져주기 위해 천 개의 손과 천 개의 눈을 가진 보살이다. 여기서 천 개는 딱 1,000개가 아니다. 많다는 의미다. 행여 관세음보살이 이미 천 명의 다른 사람에게 손을 다 뻗어버려 나한테 내줄 손이 더 없을까 걱정하지 말라는 뜻이다. 관세음보살은 언제 어디서든 중생이 필요로 하는 곳이라면 지체 없이 손을 내미는 분이다.

그런데 『반야심경』에서는 관세음보살이란 이름 대신 특별히 관자재보살이라 표현했다. 왜 그랬을까. 관자재보살은 '지혜로 관조하므로 자재自在한 묘과妙果를 얻는 보살'이기 때문이다. 같은 보살임에도 관자재보살이란 호칭에는 관세음보살의 대자대비보다 지혜가 더 강조되었다. 지혜로 관조한다는 말이 무슨 뜻일까. 오늘 읽은 『반야심경』의 첫 구절은 다음과 같다.

"관자재보살이 깊은 반야바라밀다般若波羅密多를 행할 때 오온이 공함을 관조해 깨닫고 모든 고통과 고뇌에서 벗어났다."

반야바라밀다는 법계의 실상을 통찰하는 근원적인 지혜다. 괴로움과 고통에서 열반의 세계로 건너갈 수 있게 해주는 지혜다. 관자재보살은 우리가 실재한다고 확신하는 오온(色受想行識)이 텅 비었다는 것을 관조하여 깨달았다. 내가 괴로움이라고 부르는 현상, 늙어가는 고통, 행복이라고 부르는 감정, 죽음 앞의 공포가 전부 실제로 존재한 것이 아니라 오온이 인연에 의해 잠깐 동안 화합한 데 불과하다는 것이다. 그러니 가짜를 보고 진짜로 착각하지 말고, 가짜를 보고 울고불고 난리 치지 말라는 것이다. 공부하는 사람은 시험 결과를 두려워할 필요가 없다. 사랑하는 사람은 사랑이 떠나갈까 봐 조마조마할 이유가 없다. 수행자는 깨달음을 얻지 못할까 봐 조바심 낼 필요가 없고, 나이 든 사람은 건강을 잃을까 봐 노심초사할 필요도 없다. 걱정도 공하고 즐거움도 공하고 미래에 대한 두려움도 공하다. 과거심도 얻을 수 없고 현재심도 얻을 수 없으며 미래심도 얻을 수 없다. 그러니 앞뒤로 길게 이어져 있는 걱정을 잘라내고 오직 현재를 충실히 살면 된다. 『금강경』에서 말한 대로 "머무르는 바 없이 마음을 내라(應無所住 而生其心)"라는 의미다. 관자재보살은 모두가 공하다는 반야바라밀다를 깨닫고 나서 고통과 고뇌에서 벗어날 수 있었다.

조선시대에 빚은 서울의 체형

「수선전도首善全圖」는 수도 한양의 전체 모습을 목판으로 인쇄한 지도다. 김정호金正浩, ?~1866가 1824~34년순조 24~34년 사이에 제작한 것으로 추정된다. 「수선전도」를 멀리서 보면 한양이 두 개의 테두리로 둘러싸여 있음을 알 수 있다. 어느 도시든 가장 중요한 것은 물이다. 한양에는 세계 어느 도시에서도 찾아볼 수 없을 정도로 물이 풍부하다. 도성 안에는 내수內水, 청계천가, 도성 밖으로는 외수外水, 한강가 흐르고 있기 때문이다. 지도 맨 아랫부분에 있는 테두리는 한강이고, 그 안쪽에 있는 테두리는 산을 연결하는 서울성곽이다. 서울성곽은 현재 10.5킬로미터만 남아 있지만 원래는 18.127킬로미터로 한양 도성을 전부 감싸 안아 보호하고 있었다.

한양은 삼국시대부터 여러 국가가 서로 차지하기 위해 각축을 벌이던 곳으로, 현재 한양의 모습은 조선시대 때 설계되고 축조되었다. 태조 이성계李成桂, 1335~1408가 무학대사無學大師의 건의를 받아들여, 1394년에 한양을 수도로 정한 뒤 오늘날까지 이어지고 있다. 태조 이성계는 1392년 7월 17일에 조선을 건국하고 1394년에 개경에서 한양으로 수도를 옮겼다. 한양은 내사산백악산·낙산·목멱산·인왕산의 보호를 받는 경복궁을 중심으로 좌묘우사左廟右社, 동쪽에 종묘, 서쪽에 사직단를 배치하는 식으로 설계됐다. 즉 진산鎭山인 백악산白岳山, 북현무이 주궁主宮인 경복궁 뒤에 버티고 서 있는 가운데 좌청룡(낙산), 우백호(인왕산)가 양쪽에서 호위하고 앞쪽에는 남주작(목멱산)이 들어선 형국이다. 서울을 둘러싼 내사산은 모두 성곽으로 연결했는데 그 사이 동서남북에 모두 네 개의 큰 문인 사대문四大門을 세웠다. 사대문은 흥인지문興仁之門, 동대문, 돈의문敦義門, 서대문, 숭례문崇禮門, 남대문, 숙정문肅靖門, 북대문으로 각각의 이름에 유교儒敎의 기본 가르침인 인의예지신仁義禮智信의 한 글자를 포함하고 있다. 글자가 다른 숙정문의 정靖

法

작자 미상, 「수선전도」, 목판본, 160.8×79cm, 19세기, 서울역사박물관 소장

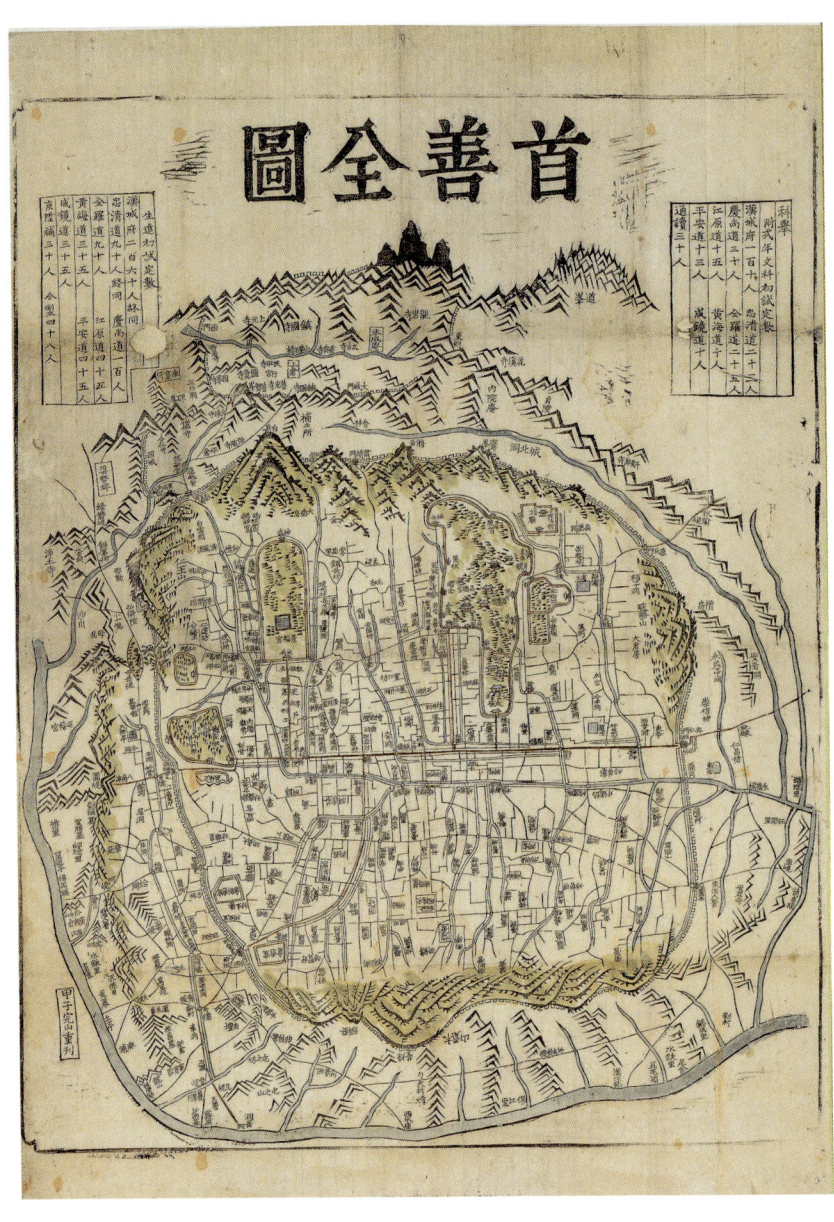

3
고통을 삼켜 흔들리지 않다

자는 지智자와 뜻이 같고, 마지막 글자 신信은 종로에 있는 보신각普信閣에 들어 있다.

　도시가 큰 만큼 사대문만으로는 도성 출입에 불편함이 많았다. 그래서 만든 것이 네 개의 작은 문인 사소문四小門이었다. 즉, 북동쪽에는 혜화문惠化門, 동소문, 남동쪽에는 광희문光熙門, 수구문, 남서쪽에는 소의문昭義門, 서소문, 북서쪽에는 창의문彰義門, 자하문을 세웠다. 서울 외곽에는 또 다시 네 개의 큰 산인 외사산外四山, 삼각산·용마산·관악산·덕양산이 외호하고 있다. 겹겹이 둘러쳐진 산속에 개천과 강이 있는 도시, 한양은 그야말로 사람이 살기에 가장 좋은 천혜의 터가 아닐 수 없다. 무학대사의 안목이 빼어남을 입증하는 증거라고 할 수 있다.

그들은 모두 어디에 있는가

　이성계가 1394년에 한양으로 수도를 천도한 지 620년이 넘었다. 한 사람의 생애가 대략 60년이니까 620년이면 한 사람이 태어났다 죽기를 10번 넘게 반복한 시간이라고 볼 수 있다. 그 긴 세월 동안 한양에서는 무수히 많은 사람들이 살다 갔다. 경복궁의 주산이자 청와대의 뒷산인 백악산은 수많은 사람이 광화문을 어슬렁거리다 사라지는 것을 620년 동안 지켜봤다는 뜻이다. 그들 중에는 세종, 영조, 정조 같은 현군賢君도 있었고, 세조, 연산군, 선조 같은 사연 많은 왕도 있었다. 어찌 그뿐인가. 백성을 지킨 청백리, 나라를 팔아먹은 매국노, 탐욕에 눈먼 관리도 있었다. 학자, 상인, 무사, 의원, 가마꾼, 박물장수 등도 있었다. 그들은 모두 지금 어디에 있는가. 그들은 살아생전 어떤 고민을 끌어안고 있었을까.

　한 사람의 인생도 흔적이 없는데 하물며 우리가 집착하고 있는 현재의 감정은 어디서 그 실체를 찾겠는가. 모든 유위법有爲法은 "꿈과 같고 환상과 같고 물거품과 같으며 그림자 같고 이슬과 같으며 또한 번개와도 같다(如夢幻泡影 如露亦如電)." 모두가 공하고 때가 되면 사라진다. 비누 거품을 소유하기 위해 목숨 거는 사람은 없을 것이다. 영원하다고 생각하니까 집착한다. 우리가 움켜쥐려는 재물과 권력과 명예도 마찬가지다. 비누 거품처럼 공하다. 오온이 공하다는 것을 알 때 현재의 집착에서 벗어날 수 있다. 내 것을 빼앗기지 않으려고 악착같이 옆 사람을 떨쳐내는 발길질을 멈출 수 있다. 이것이 반야바라밀다를 얻을 수 있는 지혜다. 관자재보살처럼 누구든지 저 언덕으로 건너갈 수 있는 깨달음의 배다.

정진바라밀 精進波羅蜜

4
심신을 가다듬고
선엄을 닦다

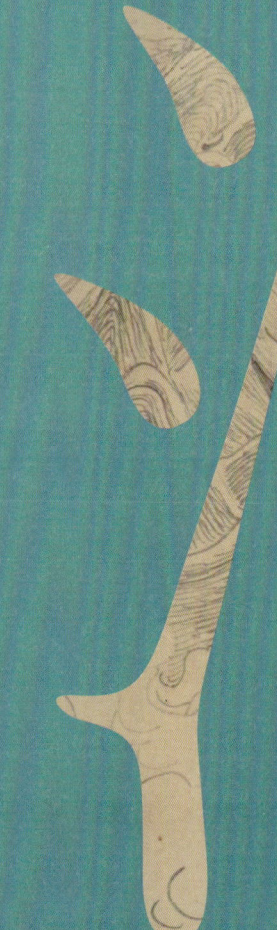

4
심신을 가다듬고
선업을 닦다

자기 실천

속세
떠났다고
사색도 끝이랴

이명기 「송하독서도」

불법은 듣는 것만으로 공부가 되는 것이 아니라, 스스로의 실천이 필요하다.

— 『화엄경』

 봄날은 놀기에 좋은 계절이다. 꽃 피고 새 우니 이보다 더 좋을 수는 없다. 게다가 춥지도 덥지도 않은 훈훈한 날씨는 봄을 찾아 떠나는 상춘객들에게 최적의 조건이다. 봄날이 어찌 놀기에만 좋은 계절이겠는가. 공부하기에는 더 좋은 계절이다. 요즘 곳곳에서 공부하는 사람 '호모 아카데미쿠스'를 많이 본다. 학교, 도서관, 박물관은 물론이고 기업체, 동호회, 평생학습원 할 것 없이 사방에서 공부하는 사람을 만날 수 있다. 연령층도 다양하고 공부하는 자세도 적극적이다. 이른 아침이든 늦은 밤이든 자신이 필요한 지식을 얻을 수 있

는 곳이라면 장소와 시간을 불문하고 찾아가는 것이 대세가 됐다. 공부는 단지 학교 다닐 때만 하는 것이라는 편견이 사라지고 평생학습의 개념으로 자리 잡은 듯하다.

책은 읽어서 뭐할까

공부 중의 가장 큰 공부는 역시 책을 읽는 것이다. 화산관 이명기가 그린 「송하독서도松下讀書圖」는 독서하는 사람의 행복을 노래한 작품이다. 가파른 절벽 아래 지어진 소박한 초옥에서 선비가 낭랑한 목소리로 책을 읽고 있다. 선비 한 사람이 들어가 앉으면 딱 들어맞을 정도로 초옥은 작고 아담하다. 독서하는 사람에게는 책상 놓을 공간만 있으면 충분한 것을, 좁은 방안이 무슨 대수랴. 섬돌 위에서 동자가 쭈그리고 앉아 화로에 주전자를 올려놓고 찻물을 끓이고 있다. 가끔씩 바람이 불어올 때면 지붕 위로 가지를 드리운 소나무가 휘파람을 분다. 글 읽는 소리와 찻물 끓는 소리가 솔바람 소리에 섞여 묘한 화음을 이룬다. 아름다운 화음이다.

그림 위에 "독서하기 여러 해. 심어놓은 소나무들 모두 늙어 용비늘이 생겼네(讀書多年 種松皆作老龍鱗)"라고 적어 놓아 선비의 독서가 하루 이틀 만에 생긴 버릇이 아님을 알 수 있다. 선비는 오래전에 심어 놓은 소나무가 고목이 되어 용비늘이 생길 때까지 책을 읽었으니 독서 생활의 유구함이 자못 길다 하겠다. 소나무가 늙는 줄도 모르고 빠져 있을 만큼 즐거운 독서는 어떤 독서일까.

송대의 시인 나대경羅大經, 1196~1242은 「산에 사네山居」에서 한가한 선비가 읽는 책을 이렇게 나열했다. "마음 가는 대로 『주역周易』『국풍國風』『좌씨전左氏傳』『이소離騷』『사기史記』, 그리고 도연명陶淵明과 두보杜甫의 시, 한유韓愈와 소동파蘇東坡의 문장 몇 편을 읽네(隨意讀周易 國風 左氏傳 離騷 太史公書 及陶杜詩 韓蘇文數篇)"

이명기, 「송하독서도」,
종이에 연한 색, 103.8×49.5cm,
삼성미술관 리움 소장

산골 샘물을 긷고 솔가지를 주어 와 쓴 차를 끓여 마시며 읽는 책이라는데 의외로 묵직한 고전이다. 철학, 역사, 문학이 고루 섞여 있는 것을 보면 문사철文史哲을 중요하게 여겼던 선비들의 삶이 눈에 보이는 듯하다.

우리 조선 선비들의 생각도 송나라 문인과 별반 다르지 않았다.「송하독서도」의 주인공이 읽는 책을 어림짐작해 볼 수 있으리라. 선비가 누리는 즐거움의 원천을 찾아 이 책 저 책 찾아가는 것이 우리의 독서가 될 것이다. 그렇게 고전은 우리 삶 속에 새로운 뿌리를 내린다. 그의 고민과 우리의 고민이 본질에 있어서는 차이가 없을 것이다. 그는 비록 속세를 떠나왔으나 어떻게 살 것인가 하는 문제는 산골 초옥이라 해서 버릴 수 있는 것이 아니다. 이것이 시공간을 초월해서 우리가 인문학을 공부해야 하는 이유다. 이제 자신의 내면에 침잠해 들어갈 수 있으니 오히려 독서에 속도를 내야 할 것이다.

이명기는 도화서圖畵署 화원으로 찰방察訪을 지냈는데 아버지 종수宗秀와 장인 김응환金應煥, 1742~89이 모두 화원이었다. 그는 초상화를 잘 그려 정조의 명으로 1790년에 김홍도와 함께 수원 용주사 후불 탱화 작업에 참여했다. 1791년에는 '정조 어진' 제작의 주관화사主管畵師로 활약했고, 1794년에는 허목許穆의 초상을 이모移模했다. 1796년에는 다시 김홍도와 함께「서직수초상徐直修肖像」을 그리는 등 김홍도와 인연이 깊었다. 김홍도가 워낙 뛰어난 거장인데다 그와 함께 작업할 기회가 많아서인지「송하독서도」의 필법과 나무를 그리는 수지법樹枝法에는 김홍도의 영향이 짙게 남아 있다. 김홍도가 장인 김응환과 비슷한 연배인 만큼 '아버지뻘 되는 선배'에 대한 그의 존경심이 상당했던 것 같다.

비록 이명기는 김홍도와 같은 독창적인 작품세계를 열어보이지는 못했으나「송하독서도」만큼은 선배의 솜씨에 뒤지지 않는다. 그림 속의 선비를 보는 순간 책을 펼치고 싶은 생각이 들게 했으니 말이다. 봄날은 간다. 그러니 더위지기 전에 공부하자. 불현듯 그런 자각이 일어나게 하는 그림이다. 그런데 책은 읽어서 뭐할까. 과연 어떤 쓸모가 있을까.

불법 공부는 듣기보다 실천이다

선재동자는 합장 공경하며 미륵보살에게 물었다.

"성자시여, 보살이 어떻게 보살행을 배우며, 어떻게 보살도를 닦아야 합니까?"

미륵보살은 선재동자의 선지식善知識을 구하는 구도심을 칭찬하고, 뭇 중생에게 '선재를 본받아 도를 구하는 마음을 가지라'라고 설한 뒤, 동자에게 말했다.

"기특하구나, 선남자여. 그대는 중생을 이롭게 하고, 부처님 법을 구하기 위해 최상의 보리심을 내었구나. 그대가 문수보살과 여러 선지식을 친견할 수 있었던 것은 그대에게 보리심이 있었기 때문이다. 그대는 근기가 뛰어나므로 모든 선근을 갖추었고, 선법善法을 유지하기 때문에 청정함을 얻었으며, 여러 부처님께서 보호하고 염려해주며, 여러 선지식들도 그대를 보살필 것이다. 왜냐하면 보리심은 모든 불법을 성장하게 하는 종자와 같으며, 모든 중생의 밝고 깨끗한 법을 잘 성장시키기 때문에 좋은 밭이고, 모든 세간을 지탱해주는 대지이며, 모든 번뇌의 때를 씻어주는 청정한 물이고, 모든 세간에 있는 장애를 제거해주는 태풍과 같기 때문이다. 이 보리심으로 모든 보살들의 행이 완전해지고, 보리심으로 과거, 현재, 미래의 모든 부처님이 세상에 출현하신다. 보리심은 이와 같이 한량없는 공덕을 성취하게 한다."

대승불교의 꽃이라 부르는 『화엄경』에 나오는 내용이다. 『화엄경』은 '대방광불화엄경'이 축약된 단어다. '한없이 크고 바르며 넓고 방대한 부처의 경전'이라는 뜻이다. 『화엄경』은 부처가 깨달은 내용을 밝힌 경전인 만큼 보살이 깨달음을 목표로 수행해가는 단계가 순차적으로 담겨 있다. 선재동자가 53명의 선지식을 찾아가는 과정이 그려지게 된 것도 그 때문이다. 위의 내용은 선재동자가 53번째 선지식인 미륵보살을 만나 보살도를 이루는 방법을 묻자 미륵보살이 보리심에 대해 대답한 부분이다. 보리심이야말로 불법의 종자요, 밭이요, 대지이며, 물이고, 보살행을 완전하게 해주는 비법이다. 선재동자가 멘토를 찾아 떠난 여행의 끝 무렵에서 듣게 된 대답이다.

그런데 책은 읽어서 뭐할까. 어떤 쓸모가 있을까. 우리는 아직 그 대답을 듣지 못했다. 『화엄경』의 앞부분에는 문수보살이 일곱 번째 법수보살에게 궁금한 사항을 묻는 내용이 나온다.

"보살님, 불법을 듣는 것만으로는 번뇌를 끊을 수 없습니다. 불법을 들어도 여전히 탐욕을 일으키고, 성내는 마음을 내며 어리석은 생각을 갖고 있습니다. 왜 듣는 것만으로 탐진치貪瞋癡 삼독三毒이 제거되지 못하는 것일까요?"

법수보살이 대답하였다.

"문수보살님, 다만 듣는 것만으로는 불법을 알 수 없기 때문입니다. 예를 들면, 아무리 맛있는 음식이 많이 있어도 입으로 먹지 않으면 굶어 죽는 것과 같고, 온갖 약을 알고 있는 훌륭한 의사일지라도 자신의 병은 고치지 못하는 것처럼, 진리는 절대 듣는 것만으로 공부되는 것이 아닙니다. 또 가난한 사람이 밤낮으로 남의 돈과 보물을 헤아려도 자신에게 한 푼도 없는 것과 같고, 맹인에게 멋있는 그림을 보여주어도 보지 못하는 것과 같으며, 물속에 떠다니면서도 물을 마시지 못해 목말라 죽는 사람처럼, 불법은 듣는 것만으로 공부가 되는 것이 아니라, 스스로의 실천이 필요합니다."

문수보살과 법수보살의 대화에서도 역시 공부만으로는 깨달음에 도달할 수 없고 실천을 해야 한다고 나온다. 실천만 하면 되는데 공부는 해서 뭐하고 책은 읽어서 뭐할까. 경전 읽는 것을 그만 두고 당장 법당에 달려가서 삼천배를 해야 할까. 갑자기 조급해진다.

공부가 뒷받침된 믿음

불교 공부에는 여러 갈래 길이 있다. 화두참선, 간경看經, 사경寫經을 비롯해 염불과 절 등 다양하다. 그중에서 가장 중요한 것은 역시 믿음이다. "믿음은 도의 시작이고 공덕의 어머니다. 모든 선한 법을 길러내며 일체 의혹을 제거하여 최상의 도를 드러내고, 불도를 열어준다." 역시 『화엄경』에 나오는 내용이다. 신앙생활의 첫걸음은 믿음이다. 부처의 가르침이 위없이 높고 완전하다는 진리를 믿는 것이 우리 신앙의 처음과 끝이다. 그렇기 때문에 공부해야 한다. 그 어떤 공부도 부처의 가르침에 대한 정확한 공부와 이해 없이는 신심이 튼튼하게 뿌리내리지 못하기 때문이다. '불립문자'를 외쳤던 선사들조차도 경전 공부는 기본이었다. 부처의 가르침을 문자로 읽는 것에 머물지 말고 철저히 자기 것으로 만들라는 취지에서 나온 것이 '불립문자'다. 공부가 뒷받침되지 않는 믿음은 의심과 회의를 불러 온다. 이론적인 토대가 마련되지 않는 믿음은 맹목적으로 자신의 소원을 들어달라고 비는 기복으로 빠지게 할 염려가 크다. 맹목은 맹목으로 끝날 수 있다. 잠시 동안 복을 빌다 가피를 받지 못하면 시들해지는 믿음을 여여하게 지켜나갈 수 있게 도와주는 것이 경전 공부다. 평소에 줄줄 외울 정도로 부처의 경전을 충실히 공부하면, 믿음이 잠시 흐릿해졌을 때도 흔들리지 않는다. 강철처럼 튼튼하다. 그래서 책 읽는 것이 먼저고 공부하는 것이 먼저다. 실천하기 위해서는 더더욱 그러하다. 봄날은 부처의 법을 공부하기 좋은 계절이다. 여름은 더워서, 가을은 선선해서, 겨울은 추워서 공부하기 좋은 계절이다. 결국 사계절 내내 공부하기 좋은 계절이다.

평등한 설법

같은 빗물도
각기 다른
자양분으로
삼는다

이인문 「연정수업」

수많은 중생이 부처님 처소에 와서 법을 들으면, 여래는 이때 사람들의 근기를 살펴보고 그의 능력에 따라 진리를 설해준다. 여래가 설하는 법은 일상 일미의 법이다.
—『법화경』

불교 경전은 왜 그렇게 방대할까. 성경처럼 간단하면 얼마나 좋을까. 성경은 구약과 신약 두 권뿐이다. 그런데 불교 경전은 한두 권이 아니다. 팔만대장경八萬大藏經이다. 팔만대장경을 다 읽어야 된다고 생각하면 나도 모르게 저절로 헉 소리가 난다. 어느 세월에 다 읽지? 다 읽지도 않은 상태에서 부처의 제자라고 하자니 왠지 '나이롱 불자'인 것 같은 자격지심이 생긴다. 이래저래 진퇴

양난이다. 그러나 걱정할 필요 없다. 세상의 모든 문제에 대한 해답을 내가 전부 알고 있어야 할 필요가 없듯 경전 읽기도 마찬가지다. 내가 필요한 부분만 찾아서 읽으면 된다. 병고에 시달리는 사람은 생로병사에 대한 법문을, 실연당한 사람은 인연법에 대한 법문을, 애착이 많은 사람은 무상에 대한 법문을 읽으면 된다. 당장 내 앞에 닥친 문제의 해결책을 찾는 것에서 시작해서 점차 공부의 범위를 넓혀 가면 된다. 현재 내가 겪고 있는 문제만큼 다급하고 절실한 해결책이 어디 있겠는가.

팔만대장경이 만들어진 배경

팔만대장경은 팔만사천대장경八萬四千大藏經의 준말이다. 팔만 사천 법문法文을 수록한 경전이다. 인도에서는 흔히 많은 수를 얘기할 때 팔만 사천이라 표현한다. 번뇌가 많은 것은 팔만 사천 진로塵勞·번뇌, 수미산의 높이는 팔만 사천 유순由旬, 비상비비상천의 수명은 팔만 사천 세歲…… 등등. 그 실제 수량이 측량할 수 없을 정도로 크고 많을 때 팔만 사천이라 한다. 팔만 사천의 준말이 팔만이다. 그러니 팔만대장경은 법문이 딱 팔만 개가 들어 있는 경전이 아니라 많은 경전으로 이루어졌다는 뜻이다. 왜 이렇게 많은 경전이 필요했을까. 사람의 번뇌가 그만큼 많기 때문이다. 사람의 번뇌가 팔만 사천 가지나 되다니, 어마어마하다. 내가 지금 한두 가지 번뇌에 시달려도 조금 위안이 된다. 서너 가지 번뇌라도 상관없다. 그래봤자 팔만 사천 가지 번뇌의 1퍼센트에도 못 미치기 때문이다. 겨우 그까짓 것 가지고 내 소중한 인생을 찌푸리며 산다면 진짜 '자존심' 상하는 일이 아닌가. 곧 죽어도 또 '자존심' 상하고는 못 사는 것이 우리 인생이다. 얼굴을 펴고 당당하게 살아가야 할 이유다.

석가모니 부처는 서른다섯 살에 성도成道한 후 여든 살에 열반에 들 때까지

45년 동안 중생을 교화했다. 45년 동안 갖가지 번뇌에 시달리는 중생의 하소연을 듣고 이에 대해 가르침을 들려준 내용이 바로 팔만대장경이다. 얼마나 많은 사연들이 담겨 있겠는가. 팔만대장경에는 우리가 살아가면서 겪는 무수한 사연들이 생생하게 담겨 있다. 그에 대한 해법도 함께 말이다. 가끔씩 법륜 스님의 즉문즉설을 들을 때마다 감탄할 때가 많다. 질문자의 다양한 사연도 사연이려니와 법륜 스님의 명쾌한 답변이 일품이기 때문이다. 법륜 스님의 답변이 그러할진대 하물며 부처의 법문은 어떠했겠는가. 법륜 스님의 즉문즉설은 대기설법이다. 병에 따라 약을 주는 것과 같이, 듣는 이의 근기에 알맞은 교법을 말해주는 설법으로 부처가 행하시던 방법이다. 『법화경』을 보면 부처의 설법이 어떠한지에 대해 다음과 같이 적혀 있다.

부처가 가섭에게 말했다.

"여래는 법의 왕으로서 진리를 설함이 참되고 진실하다. 일체 법을 지혜의 방편으로 말하나니, 여래의 설법은 중생으로 하여금 지혜의 경지에 들어가게 한다. 여래는 모든 법을 잘 알며, 일체중생의 마음속 행하는 바를 잘 알고 통찰하여 걸림이 없다. 부처님께서는 모든 것을 통달하여 중생에게 온갖 지혜를 보여준다."

어디서 많이 들어본 구절이다. 『금강경』에서 부처는 "바른 말을 하는 이고, 참된 말을 하는 이며, 이치에 맞는 말을 하는 이고, 속임 없이 말하는 이며, 사실대로 말하는 이"라고 했다. 같은 말이다. 그런데 부처는 똑같은 번뇌라도 사람마다 각기 다른 처방을 내리셨다. 비구, 비구니가 지켜야 할 계와 우바새, 우바이가 지켜야 할 계도 다르게 정하셨다. 왜 그랬을까.

"삼천대천세계의 산과 들에 자라는 초목과 숲 속의 약초는 종류가 다양하고, 모양과 이름도 각각 다르다. 즉, 초목은 크기가 작거나, 중간이거나, 매우

4
심신을 가다듬고 선업을 닦다

큰 나무가 있다. 또한 뿌리도 작거나, 중간이거나, 매우 큰 뿌리가 있다. 가지도 짧거나 중간이거나 매우 긴 가지가 있으며, 이파리도 매우 작거나, 중간이거나, 매우 큰 이파리가 있다. 이와 같이 나무와 풀은 상중하가 있지만, 비가 내리면 모든 초목이 똑같이 비를 맞아 초목의 종류와 크기, 성질에 따라 줄기가 성장하고, 꽃이 피며 열매를 맺는다. 비가 내려 모든 초목이 똑같이 비를 맞지만, 숲 속의 풀과 초목이 자양분을 받아들이는 데는 각각 차별이 있다. 여래가 세상에 출현함은 큰 구름이 일어난 것과 같고, 큰 음성으로써 하늘의 천신과 인간 세계와 아수라에게 똑같이 법을 설함이 저 큰 구름이 삼천대천세계를 가득 덮는 것과 같다. 수많은 중생이 부처의 처소에 와서 법을 들으면, 여래는 이때 사람들의 근기를 살펴보고 그의 능력에 따라 진리를 설한다. 여래가 설하는 법은 일상一相 일미一味의 법이다."

　부처의 가르침은 하늘에서 내리는 비처럼 한결같다. 음식으로 치면 똑같은 음식이다. 차별 없이 평등하나. 하늘에서 내리는 비가 특정한 사람에게만 뿌리지 않듯 부처의 가르침도 마찬가지다. 그러나 받아들이는 사람의 근기가 다르다. 서로 다른 근기를 가진 사람에 맞춰 가르침을 펼치다 보니 각기 다른 처방을 내리셨다. 이것이 팔만대장경이 만들어지게 된 배경이다. 그러나 그 내용은 똑같다. 비가 수행자의 옷깃을 적시든 고뇌하는 청년의 얼굴을 때리든 마찬가지다. 비는 비다.

마음속의 이상향을 그리다

　신선이 사는 선계仙界일까. 잘 정돈된 연못가에 육모정자가 세워져 있고 그 안에 두 사람이 앉아 있다. 두 사람의 관계는 스승과 제자인 듯 연륜 차이가 확연하다. 유건儒巾을 쓴 어른은 수염을 길렀는데 가부좌를 튼 무릎 위에 두

法

이인문, 「연정수업」(『고송유수첩』 중 제2면),
종이에 연한 색, 38.1×59.1cm, 국립중앙박물관 소장

4
심신을 가다듬고
선업을 닦다

손을 올려놓고 먼 곳을 바라본다. 그는 지금 강의 중이다. 시선은 먼 곳을 향해 있지만 신경은 온통 강의 내용에 집중해 있다. 만약 그가 주변 풍경에 마음을 빼앗겼다면 난간에 편안히 기대 앉아 있으리라. 옛 그림에서 저렇게 꼿꼿한 자세로 앉아 바깥 경치를 구경하는 사람은 거의 찾아보기 힘들다. 그의 옆에 놓인 책은 펼친 흔적을 발견할 수 없다. 굳이 책을 펼쳐보지 않아도 그 내용이 이미 그의 머릿속에 다 저장돼 있기 때문이다. 스승 옆에 비스듬히 앉은 제자는 한껏 긴장해 있다. 스승의 강의를 들으며 책 내용을 확인하느라 주변 경치를 구경할 겨를이 없다. 고개를 숙여 신중하게 책을 들여다본다. 모름지기 배우는 학생의 자세는 저래야 한다. 진정성이 있어야 한다. 정자 뒤쪽 나무 그늘에서는 동자가 바닥에 앉아 화로에 부채질을 한다. 붉게 타오르는 불꽃에서 부글부글 물 끓는 소리가 들리는 듯하다.

「연정수업蓮亭授業」은 고송유수관도인古松流水館道人 이인문이 그린 『고송유수첩古松流水帖』 중 제2면에 있는 작품이다. 모두 23점이 수록된 『고송유수첩』에는 산수, 인물, 수렵, 오리, 관폭 등 다양한 소재가 담겨 있다. 각 장면에는 거대한 자연을 배경으로 그 안에서 여유로운 삶을 영위한 사람들의 이야기가 차분하게 펼쳐져 있다. 마치 그의 대표작 「강산무진도」의 세부 그림을 보는 듯하다. 「연정수업」은 화첩의 양면에 펼쳐져 있어 가운데가 접혀 있다. 접힌 선을 기준으로 양쪽을 비교해보면 좌우 비대칭이다. 오른쪽이 무겁고 왼쪽이 가볍다. 정자 양쪽으로 연못 속에 세워 둔 괴석怪石과 울창한 나무가 그림의 중심이 오른쪽임을 시사해준다. 오른쪽이 무거워도 기우뚱한 느낌은 들지 않는다. 맺힌 곳이 있으면 풀린 곳이 있어야 하고, 막힌 곳이 있으면 뚫린 곳이 있어야 하는 법. 넓은 연못을 그려 넣어 빽빽하게 채워진 오른쪽의 답답함을 걷어냈다. 왼쪽의 가벼움은 가로막힌 담장과 왼쪽 하단의 무성한 나무로 무게

중심을 잡았다. 그래도 행여 왼쪽이 가벼우면 어쩌나. 염려한 작가는 낚시질 하는 동자를 담장 앞에 그려 넣었다. 정자 위에 앉은 스승과 제자를 보고 난 감상자의 눈길은 대각선으로 이어진 담장을 따라 가다 홀로 앉아 낚시질하는 동자에게 가 닿을 것이다. 그리고 오랫동안 그 자리에 머물러 있으리라. 동자의 존재감만으로는 부족하다고 느낀 걸까. 동자 뒤로 사슴 한 마리가 이제 막 문을 통과해 들어오고 있다. 화면 왼쪽 상단은 빈 여백으로 남겼다. 꽉 막힌 화면 세 모퉁이의 답답함을 열어주기 위함이다. 성긴 곳은 성기게 빽빽한 곳은 빽빽하게 그리는 소소밀밀지법簫簫密密之法의 조화로움을 읽을 수 있는 작품이다. 맨 아래쪽 하단에는 나룻배 한 척이 주인을 기다리고 있다. 스승과 제자가 수업을 마치면 한가롭게 주유舟遊하며 본 강의에서 못 다한 토론을 뒤풀이에서 계속할 것이다.

그런데 굳이 나룻배를 하단에 그려 넣은 이유는 따로 있다. 연못물을 막기 위해서다. 만약 이곳에 나룻배가 없었다고 상상해보라. 연못물이 화면 밖으로 흘러내려 감상자의 버선을 젖게 할 것이다. 감상자를 불쾌하게 하는 그림은 좋은 그림이 아니다. 버선을 적셔도 충분한 이유가 있어야 한다. 이 그림은 실제 풍경을 그린 실경산수화가 아니다. 기록화도 아니다. 연꽃이 피는 시기는 여름이다. 그런데 담장이 끝나는 정자 뒤에 모란이 피어 있다. 사슴이 그려진 우측 하단에도 모란이 피었다. 모란은 봄에, 연꽃은 여름에 피는 꽃이다. 계절적으로 맞지 않는다. 같은 계절에 피지 않는 꽃을 굳이 같은 장소에 그려 넣은 데는 나름의 이유가 있을 것이다. 모란은 부귀를 상징하지만 풍류도 상징한다. 연꽃은 청정한 부처의 꽃임과 동시에 군자의 꽃으로도 사랑받는다. 사슴은 장수와 영생을 상징해 십장생十長生에도 포함된다. 정원에 사슴과 학을 기르지 않아도 굳이 그림 속에 그려 넣는 이유는 이런 상징성 때문이다.

그러니 「연정수업」은 실경을 그렸다기보다는 마음속의 이상향을 그렸다고 보는 편이 맞을 것 같다. 내가 이런 장소에서 산다면 얼마나 좋을까, 하는 상상을 반영했을 것이다.

똑같은 그림을 봐도 보는 사람의 상태에 따라 각기 다른 해석이 가능하다. 똑같은 부처의 법문을 들어도 듣는 사람의 근기에 따라 깨달음의 정도가 다르다. 아무리 좋은 법문도 내가 마음을 열어두지 않으면 아무 소용이 없다. 팔만 사천 가지나 되는 법문도 마찬가지다.

거대한 유산

어떤
보물보다
값진 유산

이인문 「대택아회」

장자는 바로 그 거지가 자신의 아들임을 한눈에 알아보았다.　　—『법화경』

"유산이요? 저한테요?"

　변호사 사무실에서 연락이 왔다. 먼 친척 할머니가 돌아가시면서 내 앞으로 남겨둔 유산이 있으니 와서 확인하라는 내용이었다. 세상에…… 살다 보니 별 일이 다 있네. 이게 꿈은 아니겠지. 서둘러 옷을 갈아입고 득달같이 달려갔다. 사실이었다. 얼굴 한 번 본 적 없는 할머니가 물려준 땅은 한강변에 있었다. 부자들만 사는 요지 중의 요지였다. 진짜 내 것 맞아? 서류를 보면서도 믿기지가 않았다. 그동안 전셋집을 전전하며 살아온 시간들이 빠르게 스쳐지나갔다. 행여 전세금을 더 올려 달라고 하면 어쩌나 노심초사했던 기억이 생생했다. 이제 다시는 과거처럼 살지 않아도 된다. 나도 이제 부자다. 대박이다.

큰 집에서 가진 아취 있는 모임

「대택아회大宅雅會」는 고송유수관도인 이인문의 작품이다. 앞서 살펴 본 「연정수업」과 함께 『고송유수첩』에 들어 있다. 대택大宅은 큰 집이다. 아회雅會는 아취 있는 모임이다. 그러니 대택아회는 '큰 집에서의 아취 있는 모임'이란 뜻이겠다. 어떤 모임이 아취 있는 모임일까. 살펴보자.

듬직한 바위를 배경으로 단층 누각이 서 있다. 석축 위에 세워진 누각은 팔작지붕이다. 우람하다. 누각 안에는 지필묵紙筆墨이 놓인 널찍한 탁자를 사이에 두고 여섯 명의 선비가 앉아 있다. 그들 뒤에는 여섯 명의 시중꾼들이 서서 행사 진행을 돕는다.

지필묵은 오늘의 모임이 아회임을 암시한다. 아회는 글을 짓거나 그림을 그리기 위해 만나는 풍아로운 모임을 일컫는다. 소주를 마시거나 삼겹살을 구워 먹기 위한 모임에는 붙일 수 없다. 격조 있는 모임에만 사용 가능한 용어다. 「대택아회」는 아회가 어떠해야 하는지를 교과서적으로 보여주는 작품이다. 오늘 모인 선비들은 하루 종일 시를 짓고 자신들의 시를 번갈아가면서 낭송할 것이다. 가끔씩 흥이 일어나면 거문고를 뜯는 선비도 있으리라. 조선 후기에는 이런 아회가 곳곳에서 자주 열렸다. 고아한 모임에 차가 빠질 수 없는 법. 시흥에 취한 손님들을 위해 앞쪽 별채 마당에서 동자가 열심히 화로에 부채질을 하고 있다. 불땀이 센 화로 위에서 주전자가 달그락거린다. 찻물이 알맞게 식으면 동자는 곁에 놓인 찻잔에 따뜻한 차를 부어 누각으로 향할 것이다.

마당에서 놀고 있는 두 쌍의 사슴과 학은 이곳이 아회가 열리는 운치 있는

法

이인문, 「대택아회」(『고송유수첩』 중 제19면),
종이에 연한 색, 38.1×59.1cm, 국립중앙박물관 소장

4
심신을 가다듬고
선업을 닦다

공간임을 의미한다. 사슴과 학은 십장생에 속한다. 장수와 영생의 상징이다. 사슴의 출현은 좋은 일이 생길 것을 예시한다. 학은 천 년 이상을 사는 신비스러운 새로 인식됐다. 학은 새의 무리에서 멀리 떨어져 홀로 외진 곳에서 생활하기 때문에 은둔하는 현자賢者에 비유됐다. 아회를 다룬 많은 그림에 습관적으로 학을 그려 넣은 이유는 그 모임이 시끌벅적한 시정잡배들의 유흥이 아니라는 점을 강조하기 위함이다.「대택아회」의 모임도 그러하다. 사슴과 학이 있는 마당에서는 세 명의 아이들이 놀고 있다. 이 아이들의 정체는 무엇일까. 아녀자들의 모습을 찾아볼 수 없는 것을 보면 오늘의 아회가 부부동반 모임은 아니다. 그렇다고 아회에 참여한 남정네들이 아이들을 데려올 리 만무하다. 추정컨대 집주인의 아이들일 것이다. 누각 오른쪽으로 아담한 집 한 채가 보인다. 누각이 세워진 장소가 살림하는 안채 곁임을 알 수 있다.

다른 추정도 가능하다. 아이들은 아회라는 그림 주제와 특별한 관련성을 찾아보기 힘들다. 그럼에도 굳이 그림 속에 아이들을 그려 넣은 이유는 상징성 때문이다. 화려한 건물을 배경으로 멋진 정원에서 놀고 있는 아이들은 상서로움의 표현이다. 복록福祿과 장수와 다자多子의 상징이다. 수많은 아이들이 대궐 같은 건물 앞에서 천진난만하게 놀고 있는 모습이 '백자도百子圖'라는 제목으로 그려져 손이 귀한 집 안방을 장식했다. 그러니「대택아회」가 열리는 이 집에 아이들이 있는지 없는지 그 사실 여부와 상관없이 아이들은 그려질 수 있다. 노는 아이들은 차 끓이는 아이와 나이가 비슷하다. 물론 신분에서 차이가 크게 나는 만큼 그들이 받는 대우는 비교할 수가 없을 것이다. 신분 사회에서는 아이라도 전부 귀한 아이가 아니다.

별채에 앉아 차 끓이는 동자를 바라보는 선비는 누구일까. 주인이라기보다는 겸인傔人으로 추정된다. 주인은 언제나 손님과 함께 있는 법. 안주인도 아닌데 바깥주인이 손님 치다꺼리하느라 주방을 왔다 갔다 하며 동분서주할 리 만무하다. 이 밖에도 건물 안팎에는 여러 부류의 사람들이 눈에 띈다. 석축 아래, 솟을대문 앞, 망루 같은 누각 위에 서 있거나 앉아 있는 사람들이다. 모두 아회에 참석한 주인들을 모시고 온 사람들이다. 길옆에는 손수레가 보이고 나룻배도 한 척 정박해 있다. 오늘 모임을 위해 얼마나 많은 사람들의 수고가 곁들여 있는지 확인할 수 있다. 어디 그뿐인가. 양반들의 풍류와 상관없이 논에서 쟁기질하는 농사꾼의 노동은 어떠한가.

 삶의 현장에서 저만큼 물러나 있는 아회 장소에는 솟을대문 앞뒤로 소나무가 세 그루 서 있다. 오랜 세월이 느껴지는 소나무다. 이인문은 이인상과 더불어 조선의 소나무를 가장 잘 그린 화가다. 그의 대표작인 「강산무진도」「송계한담도」「누각아집도」 등에도 잘생긴 소나무가 등장한다. 「대택아회」의 구도는 「연정수업」과 마찬가지로 오른쪽에 무게중심이 쏠려 있고 왼쪽이 가볍다. 오른쪽은 복잡하고 왼쪽은 단순하다. 오른쪽은 꽉 들어차 있어 여유가 부족한 반면 왼쪽은 걸림이 없어 시원하고 넉넉하다. 오른쪽의 들썩거림을 왼쪽의 고요함이 눌러준다. 왼쪽의 밋밋함은 오른쪽의 아기자기한 이야기로 분위기가 살아난다. 상반된 두 세계가 만나 조화로운 세상을 만들었다. 조화로운 세상을 보여주기 위해 이인문은 화가의 재주를 적절히 사용했다. 담장과 석축과 계단은 대각선으로 배치해 깊이감을 느끼게 했다. 위에서 밑으로 내려다본 조감도법은 사람들의 행동을 생생하게 확인할 수 있게 했다. 잘 그린 작품이다. 나도 저런 곳에 초대 받아서 차도 마시고 시도 지을 수 있다면 얼마나 좋을까. 워낙 탐나는 그림이다 보니 슬그머니 그림 속 주인공들이 부러워진다. 나도 이참에 물려받은 땅을 이인문이 그린 그림 속의 대택처럼 꾸며볼까. 생각만 해도 행복하다.

4
심신을 가다듬고 선업을 닦다

<u>모든 중생은 '나의 아들'</u>

수보리, 가전연, 가섭, 목련 등 부처의 제자들은 부처에게서 '성문승聲聞乘과 연각승緣覺乘도 모두 성불할 수 있다'라는 수기를 받았다. 성문승과 연각승은 보살승菩薩乘에 비해 상대적으로 저열한 탈 것(乘), 즉 저열한 교법敎法에 의지해 성도聖道를 향해 가는 수행자를 뜻한다. 즉, 자신만의 깨달음과 열반의 증득證得, 바른 지혜로써 진리를 깨달아 얻음에만 치중하여 보살승이 실천하는 자리自利와 이타利他 행을 상대적으로 가볍게 여기는 수행자들이다. 보살은 '상구보리 하화중생上求菩提 下化衆生'을 실천해야 한다. 위로는 보리를 구하는 동시에, 아래로는 중생을 교화하는 것이 보살의 역할이다. 그런데 성문 연각은 보살심이 부족하다. 그 때문에 대승불교에서는 성문 연각승의 2승二乘을 소승小乘이라고 폄하한다. 나 혼자 깨달음을 성취하면 무슨 소용이 있는가. 나 혼자 부처가 된다 한들 곁에 있는 사람들이 모두 고통에 빠져 있다면 무슨 의미가 있는가. 그래서 대승불교에서는 성문 연각의 상구보리만으로는 아라한의 경지, '아공我空의 이치는 완전히 깨달은 성자'는 될 수 있어도 '아공과 법공을 모두 깨달은 성자'인 부처는 영원히 될 수 없다고 판단한 것이다. 수행자라면 깨달음 못지않게 하화중생하는 육바라밀의 실천이 그만큼 중요하다.

그런데 부처가 성문 연각승도 보살승과 마찬가지로 언젠가는 부처가 될 수 있다는 수기를 내려주셨다. 어이 아니 기쁘겠는가. 제자들은 그 기쁨을 환희로운 마음으로 부처에게 고백했다.

"저희들도 성불할 수 있다는 희유한 법을 듣고 보니, 매우 다행스런 일이며 큰 이익을 얻어 한량없는 보배를 얻은 기분입니다. 저절로 얻은 보배와 같은 것으로써 저희들이 이런 내용을 비유로 말해보겠습니다."

이렇게 해서 오늘의 이야기가 시작됐다. 내용은 이렇다. 한 장자가 자식을 잃어버린 지 50년이 되었다. 장자는 자신이 죽으면 재산을 물려줄 아들이 없어 걱정했다. 그런 어느 날 아들이 거지가 되어 유랑하던 중 장자의 집 앞을 지나갔다. 장자는 바로 그 거지가 자신의 아들임을 한눈에 알아봤다. 장자는 당장 뛰쳐나가 "네가 나의 아들이다"라고 외치고 싶었지만, 아들이 그 소리를 듣고 놀라서 달아날까 염려돼 멀리서 기웃거리며 바라봤다. 장자는 하인을 유랑자의 모습으로 변장시켜 아들을 잘 타일러 집에 데려오도록 했다. 장자는 아들에게 거름 치는 허름한 일을 시키면서 차츰차츰 아들과 친해지게 됐다. 장자는 아들을 양자로 삼고 재산을 주었지만, 아들은 "저는 천생이 거지입니다. 받을 수 없습니다"라고 하며 자신을 천하게만 여겼다. 세월이 흘러 장자가 죽을 때가 되었음을 알고 친척, 국왕, 식구들을 모아놓고 그간의 사정을 말한 뒤, 자신의 모든 재산을 아들에게 물려주었다. 아들은 비로소 장자가 자신의 친아버지이며, 재산이 바로 자신의 것임을 받아들이고 기뻐했다.

『법화경』에 나오는 내용이다. 여기서 장자는 바로 부처이고, 거지 아들은 모든 중생이며, 모든 재산이란 부처가 될 수 있다는 수기를 말한다. 부처는 항상 중생을 '나의 아들'이라고 부른다.

거대한 유산, 부처의 가르침

변호사 사무실에서 전화가 와서 먼 친척 할머니가 유산을 물려주었다는 이야기는 사실이 아니다. 나의 상상이다. 이인문의 「대택아회」를 보고 나서 나도 이런 멋진 저택이 있다면 얼마나 좋을까, 라는 생각을 발전시켜 본 것이다. 과대망상증 환자라고 흉보지 마시라. 동서고금을 막론하고 수많은 소설과 영화에 백마 타고 온 왕자님을 기다리는 이야기가 등장하는 것을 보면 나와 같은 생각을 한 사람이 한두 명이 아닌 것 같다. 성경 내용을 소재로 그린 램브란트의 「돌아온 탕사」도 『법화경』의 내용과 유사하다. 이런 상상을 신데렐라증후군이라고 비난한다. 비난해도 할 수 없다. 사실이니까.

    그런데 『법화경』의 이야기는 우리의 상식을 완전히 뒤바꿔 놓는다. 거지 아들이 물려받은 재산이 한강변 땅이 아니라 '부처가 될 수 있다는 수기'란다. 유산이라고 하면 동산과 부동산만 생각한 우리의 고정관념이 순식간에 무너지는 순간이다. 거지 아들이 곧 우리 중생이라면 우리는 이미 거대한 유산을 물려받은 것이 아닌가. 삶을 변화시키고 인생을 의미 있게 해주는 부처의 가르침이야말로 진짜 유산이라는 생각을 왜 하지 못했을까. 이래서 경전은 끊임없이 읽어야 한다. 보물이 보물인 줄 모르는 사람에게는 고려청자도 개 밥그릇밖에 되지 못하기 때문이다. 혹시 우리도 거지 아들처럼 살고 있는 것은 아닐까.

방편의 의미

화살처럼 흐르는 시간을 잊다

작자 미상 「평생도」

세존이 갖가지 인연과 비유 등 방편으로 법을 설하는 것은 모든 중생이 위없이 높고 바른 깨달음을 얻게 하기 위함이다. ─『법화경』

"중학교 다니던 때가 엊그제 같은데 벌써 제가 대학생이라니 정말 세월 빨라요."

둘째 아들이 지나가는 어린 학생을 보고 무심코 한 말이다. 그 말을 들으니 웃음이 픽 나온다.

"너한테 세월이 빠르면 엄마는 어쩌겠냐? 아주 획획 날아간다."

어릴 때는 절대 알 수 없는 것 중의 하나가 세월의 빠름이다. 그때는 시간이 한여름 엿가락처럼 늘어진 줄 알았다. 너무너무 느리게 흐르는 시간을 끌고 가다 지쳐 어른이 되기도 전에 늙어버릴 것 같았다. 그런데 어느 순간 벌떡 일어서서 걷는가 싶더니 전속력으로 내달렸다. 미처 잡을 새도 없이 빠른 속도였다. 이젠 눈만 깜짝하면 하루 이틀이 금세 사라지고 없다.

세월과 함께 이해되는 단어가 있다. 나이를 먹어 봐야 실감나는 문장이 있고 자신이 겪어 봐야 공감되는 이야기가 있다. 세월과 관련된 가르침이 그렇다. 광음여전光陰如箭은 세월이 쏜 화살과 같다는 뜻이다. 세월을 뜻하는 광음光陰이란 말이 참 재미있다. 빛과 어둠이다. 해가 뜨는 아침이 빛이라면 해가 지는 저녁은 어둠이다. 아침과 저녁이 자리바꿈하면 시간이 바뀌고 세월이 흐른다. 광음여서수光陰如逝水는 세월이 흐르는 물 같다라는 뜻이다. 폭우가 쏟아지고 난 다음 날 계곡에 흐르는 물을 보면 알 수 있다. 흐르는 물에 두 번 발을 담글 수 없다는 사실을. 전광석화電光石火는 번갯불이나 부싯돌의 불이란 뜻이다. 반짝하고 비추었다 사라질 만큼 짧은 시간이니 쏜 화살만큼이나 빠르다는 뜻이다.

세월의 빠름에 대해 탄식한 글로는 송宋대의 철학자 주희朱熹, 1130~1200의 「우성偶成, 우연히 짓다」이 유명하다. 학교 다닐 때 외웠던 구절이라 기억하는 사람들이 많을 것이다.

> 소년은 늙기 쉽고 학문은 이루기 어려우니(少年易老學難成)
> 짧은 시간도 가벼이 여기지 말라(一寸光陰不可輕)
> 연못의 봄풀은 꿈을 깨지도 않았는데(未覺池塘春草夢)
> 섬돌 앞 오동잎 이미 가을을 알리나니(階前梧葉已秋聲)

지금 알고 있는 것을 그때도 알았더라면

「평생도平生圖」는 오복五福을 누린 사대부의 일생을 여러 장면으로 도해한 그림이다. 태어나서 돌잔치를 치르고 혼례하고 벼슬살이 하는 등의 의례를 여러 장면으로 나눠 그리다 보니 보통 병풍으로 제작됐다. 각 장면은 흔히 8폭에서 10폭까지 구성된 병풍 그림이 가장 많다. 내용은 1)돌잔치 2)혼인식 3)삼일유가 4)최초의 벼슬길 5)관찰사 부임 6)판서행차 7)정승행차 8)회혼례 장면이 대표적이다. 10폭일 경우, 8폭 장면을 기본으로 하되 1)돌잔치와 2)혼인식 사이에 소과응시가, 7)정승행차와 8)회혼례 사이에 회방례가 첨가된다. 그러니 10폭은 1)돌잔치 2)소과응시 3)혼인식 4)삼일유가 5)최초의 벼슬길 6)관찰사 부임 7)판서행차 8)정승행차 9)회방례 10)회혼례 장면으로 구성된다. 12폭일 경우에는 10폭을 기본으로 하되 1)돌잔치 다음에 서당 공부가, 8)정승행차 다음에 회방례 대신 귀인행차와 치사致仕가 첨가된다. 부피의 차이는 있지만 사람이라면 누구나 치르게 되는 통과의례와 벼슬살이가 평생도의 근간을 이루고 있음을 알 수 있다.

경기대박물관에 소장된 작자 미상의 「평생도」는 6폭이다. 원래부터 6폭이었는지 아니면 앞에 있던 몇 폭이 떨어져 나가고 남은 그림만 장황粧䌙이 되었는지는 정확히 알 수 없다. 10폭에 들어간 회방례까지 포함되어 있는 것으로 봐서 원래는 8폭이나 10폭이었을 가능성이 크다. 만약 10폭이었다면 1)돌잔치 2)소과응시 3)혼인식 4)삼일유가의 4폭이 멸실되었다고 추측할 수 있다.

「평생도」에 들어간 내용은 거의가 비슷비슷하다. 돌잔치부터 회혼례까지의 그림 전개 순서도 비슷하거니와 내용도 비슷하다. 특정 인물의 기록화가 아니라 이상적인 인물을 설정한 후 그가 누릴 수 있는 통과의례와 관직 생활을 형상화한 것이다. 예를 들어 작자 미상의 「평생도」와 김홍도의 작품으로 전하는

「평생도」 중 '회혼례' 부분을 비교해보자. 회혼례는 결혼 60주년을 기념하는 축하잔치다. 오늘의 주인공인 늙은 부부는 큰 차일이 쳐진 대청마루에서 혼례복 차림을 하고 초례청 앞에 섰다. 얼굴은 비록 주름살로 뒤덮이고 백발이 성성하지만 60년 전과 똑같은 설렘으로 혼례의식을 재현한다. 자손과 친지들도 고운 색동옷을 입고 해로한 늙은 부부를 헌수(獻壽)하고 축원한다. 만약 오늘의 주인공이 높은 벼슬을 한 사람이라면 임금에게서 의복과 잔치 음식 그리고 궤장을 하사받는다. 각지에서 모여든 친지들과 축하객들은 문간방에서 따로 상을 받는다. 젊은 하인은 쟁반에 음식을 담아 사랑방에 앉은 손님을 대접하느라 바쁘다.

두 작품은 가로세로의 크기만 차이가 있을 뿐 내용은 흡사하다. 「평생도」에 담긴 내용이 특정한 인물의 실제 행적을 기록한 기록화가 아니라는 것을 알 수 있다. 당시 사람들이 누리고 싶었던 복록을 몇 가지 사건으로 압축해 그려 넣은 상상화일 뿐이다. 그럼에도 불구하고 이런 형식의 「평생도」가 반복적으로 그려졌던 것은 그림 속 주인공처럼 영화로운 삶을 소망하는 사람들이 많았기 때문이다. 물론 실제 상황은 다르다. 이렇게 평생 행복만 누리며 산 사람이 몇이나 될까. 행복하게 살았다 해도 금세 죽음 앞에 서야 한다. 죽음 앞에서 영화로운 과거는 아무 의미가 없다. 관찰사로 부임하고 판서가 되어 행차를 하고 회혼례까지 치른 지난 시간이 삶을 마무리하는 시점에서는 그 사람을 살릴 수 없기 때문이다. 그러나 젊었을 때는 모른다. 오죽하면 "지금 알고 있는 것을 그때도 알았더라면" 하는 책 제목이 있을까.

옛날에 어느 장자가 있었다. 그는 많은 재산을 소유했으며 여러 하인들을 거느린 부호였다. 그의 집은 매우 크고 넓었으나 대문은 오직 하나뿐이었다. 게다가 오래되어 낡았고 기둥은 썩고 대들보도 기울어져 있었다. 어느 날 이

회혼례　　　　　　　　회방례　　　　　　　　정승행차

작자 미상, 「평생도」, 종이에 연한 색, 각 99×36cm,
조선 후기, 경기대박물관 소장

판서행차 관찰사 부임 최초의 벼슬

法

전 김홍도, 「평생도」 중 '회혼례', 종이에 색, 53.9×35.2cm, 국립중앙박물관 소장

4
심신을 가다듬고 선업을 닦다

고택에 불이 나 순식간에 집 전체에 번져가기 시작했다. 장자는 엉겁결에 대문 밖으로 겨우 피신했으나 아이들은 집 안에서 놀고 있었다. 장자는 아이들에게 '나오라'라고 소리쳤다. 그러나 아이들은 노는 데 정신 팔려 불타는 집에서 빠져 나올 생각을 하지 않았다. 장자는 다시 집 안으로 들어가 아이들에게 외쳤다.

"애들아. 지금 집이 불타고 있다. 위험하니, 빨리 집 밖으로 나가자."

이렇게 타일렀으나 아이들은 밖으로 나가려고 하지 않았다. 할 수 없이 방편을 쓰기로 하고 크게 외쳤다.

"애들아. 대문 밖에 너희가 좋아하는 양이 끄는 수레, 사슴이 끄는 수레, 소가 끄는 수레 들이 있단다. 이것들을 너희에게 줄 테니 이 불타는 집에서 빨리 나오너라."

아이들은 아버지가 말한 진귀한 장난감이 마음에 들었으므로 기뻐하며 서로 밀치면서 앞다투어 불타는 집에서 뛰쳐나왔다. 장자는 여러 아들들에게 각각 평등하게 큰 수레를 나누어 주었다. 『법화경』 「삼계화택」에 나오는 내용이다.

여기서 장자는 부처이고 아이들은 어리석은 중생이다. 저택은 삼계에 비유한 것이다. 중생들은 삼계의 썩고 낡은 불타는 집에서 태어나 늙고 병들고 죽고 근심하고 슬퍼하고 괴로워하고 고민하다 인생을 마친다. 즐거움과 기쁨이 어쩌다 한 번 스쳐 지나갈 때도 있다. 그러나 행복은 짧다. 짧은 행복이 영원하기를 바라는 것이 어리석은 인간이다. 어느 정도로 어리석을까. 안수정등岸樹井藤의 비유에서처럼 어리석다. 한 남자가 코끼리를 피해 우물 속으로 도망을 갔는데 칡넝쿨에 매달려 밑을 내려다보니 네 마리 독사가 혀를 날름거리고 있었고 흰 쥐 검은 쥐는 그 남자가 매달린 칡넝쿨을 갉아먹고 있었다. 그

때 마침 벌집에서 꿀이 몇 방울씩 떨어지고 있었다. 그 남자는 달콤한 꿀맛에 취해 현재 자신이 어떤 상황에 놓여 있는가를 잊어버린다. 이것이 안수정등의 비유다. 사찰의 벽에 가면 흔히 볼 수 있는 그림으로 우리 삶의 실상을 생생하게 확인할 수 있다.

법문은 가르침의 본질로 가는 방편

보면 뭐하나. 돌아서면 금방 잊어버리는데. 잊어버리는 것이 아니라 남의 일이라고 생각하기 때문에 위기의식을 느끼지 못할 것이다. 칡넝쿨을 갉아먹는 쥐, 즉 세월이 곧 우리를 죽음으로 떨어뜨릴 텐데도 나만은 죽지 않고 천년만년 살 것처럼 오해한다. 미련하다. 어디 그뿐인가. 그 짧은 시간에 더 많이 가지려 아귀다툼 하고, 뺏기지 않으려 불같이 화를 낸다. 딱 불타는 집에서 놀고 있는 아이들 같다. 돌잔치를 하는 것이 나쁘다는 게 아니다. 정승행차가 불필요하다는 게 아니다. 거기서 머무르지 마라라는 뜻이다. 이런저런 행복과 즐거움에 시간을 빼앗겨 자기를 잊다 보면 어느새 세월은 화살처럼 흘러 우리를 죽음 앞에 세워둔다. 세월의 속도는 냉정하다 못해 잔인하다.

그것도 모르고 우리는 삶에 휩쓸려 세월의 무상함을 망각한다. 이 어리석은 중생을 어떻게 하나. 어떻게 하면 불타는 집에서 무사히 빠져나오게 할 수 있을까. 그런 고민 속에서 부처는 탐진치 삼독의 불 속에서 놀고 있는 중생을 구제하기 위해 방편으로 수레를 말했다. 한 번 말할 때 순순히 따르지 않기 때문에 방편을 쓴 것이다. 말귀를 금방 알아먹었다면 결코 필요 없는 방편이다. 부처가 팔만 사천 법문을 펼치고도 한마디도 설한 법이 없다고 한 것은 법문이 모두 방편이기 때문이다. 우리는 방편을 통해 가르침의 본질을 파악해야 한다. 위없이 높고 바른 깨달음이 무엇인지를 말이다.

4
심신을 가다듬고
선업을 닦다

출가

깨달음
구하는 것이
곧 출가

김윤겸 「장안사」

정선 「장안사」

꼭 삭발염의를 해야 출가하는 것이 아닙니다. —『유마경』

"개량한복 입고 가방 메고 절에 가는 사람들을 보면 그렇게 부러울 수가 없어요. 얼마나 복이 많으면 저런 복을 누리고 사나 싶기도 하고……."

"저도 그래요. 가능하다면 지금 하는 일 다 때려치우고 절에 다니면서 살았으면 좋겠어요."

환갑이 넘어서도 여전히 왕성하게 활동하고 있는 선배를 만나 주고받은 얘기다. 일도 열심히 하고 신심도 장한 선배는 세속적인 욕심이 많지 않은 사람이다. 그런 사람이 마음속에 품은 아쉬움을 얘기한다. 어쩔 수 없이 일을 해

김윤겸, 「장안사」(『금강산화첩』에서), 종이에 연한 색,
27.7×38.8cm, 1768, 국립중앙박물관 소장

야 하는 상황 때문에 신앙생활을 충분히 할 수 없는 것이 안타깝단다. 그 점은 나도 마찬가지다. 예전에는 일할 때가 가장 행복했다. 일중독에 걸린 사람처럼 일을 해야 즐거웠다. 그런데 지금은 다르다. 경전을 읽고 참선하고 염불할 때가 가장 행복하다. 책을 읽으며 감동받는 것도 좋지만 경전을 읽을 때와 비교해보면 모두 부질없지 싶다. 그저 절에 간다는 사실만 생각해도 기분이 좋다. 병이 들어도 깊이 들었다.

건물보다 절집의 분위기를 전하다

김윤겸金允謙, 1711~75이 그린 「장안사」는 금강산에 있는 절이다. 절에는 듬직한 산을 배경 삼아 여러 채의 전각이 들어서 있다. 절 안의 전각들은 계곡 옆에 긴 다리를 늘어뜨리고 선 누각에서부터 맨 안쪽에 늠름하게 좌정하고 있는 이층 대웅전까지 원래부터 그 자리에서 나고 자란 듯 넉넉하고 스스럼없다. 떨어져 있되 한 몸인 듯 자연스럽다. 산세에 맞춰 건물의 방향을 정하고 높이를 배치했기 때문이리라. 절집의 살림살이가 짐작되는 자연스러움이다. 바라만 봐도 번뇌에 찌든 속인의 마음을 누그러뜨려주는 절이다. 시끄러운 삶터를 벗어나 일주문에 들어설 때의 설렘과 풍경 소리와 솔잎 향기가 절로 연상되는 절이다.

넉넉한 인심을 짐작할 수 있는 절 앞에는 무지개다리가 놓여 있다. 홍예교다. 불국사에 가면 만날 수 있는 청운교, 백운교가 무지개다리다. 선암사의 승선교, 홍국사의 홍교도 한 번 보면 잊을 수 없는 무지개다리다. 백양사, 통도사, 월정사에도 무지개다리가 있다. 얼마 전까지 우리 아들이 근무했던 22사단 옆 건봉사에도 무지개다리가 떠 있다. 무지개다리는 차안此岸에서 피안彼岸으로 건너가는 아름다운 다리다. 무지개다리 밑으로 계곡물이 콸콸 흐른다. 세속에서의 상처받은 마음은 계곡물에 헹구고 피안의 세계로 들어오라는 가르침이다. 많은 청춘들을 죽음으로 몰고 간 억울하고 안타까운 마음도 잠시 내려놓고 절집에서 쉬었다 가라는 위로의 다리다. 우리가 생을 마칠 때도 이런 무지개다리를 건널까. 그 다리를 건너면 더 이상 마음 아프지 않는 평안의 세계로 들어갈 수 있을까.

이런 편안함은 단지 전각의 배치에서만 비롯된 것이 아니다. 전각이 들어앉은 풍경을 그린 김윤겸의 솜씨에 기인한 바가 크다. 김윤겸은 건물과 건물 사이가 너무 복잡하다 싶으면 적당히 생략하는 묘를 잊지 않았다. 대신 그 자리에 나무를 그렸다. 여백을 목적으로 그린 만큼 이름표를 떼고 존재감을 드러내지 않았다. 그저 '나무'라는 보통명사로만 그렸다. 보통명사라도 명사는 명사다. 한눈에 봐도 나무의 신분이 전나무라는 것을 알 수 있다. 하늘을 향해 곧은 나이테를 쌓아가는 지조 있는 가문의 후손이다. 그러나 아무리 좋은 가문의 나무라 해도 필요할 때면 보통명사 속에 묻혀야 한다. 아니, 무명씨가 되어야 한다. 절은 그런 곳이다. 아니, 그림은 그런 것이다. 무명씨는 이름이 없어도 실재하지만 아예 나무 자체를 지워버리고 구름과 안개를 덮어버린 곳도 있다. 지붕 위로 하얗게 여백을 남겨둔 곳이 그러하다. 그 덕분에 뒷산 무릎을 휘감은 구름은 장안사 건물 지붕 위를 휘감더니 마당 속으로 고즈넉하게 스며든다. 김윤겸이 절을 그리면서 건물이 아닌 절집의 분위기를 전해주기 위해 얼마나 신경을 썼는지 알 수 있다.

똑같은 장소를 그린 정선의 「장안사」를 보면 더욱 그 차이를 느낄 수 있다. 정선은 선이 굵은 작가다. 강약이 분명하다. 그러나 「장안사」가 들어 있는 『풍악도첩楓嶽圖帖』을 그리던 서른일곱 살의 정선은 자로 잰 듯 정확했다. 꼼꼼하다 못해 칼날 같았다. 정선이 그린 「장안사」는 건물의 규모는 물론 건물 칸

정선, 「장안사」, 종이에 먹, 52.7×100.5cm,
간송미술관 소장

수와 석축과 지붕 종류까지 구분할 수 있다. 그는 비홍교飛虹橋 건너편에 얼음 기둥처럼 서 있는 흰색 봉우리까지 사실 그대로 그리지 않고서는 견딜 수 없는 사내였다. 물론 그도 나이 들어서는 버릴 것은 버릴 줄 아는 사람으로 바뀌었다. 쉰여덟 살의 김윤겸이 「장안사」를 그릴 때처럼 말이다.

흔히 김윤겸은 정선의 영향을 받은 겸재화파謙齋畵派로 '일괄' 분류된다. 정선처럼 금강산을 비롯한 조선 산하를 진정성 있게 그렸으니 일견 타당한 분류로 생각할 수도 있다. 또한 김윤겸의 집안과 정선의 관계를 생각해도 추측 가능한 얘기다. 호가 진재眞宰, 산초山樵, 묵초默樵인 김윤겸은 문벌 좋은 안동 김씨의 후손이다. 그는 당시 세도가였던 김창업金昌業, 1658~1721의 서자로 태어났다. 김창업은 정선이 화가로서 명성을 이어갈 수 있도록 물심양면으로 도움을 준 후원자였다. 이쯤 되면 김윤겸이 정선을 따라 진경산수를 그리게 된 필요충분조건이 성립된다 하겠다.

그러나 김윤겸이 정선의 영향을 받아 진경산수를 그렸음에도 불구하고 그의 그림은 정선의 그림과 다르다. 김윤겸은 「장안사」에서 오른쪽에 병풍처럼 둘러선 산을 그릴 때 산의 형태만 선으로 표현했다. 나머지 산 표면은 푸르스름한 색을 풀어 연하게 적셨다. 뒷산에 칠한 색은 앞산과 나무와 지붕을 지나 계곡에 놓인 둥글둥글한 바위에도 물들어 있다. 앞산 일부에는 연한 황토색을 풀어 땅의 질감을 느끼게 했다. 그림 전체에서 맑고 산뜻한 느낌이 우러나는 것은 바탕을 적신 연한 색 덕분이다. 마치 수채화 같다.

정선의 「장안사」는 그 반대다. 각각의 요소들은 독립적이다. 소나무는 소나무대로 전나무는 전나무대로 그 자리가 아니면 서 있을 자리가 없을 정도로 적재적소에 사물을 배치했다. 같은 바위를 표현해도 대상을 끄집어내는 특징은 다르다. 김윤겸이 형태만 그리고 푸르스름한 색으로 적신 바위 표면을 정선은 수직준垂直皴으로 죽죽 내리그었다. 거친 바위의 질감을 살리기 위한 기법이다. 김윤겸이 살을 취했다면 정선은 뼈를 취했다. 그래서 정선의 그림은 빈틈이 없어 보인다. 딱 부러진 느낌이다. 지나치게 정확해서 보는 사람이 질려버릴 수 있는 그림이 정선의 「장안사」다. 정선도 감상자의 심정을 짐작한 것 같다. 계곡물을 사이에 두고 오른쪽이 날카로운 바위라면 왼쪽은 부드러운 숲이다. 바위에는 거친 수직준을 썼다면 숲에는 부드러운 미점*點을 썼다. 오른쪽이 양이라면 왼쪽은 음이다. 양이 굳세고 강하다면 음은 연하고 너그럽다. 서로 다른 성질의 대비된 세계가 한 화면에 들어 있다는 점에서 정선의 「장안사」는 「금강전도」의 축소판이다. 두 그림 모두 빈틈을 허락하지 않는 단단한 그림이다. 치밀한 계산 속에서 탄생된 과학적인 그림이다.

반면 김윤겸의 「장안사」는 전체적으로 부드럽다. 조금 부족한 사람이 가도 그 넓은 마음을 열어 무조건적인 연민으로 품어줄 것 같다. 만약 내가 진로를 선택할 수 있다면 정선이 아니라 김윤겸의 그림 속으로 걸어 들어가고 싶다. 김윤겸이 그린 「장안사」는 『봉래도권蓬萊圖卷』에 들어 있는 작품이다. 『봉래도권』은 장안사, 명경대, 원화동천, 정양사, 내원통, 보덕암, 마하연, 묘길상 등 금강산의 명소를 여덟 장면으로 그린 화첩이다. 원래는 12폭이었을 것으로 추정되나 현재는 4폭이 결실되었다.

유마거사의 가르침

장자의 아들이 유마거사維摩居士에게 물었다.

"부처님 말씀에 '부모가 허락하지 않으면 출가할 수 없다'라고 하는데, 어떤 것이 참다운 출가입니까?"

유마거사가 답했다.

"꼭 삭발염의를 해야 출가하는 것이 아닙니다. 만일 위없는 바른 깨달음을 발원한다면 그것이 곧 출가하는 것이고, 그것이 바로 구족계具足戒, 비구, 비구니가 지켜야 할 계율를 받는 것입니다."

'부모가 허락하지 않으면 출가할 수 없다'라는 표현에서 '부모' 대신 '현재 상황'을 넣으면 딱 내 처지다. 지금 내 상황이 출가할 상황이 아니다. 그런데 출가는 하고 싶다. 출가까지는 아니더라도 절에 자주 가서 살다시피 하고 싶다. 문제는 현재 처지가 내 뜻대로 움직여 주지 않는다는 것이다. 그럴 때 유마거사의 가르침은 어두운 밤길을 걸을 때 환한 가로등을 만난 것처럼 반갑다. 굳이 출가하지 않아도 위없는 바른 깨달음을 구한다면 그것이 곧 출가하는 것이란다. 어디에 있든 부처의 가르침대로 사는 것이 중요하다는 뜻이 아니겠는가. 부처의 말이었다면 조금 덜 감동받았을지도 모른다. 부처니까, 부처는 워낙 훌륭한 분이시니까 그렇게 말할 수도 있다고 생각했을 것이다. 그러나 유마거사가 누구인가. 출가하지 않은 재가신자다. 그럼에도 불구하고 그 어떤 출가 수행자보다 부처의 가르침을 깨닫고 실천하는 데 탁월했다. 오죽했으면 기라성 같은 부처의 제자들이 그가 병이 났을 때 문병 가기를 꺼려했을까. 감히 대적할 수 없을 만큼 큰 수행자였기 때문이다. 그중 한 예만 살펴보겠다.

부처가 제자들에게 유마거사 병문안을 보내야겠다고 생각하고 사리불에게 병문안을 다녀오라고 하자, 사리불이 부처에게 말했다.

"부처님, 저는 그 사람에게 문병 갈 수 없습니다. 제가 오래전 숲 속 나무 밑에 앉아 조용히 좌선을 하고 있을 때 유마거사가 제게 이런 말을 했습니다. '사리불존자님, 무조건 앉아 있는 것만이 좌선이 아닙니다. 좌선이란 삼계에 있으면서도 몸과 마음의 작용을 나타내지 않을 때를 말하며, 번뇌가 완전히 사라진 멸진정滅盡定에서 일어나지 않으면서도 온갖 위의를 나타내는 것이 좌선이고, 부처님의 도법을 버리지 않고 범부의 일을 나타내는 것이 좌선입니다.'"

나도 출가자

김윤겸이 그린 장안사에 가서 수행을 하면 참 좋을 것이다. 장안사처럼 상서로운 터전에 가서 『금강경』을 읽으면 눈으로만 보던 구절이 가슴까지 전달되고 없던 신심도 절로 우러날 것 같다. 그러나 유마거사의 얘기를 들어 보니 지금 이대로도 나쁘지 않다. 삭발염의를 하지 않아도 숲 속 나무 밑에 앉아 있지 않아도 결코 나쁘지 않다. 부처의 법문을 배울 수 있는 곳이라면 어디든 그곳이 법당이고 출가이기 때문이다. 나도 출가자다.

불이법문

네가
아프면
내가 아프다

정선 「사직노송도」

중생이 아프니 나도 아픕니다.　　　　　　　　　　　　　—『유마경』

　검지손가락 첫째 마디에 뾰두라지가 났다. 처음에는 모기에 물린 줄 알고 대수롭지 않게 여겼다. 그게 아니었을까. 시간이 지날수록 벌겋게 부풀어 오르더니 급기야는 손가락을 구부릴 수 없을 정도로 통증이 심해졌다. 타자를 칠 수도 없었다. 도대체 이게 뭔데 이렇게 아프지. 들여다보니 그다지 크지도 않았다. 완두콩만 했다. 겨우 완두콩만 한 뾰두라지 때문에 이 큰 몸의 신경이 온통 그 아픔에 집중돼 일을 제대로 할 수가 없었다. 하긴 암세포는 눈에 보이지도 않을 만큼 작은데 목숨을 빼앗지만 말이다. 새삼 손가락과 발가락이 따로 분리되어 있는 것이 아니라 한 몸으로 연결되어 있다는 사실이 실감났다.

왜 정선은 소나무의 사실성을 택했을까

정선의 「사직노송도社稷老松圖」는 사직단社稷壇에 있는 소나무를 그린 작품이다. 왼쪽 상단에 단정한 필체로 '社稷松사직송 元伯원백'이라고 쓰고 '謙齋겸재'라는 도장을 찍어놓아 그 사실을 알 수 있다. 원백元伯은 정선의 자字이고, 겸재는 그의 호다. 그림은 매우 단순하다. 전체 화면에 소나무 한 그루를 그렸을 뿐 배경은 생략했다. 소나무는 하늘로 쭉쭉 뻗어 올라간 우람한 위용 따위는 찾아볼 수 없다. 휘어지고 뒤틀어진 몸통으로 겨우겨우 바닥을 짚고 일어선 듯 노쇠하다. 그마저도 힘겨워 지지대에 의지해야 고개를 들 수 있는 늙은 소나무다. 열두 개 받침대의 부축을 받는 노송이 태풍이라도 몰아치면 가지가 찢어지고 부러질 것은 자명한 이치다. 보은 속리산 법주사 앞에 있던 정이품 소나무처럼 말이다. 그런데 이런 나무가 사직단에 있는 소나무란다.

한국에는 소나무가 참 많다. 소나무를 그린 그림도 많다. 김홍도, 이인문, 이인상, 이재관, 이명기 등이 모두 멋진 소나무 그림을 남겼다. 이들 작가들이 그린 소나무는 모두 한결같이 기품 있고 우람하다. 용이 하늘로 승천하듯 고고한 자태를 뽐낸다. 그런데 정선은 조선 소나무의 멋진 외모를 포기하고 굳이 오랜 연륜이 느껴지는 사직단 소나무의 사실성을 선택했다. 왜 그랬을까.

사직단은 토지의 신神, 사社와 오곡의 신, 직稷의 두 신위神位에 제사를 지내는 곳이다. 토지와 오곡은 국가와 민생의 근본이다. 국가와 민생이 안정되고 난 후에야 왕실이 있고 권력도 있는 법이다. 사직단은 국가 체제가 확립된 삼국시대 때 설치된 후 나라나 조정 또는 왕조를 상징하는 예배 공간으로 중요시되었다. 정선이 소나무를 통해 드러내고자 했던 뜻은 조선 왕조의 유구함이었다. 어떤 비바람이 몰아치더라도 결코 죽지 않는 뿌리 깊은 나무의 강인함이다. 나무가 자라는 동안, 뜨거운 햇볕도 내리쬐고 심한 바람도 불고 때론

정선, 「사직노송도」, 종이에 연한 색, 61.8×112.2cm, 고려대학교박물관 소장

눈보라가 휘몰아칠 때도 있다. 그 변화무쌍한 외압을 소나무는 온전히 맨몸으로 견뎌야 한다. 자신이 발 딛고 선 자리가 싫다 하여 버리고 떠날 수도 없다. 사직도 마찬가지다. 사직은 결코 순탄하지만은 않다. 이 나라가 싫다 하여 이민을 가 버리면 끝이 날까. 그럼 나는 대한민국과 무관한 사람이 되는 걸까. 내가 함께 사는 사람이 싫다 하여 버리고 떠나면 모든 문제가 해결될까. 버릴 수도 없고 버려서도 안 되는 것이 사직이다. 곧 우리의 삶이다. 어떻게 살아야 할까. 넘어진 그 자리에서 다시 일어나 시작해야 한다. 어떻게 시작할까. 「사직노송도」의 소나무처럼 시작하면 된다.

「사직노송도」의 소나무는 세 갈래로 뻗어 있다. 세 갈래 중 오른쪽 두 갈래는 살아 있고 왼쪽 갈래는 이미 말라 죽었다. 과연 그럴까. 왼쪽으로 뻗은 줄기를 자세히 들여다보면 부러진 듯한 마디에서 새싹이 돋았다. 죽지 않았다. 겉은 상처를 입었어도 속은 살아 있다. 그렇게 사직은, 우리의 삶은 이어져야 한다. 그런 의미를 생각하며 다시 소나무를 들여다보면 늙은 나무에서 느껴지는 세월의 무게가 결코 만만치 않다. 숙연해진다. 한 사람의 인생도, 한 나라의 역사도 마찬가지다. 남의 인생에 대해 잘 알지도 못하면서 함부로 이래라 저래라 할 수 없는 이치가 이와 같다.

정선이 그린 소나무는 반송盤松이다. 반송은 원산지가 한국으로 소나무과에 속한 상록교목이다. 키는 10미터까지 자라는데 줄기 밑동에서 굵은 가지가 10~30개 정도 갈라져 나와 만지송萬枝松이라고도 한다. 진경산수화가 정선이 사직단에 있는 소나무를 실제로 보고 그렸음을 짐작할 수 있다. 규모는 다르지만 지금도 사직단은 종로구 사직동에 위치해 있다. 정선이 그린「사직노송도」는 찾아볼 수 없지만 말이다. 그 때문일까. 최근 들어 국가와 민생의 근본인 사직이 흔들리는 것을 수시로 보게 된다. 다시 사직단에 반송을 심으면 사직이 굳건해질까.

일체중생이 아프니 나도 아프다

유마거사가 병이 들었다. 부처가 문수보살에게 병문안을 다녀오라고 하자, 문수보살은 여러 보살들과 비구들, 하늘의 신, 사람들과 함께 유마거사가 사는 베살리성으로 들어갔다. 문수보살이 유마거사에게 물었다.

"병환이 어떠십니까? 병이 조금 차도가 있습니까?"

유마거사가 말했다.

"일체중생이 아프니 나도 아픕니다. 만약 일체중생의 병이 없어지면, 내 병도 없어질 것입니다. 왜냐하면 보살은 중생을 위해 생사에 들어가는 것이요, 생사가 있으므로 병이 있는 것이니, 만약 중생이 병을 여의면 보살의 병도 사라질 것입니다. 비유하면 어떤 장자가 외아들을 두었는데 그 아들이 아프면 부모도 아프고, 아들의 병이 나으면 부모의 병도 낫는 것과 같습니다. 보살도 그와 같아서 중생 사랑하기를 아들같이 하므로 중생이 아프면 보살도 아프고, 중생의 병이 나으면 보살도 병이 낫습니다. '병이 왜 생겼느냐?'고 제게 물었는데, 보살의 병은 대비심大悲心 때문입니다."

2014년에는 가슴 아픈 사건들이 연속적으로 발생했다. 세월호 사건이 대표적이다. 어떤 사람이 얘기했듯 우리 역사는 세월호 이전과 세월호 이후로 나뉠 것이라고 할 수 있을 정도로 세월호 사건은 우리 모두에게 큰 충격을 주었다. 어디 그뿐인가. 제대를 몇 달 앞두고 총기를 난사한 임병장 사건을 비롯해 상관의 폭행과 구타로 목숨을 잃은 윤일병 사건, 구타에 시달리다 전역 당일 자살한 이상병 사건 등 예기치 못한 사건들이 쉴 새 없이 발생했다. 사람으로 태어나 어떻게 저런 행동을 할 수 있을까 의구심이 들 정도로 기막힌 사건들이었다. 이런 사람들 속에 섞여 살아가야 하는 내가 혐오스러울 정도다. 자신의 목숨은 소중한 줄 알면서 다른 사람의 목숨 따위는 안중에도 없는 사람들의 무책임한 행동에 대해서는 분명히 그 책임을 묻고 따져야 할 것이다. 그래야 다시는 이런 불행한 사건이 발생하지 않을 것이다.

그러나 시선을 조금만 다른 방향으로 돌려보면 사건의 책임이 꼭 그 가해자들에게만 있다고 볼 수 없다는 것을 알 수 있다. 세월호 선장의 모습은 또 다른 나의 모습이다. 나 또한 그 사람처럼 오로지 나만 생각하고 살아오지 않았던가. 행여 내가 다칠까 봐 전전긍긍한 채 다른 사람을 쓰러뜨리고 짓밟으며 앞으로 달려오지 않았던가. 내가 당한 만큼 되갚아주겠다는 피해의식에 사로잡혀 나보다 약한 사람에게 강하고 강한 사람에게 굽실거리지 않았던가. 그러면서 내가 한 행동은 당연하다고 생각했다. 그럴 만한 충분한 이유가 있다고 애써 변명했다. 누구라도 그 상황이 되면 나처럼 행동했을 거라고 위안을 삼았다. 아니, 오히려 더했을 거라고 믿었다. 다른 사람은 죽어도 좋지만 나는 꼭 살아야 하는 특별한 이유가 있는 것처럼 살았다. 그렇게 살아온 나야말로 가장 혐오스러운 존재가 아닌가. 세월호 선장이고 윤일병의 가해자가 아닌가.

사건의 본질을 희석시키자는 게 아니다. 가해자를 옹호하거나 변명하자는 것도 아니다. 세월호 참사로 유명을 달리한 학생들과 윤일병이 아픈 손가락이라면 세월호 선장과 이병장도 같은 손가락이다. 다만 그들은 조금 더 나아갔을 뿐이고 나는 덜 갔을 뿐이다. 그래서 나는 내가 무섭다. 내 안에도 세월호 선장과 윤일병 가해자와 같은 악한 본성이 들어 있기 때문이다. 나만 먼저 살고자 하는 이기심과 탐욕과 어리석음이 그들과 똑같은 밀도로 농축되어 있다. 세월호 사건과 군부대 구타 사건은 특정인의 잘못 때문에 발생한 것으로 한정지어서는 안 된다. 우리 모두의 책임이다. 아니 정확히 나의 책임이다. 그렇게 말하면서도 나는 어떤 책임의식을 느끼고 살고 있는가. 어떤 행동으로 사죄를 하고 있는가. 여전히 말뿐이지 않은가.

우리는 모두 한 몸이다

내 안에는 여러 가지 본성이 담겨 있다. 착한 본성 못지않게 악한 본성도 내재되어 있다. 비록 이 가슴속에 부처와 똑같은 진여불성眞如佛性이 들어 있다 해도 아직은 다겁생래多劫生來 지은 업장 때문에 내가 본래 부처라는 사실을 믿기 힘들 정도다. 우리가 마음공부를 해야 하는 이유가 바로 여기에 있다. 요즘 들어 새삼 옛 현인賢人들이 왜 그렇게 간절하게 마음공부 하기를 당부하셨는지 절절히 이해된다. 마음은 고삐 풀린 망아지 같으니 한 시도 마음 다스리는 공부를 게을리해서는 안 된다는 것을 가르치고자 함이었다. 예전에는 남의 언어로만 들리던 여리박빙如履薄氷이란 단어가 마치 머릿속에 조각해 넣은 듯 실감난다. 살얼음판을 걷듯 조심하라는 뜻이다. 조고각하照顧脚下도 정신을 번쩍 들게 하는 단어다. 발밑을 잘 살피라는 뜻이다. 남을 탓하기에 앞서 나 자신부터 반성하고 변해야 한다. 멀리 갈 필요도 없다. 공자는 『시경』 300편의 내용을 한마디로 요약한다면 '생각에 사특함이 없는 것(思無邪)'이라 했다. 우리가 지식을 쌓고 교양을 갖추는 것은 사람의 도리를 실천하기 위한 목적에서가 아니겠는가. 사람의 도리는 내가 먼저 실천해야 한다.

정선의 「사직노송도」는 한 뿌리에서 나왔다. 우리 모두는 노송처럼 한 몸으로 연결되어 있다. 아니 연결이 아니라 한 몸이다. 그것이 사직단의 의미가 희석된 시대에 다시 소나무를 심는 행위이고, 다른 사람이 아프니 나도 아프다는 유마거사의 병을 이해하는 것이다. 우리 모두는 한 몸에 붙어 있는 서로 다른 열 개의 손가락이다. 아니 한 뿌리에서 자란 서로 다른 가지다.

4
심신을 가다듬고
선업을 닦다

과보

만족하면
모두가
부처

이인문 「수의독서」

여래의 복전은 하나인데 어찌하여 중생이 받는 과보는 각기 다릅니까?

—『화엄경』

　자전거를 끌고 냇가에 나갔다. 풀 내음이 확 풍긴다. 둘러보니 도로가의 풀을 말끔히 깎아 놓았다. 오늘 작업을 했는지 풀 내음이 진동한다. 추석이 가까워졌으니 벌초할 때가 됐다. 이즈음이 되면 풀은 더 이상 자라지 않고 성장을 멈춘다. 위로만 뻗어 오르던 영양분은 뿌리에 저장된다. 멀대처럼 키만 크고 쓸모없어진 풀은 깎아내도 된다는 뜻이다. 뱀 나올 것처럼 무성한 풀을 베어내고 나니 어지럽던 도로변이 시원하다. 면도한 사람처럼 깔끔하다. 주변이 정리되니 여유가 생긴다. 냇가에서 여름을 보낸 나무들을 찬찬히 바라보며 앞으로 나아간다. 상처받은 마음이 조금 위안을 받는다.

<u>대형마트에서 부딪힌 남자의 눈빛</u>

냇가에 나오기 전 대형마트에 갔다. 야채 코너를 둘러보고 있는데 복숭아를 세일한다는 방송이 나왔다. 감과 복숭아는 내가 가장 좋아하는 과일이다. 복숭아 코너로 갔다. 나처럼 복숭아를 좋아하는 사람들이 많은지 순식간에 사람들이 몰려들었다. 사람들 틈을 비집고 들어가 살펴보니 복숭아가 알이 조금 작다. 다음 기회에 사야지.

"악!"

돌아서서 나오려다 옆 사람과 부딪쳤다. 예순 가까이 된 남자였다. 검은색 반팔 티셔츠와 반바지 트레이닝 복을 입은 그 남자는 키가 커서 별 상관이 없었는데 키가 작은 나는 안경이 벗겨졌다. 눈 주위가 얼얼했다. 그런데 그 남자가 한다는 말이 가관이었다.

"미안합니다. 근데 내 잘못이 아닙니다. 나는 가만있었는데 그쪽에서 잘못한 겁니다. 그러게 뭐하려고 가만히 있는 사람한테 갖다 들이박습니까, 박기를!"

상식적인 사람이라면 시시비비부터 가리지 않았을 것이다. 우선 상대방의 아픔에 동참하는 것이 먼저다. 그런데 이 남자는 아니었다. 우선 잘잘못부터 따졌다. 그렇지 않아도 얼굴을 다쳐 아파 죽겠는데 책임소재만 따지는 그 사람에게 화가 났다.

"아저씨. 지금 사람이 다쳤는데 어떻게 말을 그렇게 하세요? 사과부터 하는 게 순서 아닌가요?"

내가 언성을 높였다. 그 남자는 기다렸다는 듯이 삿대질을 하며 큰 소리를

4
심신을 가다듬고
선업을 닦다

쳤다.

"사과했잖아요. 그쪽에서 분명히 잘못했는데, 내가 먼저 미안하다고 사과했잖아요. 그러면 됐지. 잘못은 그쪽에서 해 놓고 왜 나한테 난리야. CCTV 돌려봐?"

이제는 아예 반말이다. 그때 처음 봤다. 그 남자의 눈빛을. 사람으로 산다는 것이 그렇게까지 분노스러운 것일까. 섬뜩한 눈빛이었다. 피 흘리는 짐승처럼 으르렁거리는 그의 눈빛에는 평생을 살아오면서 한 번도 털어내지 못한 듯한 불평과 절망과 피해의식이 밀도 높게 중첩돼 있었다. 누구라도 걸리기만 하면 물어뜯을 것 같은 난폭함이었다. 짐작컨대 그는 나보다 더 아픈 사람이었다. 상처가 많은 사람이었다. 나는 조금 당황스러웠다. 그렇다고 무턱대고 그를 위로할 수도 없는 상황이었다. 나는 애매한 말로 그 자리를 빠져나왔다.

"됐습니다. 그만합시다."

같은 물도 그릇에 따라 모양이 달라져

문수보살이 다섯 번째 목수보살에게 물었다.

"보살님, 여래의 복전福田은 하나인데 어찌하여 중생이 받는 과보는 각기 다릅니까? 아름다운 모습을 갖춘 이가 있는가 하면 추한 자가 있고, 귀한 자가 있는가 하면 천한 자도 있으며, 부자가 있는가 하면 가난한 자가 있습니다. 여래는 평등하여 애증이 없을 터인데, 왜 중생은 이렇게 분별이 있습니까?"

그때 목수보살이 대답했다.

"예를 들면, 대지는 하나입니다. 사랑하고 미워함이 없습니다. 그런데 대지가 식물을 싹트게 하는 것처럼 복전도 또한 그와 마찬가지입니다. 같은 물이지만 담기는 그릇에 따라 그 모양이 달라지는 것처럼, 부처님의 복전도 중생

法

이인문, 「수의독서」(「산정일장도」에서), 비단에 연한 색, 110.7×42.2cm, 국립중앙박물관 소장

의 업에 따라 다릅니다."

　내가 왜 그렇게 살았던가. 무슨 영화를 보겠다고 그렇게 부대끼며 살았던가. 눈 뜨기가 바쁘게 허겁지겁 달려 나가 한밤중이 되어서야 겨우 집에 돌아와 몸을 뉘었다. 뭔가를 이뤄보겠다고 몸부림치며 안간힘을 쓰는 동안 육신은 피로하고 영혼은 균형을 잃었다. 경박한 세월이었다. 그런데 이제 좀 편안히 쉴 수 있게 됐다. 모든 번거로운 삶에서 벗어난 것이다. 이제 내가 원하는 삶을 살 수 있을 것이다. 어떤 삶인가. 아침이면 느긋하게 일어나 섬돌 위에 푸른 이끼가 차오르는 모습을 들여다보고 새소리가 오르내릴 때면 낮잠도 잘 것이다. 잠에서 깨어 심심하면 샘물을 길어다 쓴 차를 달여 마시고, 책을 읽다 피곤하면 숲길을 걸으며 사색할 것이다. 흐르는 시내에 앉아 발을 씻다 집에 돌아와 밥을 먹고 흥이 일면 글을 끄적거리며 깊어질 것이다. 다시 시냇가에 나가 촌 늙은이와 농사 얘기를 주고받다가 석양이 산에 걸릴 때쯤 사립문 아래 서면 어느새 달이 앞 시내에 뚜렷이 떠오를 것이다. 얼마나 멋진 은퇴 후의 삶인가.

자족적인 삶을 위한 친절한 안내서

　「수의독서隨意讀書」는 고송유수관도인 이인문이 그린 「산정일장도山靜日長圖」에 들어 있는 작품이다. 「산정일장山靜日長」은 중국 남송南宋때의 학자인 나대경이 지은 『학림옥로鶴林玉露』 중 「산거山居」 편을 묘사한 작품이다. '산정일장'은 "산은 태고처럼 고요하고, 해는 소년처럼 길다(山靜似太古 日長如少年)"라는 시구의 첫 부분을 취한 제목이다. 나대경은 벼슬을 그만두고 산속에 은거했다. 「산거」는 은퇴한 선비가 은거지에서 차 마시고 독서하고 시를 짓고 예술작품을 감상하며 여름을 보낸 내용을 적은 글이다. 나대경의 글에는 욕심을 내려놓고 편안한 마음으로 자연에 순응하며 사는 노년의 꿈이 반영돼 있다. 직장인이라면 누구나 꿈꾸는 이상적인 미래다. 많은 사람들이 꿈꾸는 삶인 만큼 여러 작가가 산정일장도를 남겼다. 장득만張得萬, 1684~1764, 김희겸金喜謙, 18세기, 심사정沈師正, 1707~69, 오순吳珣, 18세기, 정선, 이재관, 허련許鍊, 1809~92 등이 그들이다.

그중에서도 이인문은 산정일장도를 가장 즐겨 그린 작가에 해당된다. 이인문의 작품으로는 국립중앙박물관에 소장된 4폭을 비롯해 간송미술관과 개인 소장품으로 각각 8폭이 전한다. 그중 오늘 소개한「수의독서」는 국립중앙박물관에 소장된 작품이다. 모두 8폭이었을 것으로 추측되나 현재는 2, 4, 7, 8폭만이 전한다.「수의독서」는 그중 2폭으로 나대경의 글 중 다음 구절을 형상화한 것이다.

> 마음 가는대로『주역』『국풍』『좌씨전』『이소』『사기』, 그리고 도연명과
> 두보의 시, 한유와 소동파의 문장 몇 편을 읽네.

나대경이 읽는 책은 동양의 고전이다. 고전은 내 삶의 걸음걸이가 위태로울 때 바로 잡아주는 선로線路다. 선배들이 그어 놓은 선을 따라가다 보면 비틀거리던 걸음걸이도 반듯해질 수 있다. 그 선로가『주역』같은 철학책이고,『국풍』같은 시집이다.『좌씨전』과『사기』같은 역사책이고,『이소』같은 문학작품이다. 또한 도연명과 두보의 시, 한유와 소동파의 문장이다.

우리의 삶이 흔들리는 것은 바빠서가 아니다. 왜 살아야 하는지 모르기 때문이다. 무엇을 위해 살아야 하는지 삶의 목적을 모르고, 어떻게 살아야 하는지 삶의 자세를 모르기 때문이다. 자신의 존재 이유를 모르니 남의 삶과 비교한다. 삶의 가치를 모르니 여차하면 타인과 부딪친다. 걸핏하면 시비를

건다. 그런 의미에서 「산정일장도」는 나를 귀하게 여기는 사람의 모범답안이자 자족적인 삶을 위한 친절한 안내서다. 자족적인 사람은 인생을 함부로 살지 않는다. 자신을 귀하게 여기는 사람만이 남도 귀하게 대할 수 있다.

「산정일장도」의 화제는 당대 이름을 떨친 서예가 유한지兪漢芝. 1760~1834가 썼다. 그런데 유한지가 화제를 쓰면서 2폭과 4폭의 발문을 바꾸어 썼다. 그래서 독서하는 즐거움을 그린 「수의독서」에는 다음과 같은 「맥반흔포麥飯欣飽」가 적혀 있다.

> 대나무 그늘진 창 아래로 돌아오면(旣歸竹窓下)
> 촌스러운 아내와 자식들이(則山妻稚子)
> 죽순과 고사리 반찬에 보리밥 지어내니(作筍蕨供麥飯)
> 기쁜 마음으로 배불리 먹는다네(欣然一飽)

소박한 밥상이다. 기쁜 마음으로 받고 싶은 밥상은 상다리가 부러지게 잘 차린 밥상이 아니다. 나물 몇 가지라도 사랑하는 사람들과 함께하는 밥상이다. 소중한 사람과 함께 있다는 사실에 감사하면 소박한 밥상에 불만이 없다. 부실한 반찬에 불만이 쌓이면 소중한 사람과 함께 있는 행복을 간과한다. 본질을 잊어버린다. 「산정일장도」의 주인공이 은거하면서도 행복한 이유다. 그는 자신이 누린 행복에 대해 감사할 줄 아는 사람이다.

자족적인 삶에서 남을 배려하는 삶으로

아마 피해의식 때문이었을 것이다. 그 남자가 나에게 필요 이상으로 적대적인 감정을 담아 사납게 대했던 것은. 아무 때나 전투적인 자세로 살아가야 한다는 것은 얼마나 힘든 일인가. 그의 피곤한 삶이 눈에 선하다. 그러나 언제까지 그렇게 살 것인가. 때론 날카롭게 하늘로만 향하던 분노의 줄기들을 과감하게 잘라낼 때도 있어야 한다. 가을이 되면 벌초를 하듯이 말이다. 다른 사람은 다 행복하게 사는데 나만 이런 고통을 당한다고 생각하는 대신 누구에게나 삶은 힘들다는 것을 알아야 한다. 생로병사는 특정한 사람만의 원죄가 아니다. 특정 종교를 믿지 않아 벌 받는 죄도 아니다. 사람으로 태어난 이상 누구나 겪어야 하는 필연이다. 정도의 차이는 있다. 물을 담는 그릇이 다르듯 중생의 업이 다르기 때문이다. 이것이 석가모니 부처가 왕좌를 버리고 출가한 이유다.

어제 나와 부딪혀 화를 낸 위태로운 눈빛의 그 남자도 편안한 노년을 보내기 바란다. 그가 살아오면서 받았을 상처가 부디 그의 인생 후반기를 풍요롭게 만들어주는 거름이 되기를 기원한다. 자신의 삶에 만족하며 자족하기를 바란다. 가능하다면 자족적인 삶에서 한걸음 더 나아가면 좋겠다. 나의 존재로 인해 다른 사람이 행복해질 수 있도록, 남을 배려하는 삶을 향해서 살아있는 것만으로도 행복을 주는 냇가의 나무와 풀들처럼 말이다. 자전거를 타고 그저 나무 곁을 휙 지나가는 것만으로도 큰 위로를 주는 나무처럼 말이다.

4
심신을 가다듬고
선업을 닦다

일체유심조

> 모자람에서
> 여유를,
> 불편함에서
> 너그러움을

조영석 「바느질」

모든 것은 오로지 마음이 지어내는 것이다. —『화엄경』

　내겐 부모님이 안 계신다. 어머니는 12년 전에, 아버지는 3년 전에 세상을 떠나셨다. 두 분 다 나를 낳아주고 길러준 고마운 분들이다. 그런데 참 이상하다. 어머니는 12년 동안 한결같이 보고 싶어 목이 메는데 아버지는 그다지 보고 싶다는 생각이 들지 않는다. 나는 불효막심한 딸인가. 사람의 도리를 잊어버린 패륜아인가.

法

조영석, 「바느질」(『사제첩』에서), 종이에 연한 색,
24.4×23.5cm, 간송미술관 소장

후회해도 소용없다

세 아낙네가 앉아 바느질을 하고 있다. 한 사람은 가위질을, 두 사람은 바늘로 천을 꿰매고 있다. 배경은 전부 생략됐다. 오직 인물에만 초점을 맞췄다. 아낙들은 옹색하게 앉아 있다. 자세는 조금 어색하다. 앉은 자세가 잘못돼서가 아니다. 그린 사람의 필치가 능숙하지 못해서다. 어색하다 못해 필력이 부족해 보인다. 김홍도의 자연스러운 풍속화에 눈이 길들여진 감상자라면 「바느질」의 인물 묘사가 더욱 눈에 거슬릴 것이다. 특히 가운데 앉은 아낙네가 부자연스럽다. 그런데 이상하게 「바느질」은 들여다볼수록 정감이 간다. 더 없이 익숙하다. 유명한 배우들이 등장해 대본대로 능숙하게 연기한 드라마를 보다가 연기가 무엇인지도 모르는 평범한 이웃들이 출연해 삶의 실제 모습을 생짜로 보여주는 「인간극장」을 보는 것 같다. 훌륭한 기교는 졸렬해 보인다는 대교약졸大巧若拙의 세계다. 서툰 필치를 변호하려는 게 아니다. 직업 화가의 장인정신을 폄하하는 것도 아니다. 세상에는 완벽한 시공을 자랑하는 직업 화가의 작품이 있는 반면 취미 삼아 붓을 든 문인화가의 작품도 있다는 뜻이다.

「바느질」은 관아재觀我齋 조영석趙榮祏, 1686~1761이 그린 『사제첩麝臍帖』에 담겨 있다. 『사제첩』은 그가 자신의 삶 주변에서 본 풍경을 유탄柳炭으로 스케치하듯 그린 화첩이다. 모두 15점이 담긴 화첩에는 새참, 우유 짜기, 선반 작업, 작두질, 마구간 등 서민들의 일상생활이 솔직한 필치로 묘사되어 있다. 김홍도의 풍속화에 큰 영향을 준 소재들이다.

사제麝臍는 사향노루의 배꼽이라는 뜻이다. 왜 그가 화첩 제목으로 사향노루의 배꼽을 선택했는지는 확실하지 않다. 다만 표지에 '사제'라는 제목을 쓴 후 그 곁에 "남에게 보이지 마라. 범하는 자는 내 자손이 아니다勿示人犯者非吾子孫"라고 첨가한 것을 보고 추측할 수는 있다. 사향노루는 노루의 몸에서 사향麝香이 나기 때문에 붙은 이름이다. 사향은 사향노루 수컷의 사향주머니에서 만들어진 향즙香汁이다. 멀리서 맡으면 향긋한 향이 있어 고급 향수의 원료로 쓰인다. 페로몬 향의 원조 격이다. 혈액순환, 의식장애, 뇌졸중 등에 뛰어난 효능이 있어 고급 약재로도 쓰인다. 사향노루가 사냥꾼의 표적이 된 것은 바로 이 사향 때문이다. 다 자란 사향노루 한 마리에서 나온 사향의 무게는 약 25그램 정도밖에 되지 않는다. 무수히 많은 사향노루를 죽여야 필요한 만큼의 사향을 얻을 수 있다는 얘기다. 사향노루가 천연기념물이 된 원인도 사향 때문이다. 이것은 마치 『장자莊子』에서 쓸모 있음으로 해서 쓸모없어진 것의 비유를 보는 것 같다. 즉, 산의 나무는 쓸모가 있어서 스스로 자기를 베게 만들고, 등불은 스스로 제 몸을 태우고, 계수나무는 계피를 먹을 수 있어서 베이고, 옻나무는 쓸모 있어서 쪼개진다. 자신이 쓸모없다고 해서 시무룩할 일이 아니다. 사향노루의 사향도 마찬가지다. 그래서 사향노루는 사냥꾼에게 잡히면 자신이 죽게 된 원인이 배꼽에서 나온 사향 때문이라 생각하고 배꼽을 물어뜯는다고 한다. 그러나 이미 잡힌 몸이라면 배꼽을 물어뜯어봤자 소용없다. 따라서 조영석이 쓴 '사제'에는 '후회해도 소용없다'라는 뜻이 담겨 있다. 사향노루는 그렇다 치고 조영석에게는 어떤 일이 있어 사제의 이야기를 차용한 것일까.

그 사연은 『사제첩』에 발문을 쓴 사천槎川 이병연李秉淵, 1671~1751의 글을 통해 추정할 수 있다. 이병연은 조영석뿐 아니라 정선과도 친분이 두터운 시인이었다. 그림을 잘 그린 조영석은 쉰 살에 세조 어진을 옮겨 그리게 될 감조관監造官으로 천거되었다. 그러나 자신이 직접 붓을 들어 어진 제작에 참여해야 하는 것으로 오해하고, 영조의 부름에 응하지 않아 옥살이를 했다.

당시 그림 그리는 일은 천기賤技라서 사대부가 그림에 능한 '선화자善畵者'로 이름이 알려진 것을 부끄럽게 생각했다. 그림은 그저 마음을 수양할 때 취미삼아 그리는 여기餘技일 뿐이었다. 조영석 또한 자신이 성리학을 공부한 선비로서 유학자가 아닌 천한 기술을 지닌 공인工人으로 알려질 것을 두려워했다. 이것이 그가 왕의 부름을 거역한 이유였다.

그림 때문에 옥살이를 겪은 조영석은 절필을 감행한다. 더 이상 조영석의 그림을 볼 수 없게 된 후손들은 안타까웠다. 후손들은 조영석이 예전에 그린 작품을 모아 화첩으로 만들었다. 이것이 『사제첩』이다. 조영석은 과거에 자신이 그린 그림을 보고 후회가 밀려왔지만 엎질러진 물이었다. 이미 과거에 그린 그림이 아닌가. 더구나 후손들이 화첩으로 만들어 소장하고 싶어 한 그림이다. 자기가 그린 그림이라고 함부로 폐기처분 할 수 없는 상황이었다. 사향노루가 사향 때문에 사냥꾼에게 붙잡혀 자신의 배꼽을 물어뜯어봤자 소용없는 것처럼. 그래서 후손들이 묶어 온 화첩을 받아들고 표지에 제목을 적었다. '후회해도 소용없다'라는 뜻의 '사제'와 함께 당부의 말까지 적어 놓았다.

여기 그림은 재주를 자랑하기 위해 그린 것이 아니라 심심풀이 삼아 스케치하듯 그렸으니 그저 집안 식구들끼리만 펼쳐 보거라. 남의 눈을 의식하고 그린 그림이 아니니 명심해야 하느니라. '남에게 보이지 마라. 범하는 자는 내 자손이 아니다'라는 의미는 만약 집안 어른인 자신의 말을 듣지 않고 집 밖의 사람들에게 보이면 '호적에서 파버리겠다'는 엄포나 다름없다. 그의 후손들은 비교적 선조의 가르침을 잘 지켰다. 『사제첩』은 최근까지 '남에게 보이지 않다'가 1980년대에 처음으로 세상에 알려졌다. 시대가 바뀌었으니 조영석의 노여움도 그다지 크지는 않으리라.

세상사 마음먹기에 달렸다

마음은 화가와 같아서 모든 세간을 그려낸다.
오온이 마음을 따라 생겨나는 것이니
이 세상 모든 것은 이렇게 만들어지지 않는 것이 없다.
마음과 같이 부처도 또한 그러하고
부처와 같이 중생도 또한 그러하다.
마음과 부처, 중생 이 셋은 차별이 없다.

과거, 현재, 미래 삼세의 부처를 알고자 한다면
마땅히 법계의 성품을 관하라.
모든 것은 오로지 마음이 지어내는 것이다.

『화엄경』을 대표하는 게송이다. 특히 마지막에 적힌 "모든 것은 오로지 마음이 지어내는 것이다"라는 문장은 '일체유심조─切唯心造'라는 한문으로 더 많이 알려졌다. 이 문장을 멋들어지게 표현하면 '세상사 마음먹기에 달렸다'가 될 것이다.

어머니와 아버지는 어려운 시대를 살았다. 세 끼 밥을 해결하는 것이 최고의 선결 과제였던 시대였다. 언제 쌀이 떨어질지도 모른다는 위기감이 그림자처럼 따라다녔다. 참 힘든 시대였다. 그런데 똑같은 조건, 똑같은 상황에서 어머니, 아버지가 인생을 선택한 방법은 정반대였다. 어머니는 항상 밝고 쾌활했다. 아버지는 항상 어둡고 심각했다. 어머니는 부드러웠고 아버지는 딱딱했다. 어머니는 포용력이 있었고 아버지는 강경했다. 어머니는 담대했고 아버지는 소심했다. 이런 반응은 결코 상황에 의해 만들어진 것이 아니었다. 상황을 대하는 마음의 자세가 문제였다. 같은 밥상에서 같은 반찬을 먹고 같은 공간을 공유하는 부부인데 전혀 다른 반응을 보이는 것이 신기할 정도였다.

두 분을 지켜보면서 나는 인생을 대하는 소중한 태도를 배웠다. 부유해서 행복한 것이 아니었다. 넘쳐서 여유로운 것이 아니고 편안해서 너그러운 것이 아니었다. 어차피 살아내야 할 인생이라면 웃으면서 즐겁게 가는 것이 좋지 않겠는가. 어머니는 그 깊은 진리를 알고 계셨다. 어머니는 불교를 몰랐다. 『금강경』도 몰랐고, 『화엄경』도, 『법화경』도 몰랐다. 그러나 어머니는 불교의 진수를 가장 잘 알고 실천했다. 낮에 밭일을 하고 돌아와 밤에 바느질을 하는 고단한 삶 속에서도 어머니는 '왜 나만 이런 고생을 해야 하는가'에 대한 불평이 없었다. 아무리 일을 해도 펴질 기미가 보이지 않는 살림살이를 꾸려가면서도 주저앉은 적이 없었다. 그저 주어진 일을 할 뿐이었다.

그럴 때 어머니의 모습은 중생을 위해 온몸으로 보살행을 실천하는 관세음보살이었다. 참을 수 없는 것을 참아내면서 참아낸다는 생각조차 없는 인욕보살이었다. 보살행은 이렇게 실천하는 거라고 묵묵히 모범을 보여준 선지식이었다. 선재동자가 53선지식을 찾아다니며 인생의 해답을 구할 동안, 나는 어머니라는 스승에게서 그 해답을 찾았다. 내가 어머니를 잊지 못하는 이유는 어머니의 삶에서 무주상보시無住相布施의 전형을 보았기 때문이다. 어머니는 내게 말이 아닌 실천으로 불교 교리를 가르쳤다. 내가 살아오면서 웬만한 시련 따위에는 끄떡도 하지 않는 비법은 어머니라는 선지식을 통해 보고 배운 도력 때문이다. 이것이 어머니에게 전수받은 의발衣鉢의 힘이다. 아버지보다 어머니를 더 그리워하는 이유다.

나의 어머니는 바느질을 잘 하셨다. 옷이 떨어지거나 헤지면 그 즉시 꿰매

주고 고쳐줘서 나는 언제나 단정한 옷을 입었다. 덕분에 낡은 옷은 입었을지 언정 구멍이 나거나 찢어진 옷은 입지 않았다. 어머니의 바느질 솜씨 덕분이었다. 조영석이 그린 「바느질」은 완성도 높은 작품이 아니다. 그럼에도 불구하고 고향의 품, 그리움 같은 것을 느끼게 하는 것은 그 안에 어머니의 희생이 담겨 있기 때문이다. 어머니로서, 주부로서 짊어져야 할 삶의 무게가 그림의 배경으로 담겨 있다. 가만 살펴보면 그림 속 아낙네들의 얼굴에는 그늘이 없다! 우리 어머니도 그랬다. 세상사 마음먹기에 달렸다는 법문을 들려주기 때문이다.

지옥을 지옥으로 생각하지 않는 이치

아름다운 명절 추석이 다가왔다. 명절이 되면 누구나 다 힘들다. 주부는 주부대로 남편은 남편대로 색깔의 차이만 있을 뿐 힘들기는 마찬가지다. 기왕이면 우리 모두가 행복한 명절이 되었으면 좋겠다. 우리 어머니라고 해서 어찌 명절이 행복하고 즐겁기만 했겠는가. 어머니라고 어찌 명절증후군이 없었겠는가. 그러나 어머니에게는 명절증후군이 없었다. 명절증후군을 명절증후군으로 생각하지 않으셨으므로 명절증후군이 없었다. 마치 지장보살이 지옥에 가도 지옥을 지옥으로 생각하지 않은 것과 같은 이치였다. 이것이 세상사 마음먹기에 달렸다는 내용이다. 이 마음은 부처와 중생의 차별이 없다. 나도 내 자식들에게 우리 어머니처럼 기억되었으면 좋겠다.

선정바라밀 禪定波羅蜜

5
마음을 모아
진리를 품다

5
마음을 모아 진리를 품다

관점

진실을
보기 위해
노력하라

작자 미상 「곽분양행락도」

코끼리는 하나이거늘, 저 여섯 맹인은 제각기 자기가 보고 느낀 것만을 가지고 '코끼리는 바로 이것이다'라고 주장하고 있다. ─ 『열반경』

언니와 함께 어린 시절 추억을 얘기하다 뜻밖의 사실을 알고 놀랐다. 나는 무척 즐겁고 행복한 기억이 언니에게는 지긋지긋한 기억으로 남아 있었던 것이다. 반대의 경우도 있었다. 나는 아프고 힘든 기억이 언니에게는 신나고 인상적인 추억으로 남아 있다. 나는 어제 일처럼 생생한 기억을 언니는 생전 처음 듣듯 떠올리지 못한 경우도 있었다. 똑같은 시간과 공간을 공유했음에도 불구하고 이렇게 전혀 다른 기억을 가질 수 있다는 사실이 놀랍고 신기했다.

그런데 이런 경험은 우리 생활 곳곳에서 발견할 수 있다. 가령 세 사람이 함께 남녀가 이별한 영화를 봤다고 치자. 한 사람은 남자 주인공이 비열하다고 비난한다. 또 한 사람은 남자 주인공이 여자 주인공을 위해 어쩔 수 없는 선택을 했노라고 그를 옹호한다. 세 번째 사람은 여자 주인공이 더 나쁘다고 주장한다. 조건 좋은 남자를 만나자 남자 주인공의 여린 마음을 이용해 교묘히 떠나게 했다는 것이다. 세 사람 중 누구의 판단이 가장 정확할까. 세 사람 다 정확하다고도 할 수 있고, 세 사람 다 틀리다고도 할 수 있다. 어쩌면 세 사람의 생각을 다 섞어 놓은 것이 진실에 가까울 수도 있다. 문제는 세 사람이 오직 자기의 생각만이 옳다고 우기는 데 있다. 세 사람 모두 전체의 한 측면만을 봤을 뿐인데 자신이 본 측면이 전체라고 판단한다. 그런 예는 우리의 일상생활에서뿐만 아니라 학자가 자신의 학설을 주장할 때도, 정치인이 정견을 발표할 때도 쉽게 발견할 수 있다.

코끼리를 만진 맹인처럼

옛날 인도의 어떤 왕이 신하들과 진리에 대해 말하던 중, 대신을 시켜 코끼리 한 마리를 몰고 오도록 했다. 그런 뒤 왕은 여섯 명의 맹인을 불러 손으로 코끼리를 만져 보고, 각각 소견을 말해보라고 했다. 제일 먼저 코끼리의 이빨을 만진 맹인이 말했다.

"폐하. 코끼리는 무같이 생긴 동물입니다."

그러자 이번에는 코끼리의 귀를 만졌던 맹인이 말했다.

"아닙니다, 폐하. 저 사람이 말한 것은 틀렸습니다. 코끼리는 곡식을 까불 때 사용하는 키같이 생겼습니다."

옆에서 코끼리의 다리를 만진 맹인이 나서며 큰소리로 말했다.

"둘 다 틀렸습니다. 제가 보기에 코끼리는 마치 커다란 절구공같이 생긴 동물입니다."

또 코끼리 등을 만진 맹인이 말했다.

"코끼리는 평상같이 생겼습니다. 저 사람들이 모두 틀렸습니다."

배를 만진 이는 코끼리가 '장독같이 생겼다'라고 주장하고, 꼬리를 만진 이는 '굵은 밧줄같이 생겼다'라고 우기면서 서로 자신이 옳다며 다투었다. 왕은 그들을 모두 물러가게 하고 신하들에게 말했다.

"보아라. 코끼리는 하나이거늘, 저 여섯 맹인은 제각기 자기가 보고 느낀 것만을 가지고 '코끼리는 바로 이것이다'라고 주장하고 있다. 그러면서 그들은 남의 의견은 전혀 받아들이지 않고, 자신의 과오는 조금도 부끄러워하지 않는다. 진리를 아는 것도 또한 이와 같다."

이 내용은 『열반경』에 나오는 얘기로 흔히 '군맹모상群盲摸象' 혹은 '군맹평상群盲評象'이라는 비유로 알려져 있다. 여섯 맹인 중에 나도 포함되지 않을까 반성되는 얘기다. '군맹모상'의 사례는 코끼리를 만질 때나 영화를 볼 때만 해당되는 것은 아니다. 우리가 알고 있는 다른 사람의 인격이나 삶의 철학도 마찬가지다. 내가 알고 있는 그의 모습이 진짜 그의 모습일까. 당신이 알고 있는 나의 모습이 진짜 나라고 생각하는가. 우리가 알고 있는 역사 속의 인물은 어떨까.

행복한 그림의 맵짜한 그늘

천하 모든 사람들이 열망하는 오복은 다 누리고, 애써 피하고자 한 육극六極은 그림자도 밟지 않은 팔자 좋은 사람의 생애를 들여다본 글에서였다. 그가 바로 당나라 때 실존했던 곽자의郭子儀, 697~781라는 사람이다. 유명한 무장武將이었던 곽자의는 나라가 어려움에 빠졌을 때 큰 공을 세워 분양왕汾陽王으로

法

작자 미상, 「곽분양행락도」, 비단에 색, 131×415cm, 19세기,
삼성미술관 리움 소장

5
마음을 모아
진리를 품다

봉해졌다. 그래서 곽자의라는 이름 대신 곽분양郭汾陽으로 더 많이 알려졌다. 그는 한 평생을 부귀영화를 누리며 풍족하게 살다 여든다섯으로 생을 마쳤다. 그의 휘하에 있던 부하 중 60여 명이 장수나 재상이 되었다. 그가 살아생전에 누렸던 부귀영화는 자손에게 이어졌다. 여덟 명의 아들과 일곱 명의 사위가 모두 조정에서 중책을 맡았고 아들은 황제의 사위가, 손녀는 황태후가 되었다. 그야말로 복의 세습이었다. 세상 사람들이 그의 삶을 얼마나 부러워했을지 짐작할 수 있으리라. 그는 공신의 몸으로 '그 공이 천하를 덮을 듯하나 주인이 의심하지 않았고, 신하로서 최고 직위에 이르렀으나 뭇 사람이 시기하지 않았고, 사치와 욕망을 다 누렸지만 사람들이 비난하지 않았다'라고 평가받았다. 일인지하 만인지상一人之下 萬人之上의 표상이었다. 이것이 「곽분양행락도」가 복을 가져다주는 길상의 대명사로 많이 그려지게 된 배경이다. 명문대에 합격한 사람의 교복을 물려받는 전통이나 1등에 당첨된 로또 복권의 판매처에 사람이 몰리는 이유와 같은 예라 하겠다.

「곽분양행락도」 속의 배경은 화려하다. 그림은 절반으로 나누어 오른쪽에는 여성들의 공간이, 왼쪽에는 행사장이 그려졌다. 행사장 중앙에는 곽분양이 앉아 있고 그 앞에서 자식, 손주, 친척 등을 비롯한 축하객들이 모여 성대한 잔치를 벌이고 있다. 즐겁고 화려한 잔치다. 나도 이런 잔치에 초대받았으면 좋겠다.

여기까지가 곽자의가 행복의 표상으로서 알려진 부분이다. 그렇다면 그의 인생의 다른 측면을 들여다보자. 곽자의는 현종 때 무과 시험을 치른 후 군직을 역임했다. 그가 세상에 이름을 알리게 된 계기는 안록산安祿山의 난이 발생했을 때였다. 안록산의 난은 현종이 수도 장안을 버리고 험난한 촉蜀 땅으로 도망갈 정도로 큰 난이었다. 현종이 양귀비를 데리고 촉으로 도망간 사건은 여러 점의 「명황행촉도明皇行蜀圖」로 전한다. 이때 곽자의가 전투에서 공을 세워 장안을 수복한다. 나라를 구한 셈이다. 현종의 대를 이은 숙종은 곽자의에게 '국가가 다시 회복된 것은 오로지 경의 힘이다'라고 위로하며 그의 공을 높이 치하한다.

그러나 말뿐이었다. 숙종은 나라가 아직 완전히 평정되지 않는 상황에서 신하의 공이 너무 크면 부리기가 힘들다고 판단했다. 곽자의를 원수로 삼는 대신 태감太監 어조은魚朝恩을 임명해서 군대를 감독하게 했다. 그러자 장수들과 군사들이 사기를 잃고 어조은의 말을 따르지 않았다. 이에 다급해진 조정에서 어쩔 수 없이 곽자의를 다시 임명했다. 그 사건으로 어조은의 시기심이 더욱 커졌다. 어조은은 숙종에게 곽자의의 잘못을 밀고했고 숙종은 곽자의에게 병권을 넘겨주고 장안으로 돌아오라고 명령했다. 토사구팽兎死狗烹 당한 셈이다. 이 사실을 안 장졸들은 분노했다. 그러자 곽자의는 황제의 명을 받들기 위해 부하들을 속이고 홀로 부대를 빠져나와 장안으로 향했다. 황제는 그에게 미미한 한직을 주었다.

곽자의가 한직으로 물러나 잊힐 만할 때 사사명史思明의 난이 일어났다. 안록산의 난과 사사명의 난을 합해, '안사安史의 난'이라 부른 이유는 두 사람이 일으킨 난이 그만큼 컸기 때문이다. 사사명은 황하와 낙수를 함락시키고 거침없이 수도를 향해 진격했다. 조정에서는 다시 한직에 있던 곽자의에게 병권을 주고 사사명의 난을 막도록 했다. 난을 성공적으로 수습하자 곽자의에게 분양왕이라는 작호가 내려졌다. 이때부터 곽자의는 곽분양으로 불리어지게 되었다.

그러나 영화도 잠깐이었다. 숙종이 죽고 대종이 즉위했다. 대종은 곽자의에게 주어진 병권을 다시 거두어들이고 숙종 분묘의 축조를 감독하는 산릉사로 임명했다. 또다시 토사구팽이었다. 이때 또 반란이 일어났다. 양숭의梁崇義를 비롯한 군인들이 반란을 일으키자 대종은 조부인 현종과 마찬가지로 장안을 버리고 협주陝州로 피난을 떠났다. 그리고 상황이 위급해지자 다시 곽자의를 원수로 삼아 함양을 진압하라는 명을 내렸다. 당시 곽자의는 파직되어 장안에 돌아와 있었다. 그가 임명된 것을 안 장수들 몇 천 명이 순식간에 모여들었다. 곽자의는 마침내 장안을 수복하게 되었다. 대종은 딸 승평공주를 곽자의의 아들에게 주었다. 두 집안이 사돈 간이 된 셈이다. 비로소 두 집안 사이에 평화가 찾아들었다.

곽자의의 충직과 후덕 그리고 고난

그의 충직함과 후덕함을 알 수 있는 이야기가 있다. 태감 어조은이 사람을 보내 곽자의 부친의 분묘를 몰래 파낸 일이 있었다. 이 사실을 안 대종과 조정의 대신들은 만약 곽자의가 조정으로 돌아오면 피바람이 불 것으로 예상했다. 그런데 예상 밖의 결과가 발생했다.

"제가 바깥에서 병사를 거느리고 싸움을 할 때면 병사들이 다른 사람의 분묘를 망가뜨리는 일이 생기기도 했는데 그랬을 때 훼손된 분묘를 온전하게 돌봐주지 못했습니다. 이제 제 부친의 분묘가 파헤쳐진 것은 모두 인과응보이니 남을 탓할 필요가 어디 있겠습니까?"

이 말을 들은 어조은은 감탄했다. 그래서 곽자의를 초청해 자신의 진심을 전하려 했다. 그러나 당시 재상이었던 원재元載라는 사람이 두 사람이 가까워지는 것을 경계하여 계략을 썼다. 즉, 어조은이 곽자의를 초청한 것은 그를 죽이려는 의도가 숨어 있다고 말했다. 이 소문을 들은 수하의 장졸들은 분노하여 곽자의가 어조은의 집에 갈 때 무장한 호위대를 거느리고 가야 한다고 주장했다. 그러나 곽자의는 노복奴僕 몇 명만을 거느리고 단출하게 약속 장소로 갔다. 그러나 불안한 표정과 경계하는 듯한 태도를 보고 어조은이 무슨 일이냐고 묻자 곽자의는 솔직하게 대답했다. 만약 자신을 죽이려거든 애써 고생하지 말라고, 노복 여덟만을 데리고 왔노라고 솔직하면서도 용기 있게 대답했다. 이 말을 들은 어조은은 감탄하며 눈물을 흘렸다.

「곽분양행락도」에는 오직 즐거움과 행복만이 가득하다. 곽자의가 겪었던 쓰라린 상처는 담겨 있지 않다. 사람들이 그의 그림을 통해 보고자 한 것은 그가 누린 부와 명예와 장수 때문이다. 사람들은 자신이 보고 싶은 부분만 본다. 자신이 듣고 싶은 얘기만 듣고 말하고 싶은 것만 말한다. 자신이 보고 듣고 말한 것이 진실이냐 아니냐는 염두에 두지 않는다. 「곽분양행락도」를 보면 곽자의는 아무런 고난도 겪지 않고, 그저 운이 좋아 승승장구한 것 같다. 그러나 알고 보면 그의 인생이야말로 고난 그 자체였다. 그럼에도 불구하고 그가 평정심을 잃지 않고 천수를 누릴 수 있었던 것은 마음을 비우고 자신의 감정을 잘 다스렸기 때문이다. 사람들이 보고자 한 것은 곽자의의 평정심이 아니며, 그가 어려움을 통해 배운 인생의 진리도 아니다. 이것이 「곽분양행락도」에 오로지 행복과 평안만이 담겨 있는 이유다.

이렇게 우리는 코끼리를 만진 맹인처럼 살고 있다. 그래서 권력자 곁에는 아첨꾼이 넘쳐나고 충신은 한직으로 밀려난다. 꼭 정치판에만 해당되는 얘기가 아니다. 우리도 마찬가지다. 나의 잘못을 지적하는 친구보다 나를 칭찬하고 두둔한 사람을 만나고 싶어 한다. 한번쯤 반성해볼 일이다.

노력

지극한
노력 없이
어떻게
경지에 도달할까

김홍도 「활쏘기」
강희언 「사인사예」

그대가 몇 구절의 법을 구하고자 육신을 버린다고 하는데, 그걸 누가 믿겠는가.
— 『열반경』

자전거 타기를 시작한 지 벌써 1년이 지났다. 10여 년 전, 딱 하루 타고 포기했던 자전거를 쉰세 살에 다시 시도했다. 이유는 하나. 자전거로 탄천변을 씽씽 달리며 꽃을 감상하고 싶어서였다. 지금 아니면 이번 생에 영영 탈 수 없을 것 같은 아쉬움도 한몫했다. 생각은 그렇지만 내가 할 수 있을까 조금 두려웠다. 망설임이 길어지자 행여 격려라도 들어볼까 싶어 사람들을 만날 때마다 얘기했다. 예상과는 달리 바로 우려의 눈초리가 돌아왔다. 거의 말리

는 분위기였다. 잘못하면 머리를 다칠 수도 있다는 둥, 뼈가 부러지면 잘 붙지 않는 나이라는 둥 들리는 소리마다 흉흉했다. 슬며시 약이 올랐다. 두고 봐라. 내가 탈 수 있나 없나 확실하게 보여줄 테니까. 하루가 다르게 몸을 열며 유혹하는 꽃들도 의욕을 자극했다. 마음이 급해졌다. 며칠을 고민하다 자전거를 사서 타기 시작했다. 사람들의 우려는 곧바로 현실이 됐다. 마음은 국가대표급 사이클 선수인데 몸은 정확히 쉰세 살이었다. 첫째 날, 둘째 날 연이틀을 넘어지고 부딪혀서 무릎이 깨졌다. 과거의 악몽이 떠올랐다. 중고로 팔까. 사흘 만에 포기하고 싶은 생각이 간절했다.

자전거 타기와 활쏘기

그런 심정이 어찌 나 하나뿐이겠는가. 무엇을 처음 배우는 사람이라면 누구나 다 나와 비슷한 심정일 것이다. 김홍도가 그린 「활쏘기」에도 초보자의 불안함과 주저함이 들어 있다. 화면에는 세 명의 궁사와 교관 한 명이 보인다. 두 명의 궁사는 각각 바위 위에 앉거나 쭈그리고서 활과 시위를 살피고 있다. 스스로 기구의 상태를 점검할 정도라면 초보자는 벗어났다. 나름대로 꽤 경력이 붙은 고수임에 틀림없다. 문제는 교관의 가르침을 받는 왼쪽의 초보자다. 처음 활을 잡는 마당에 몸이 뜻대로 움직여줄 리 만무하다. "활은 어깨로 쏘는 게 아닙니다. 긴장을 풀고 어깨를 낮추세요." 교관이 아무리 여러 번 같은 말을 되풀이해도 귀에 들어오지 않는다. 그런 자신이 마음에 들지 않아 궁사의 얼굴이 잔뜩 굳어 있다.

「활쏘기」는 『단원풍속도첩』에 들어 있는 작품이다. 『단원풍속도첩』은 최근 학계에서 제작자 진위 문제에 대한 재검토가 필요하다는 연구 논문이 여러 차례 발표된 화첩이다. 화성畵聖 김홍도의 작품으로 보기에는 미심쩍은 부

法

김홍도, 「활쏘기」,(『단원풍속도첩』에서),
종이에 연한 색, 27×22.7cm, 국립중앙박물관 소장

분이 많기 때문이다. 우선 그림의 형태와 필치가 치졸하다. 여러 차례 수정한 흔적이 발견되는 것도 의심스럽다.「활쏘기」도 예외는 아니다. 교관의 가르침을 받으며 활시위를 당기려는 사람의 몸과 다리의 결합이 조금 어색하다. 활을 잡는 자세는 좌궁左弓인데 발 모양은 우궁右弓이다. 국궁國弓에서 오른손잡이와 왼손잡이는 반대 방향으로 활을 잡는다. 오른손잡이는 왼손으로 활을 잡고 오른손으로 시위를 당기는데 이를 우궁이라 한다. 이때 왼발이 살짝 앞으로 나간다. 반대로 왼손잡이는 오른손으로 활을 잡고 왼손으로 시위를 당기는데 이를 좌궁이라 한다. 이때 오른발이 조금 앞으로 나간다. 우궁이냐 좌궁이냐는 시위를 당기는 손을 기준으로 한다. 발은 팔의 방향을 따른다. 그런데 「활쏘기」에서는 손과 발이 따로 논다. 손은 좌궁이고 발은 우궁이다.

물론 그림에서와 같은 활쏘기 자세가 전혀 불가능한 것은 아니다. 어쩌면 당시에 이런 자세로 활쏘기를 했는지도 모른다. 설령 그렇다 해도 활 쏘는 인물의 상체와 하체의 연결은 여전히 부자연스럽다. 머리에서 허리까지는 정면을 바라보는데 다리는 옆쪽을 향했다.

담졸澹拙 강희언姜熙彦, 1710~84이 그린「사인사예士人射藝」와「활쏘기」의 궁사를 비교해보면 그 어색함을 금세 확인할 수 있다. 이렇게 자연스럽지 못한 연결 때문에『단원풍속도첩』이 도화서 화원의 교본용 화보의 화고畵稿라는 의문이 제기됐다. 등장인물에 대한 충분한 이해와 고민 없이 교본을 보고 베낄 때 발생할 수 있는 현상이라는 뜻이다. 설령「활쏘기」가 김홍도의 진작眞作이 아니라 후대에 보고 베낀 그림이라 해도 의미가 없는 것은 아니다. 당시의 풍속과 사회현상을 이해하는 데는 더없이 훌륭한 시각 자료이기 때문이다. 더구나 활쏘기를 배우는 초보자의 불안한 심리가 잘 드러나 있지 않은가. 저 궁사는 다음 날도 활터에 나타났을까. 감상자에게 궁금함을 자아낸다는 점에서「활

法

강희언, 「사인사예」, 종이에 연한 색,
26×21cm, 개인 소장

5
마음을 모아 진리를 품다

쏘기」는 훌륭한 작품이다.

참선의 지혜를 위해 자신을 내던질 수 있는 용기

부처가 과거 전생에 '설산동자'라는 청년 수행자로 살 때의 얘기다. 어느 날 설산동자가 산속에서 수행을 하고 있을 때 도리천의 제석천帝釋天이 나찰羅刹로 변해 설산동자의 구도정신을 시험해보기로 했다. 제석천이 설산으로 내려가 고행하고 있던 동자 옆에서 다음과 같은 게송을 읊었다.

"모든 것은 덧없이 흘러가니 태어나 죽지 않는 이는 아무도 없네."

동자는 그 소리를 듣고 목마른 사람이 물을 만난 듯, 원수에 쫓기다가 벗어난 듯, 오랜 가뭄에 비를 만난 듯 기뻤다. 동자가 누가 이렇게 좋은 구절을 말하는가 싶어 둘러보니, 험상궂게 생긴 나찰이 서 있었다. 동자가 나찰에게 말했다.

"당신이 말씀하신 구절은 매우 훌륭한 진리입니다. 제게 다음 구절을 알려주십시오."

나찰이 말했다.

"나는 배가 너무 고파 말을 할 수 없을 지경이다."

"다음 구절을 알려주면, 내 육신을 보시하겠습니다."

"그대가 몇 구절의 법을 구하고자 육신을 버린다고 하는데, 그걸 누가 믿겠는가."

"제석천과 불보살이 증명할 것입니다."

"그렇다면 알려주겠다."

나찰이 다음 구절을 읊었다.

"나고 죽는 그 일마저 사라지면 거기에 고요한 즐거움이 있네."

동자는 이 게송을 듣고 지극한 마음의 평화를 얻었다. 그리고 약속한 대로 나찰의 먹이가 되기 위해 절벽 위로 올라가 허공에 몸을 던졌다. 이때 나찰이 제석천으로 변해 동자의 몸을 받으면서 말했다.
　"장하십니다, 동자시여. 동자가 법을 구하고자 하는 정신이 어떤지를 시험하려고 했습니다. 그대는 참된 보살이며 앞으로 무량한 중생을 구제할 것입니다. 그때 저도 구제해주십시오."
　『열반경』에 나오는 내용이다. 이 내용은 부처의 전생 이야기를 담은 『자타카』에도 들어 있다. 참된 지혜를 얻기 위해 자신의 몸을 기꺼이 내던질 수 있는 용기와 각오를 잘 보여주는 얘기다. 부처의 수행은 단순히 보리수 아래서의 6년 고행이 전부가 아니다. 한량없는 세월 동안 보살행을 닦은 후에 석가모니로 태어나 마침내 위없는 깨달음을 이루셨다. 무상정등각은 나고 죽는 법이 없는 완전한 깨달음이자 열반이다. 어찌 한 생의 공부만으로 쉽게 얻을 수 있겠는가. 부처 같은 분도 그러하거늘 그런 노력은 잊어버리고 몇 년 동안 공부한 것으로 부처의 경지에 도달하지 못해 절망하는 것은 부처에 대한 무례다. 몸을 내던질 정도로 지극하게 발원하고 실천한 후에 절망해도 늦지 않다. 법을 구하든 자전거를 타든 배움을 구함에 있어서는 마찬가지다.

세상의 모든 노력은 가상하다

　자전거 타기 사흘째였다. 무릎을 구부릴 수 없을 정도로 피멍이 들어 정형외과에 갔다. "제가 골다공증이 올 나인데 아무래도 자전거는 무리겠죠?" 의사의 말 한마디면 자전거를 중고로 팔아버릴 생각으로 물었다. 의사가 대답했다. "무슨 말씀이세요. 자전거가 무서워 타지 못할 정도라면 걷는 것은 어떻게 하십니까. 돌부리에 걸려 넘어질지도 모르는데 그냥 집에 틀어박혀 계서야죠. 그게 아니라면 마음대로 타십시오. 계속 부딪히고 깨지다 보면 운동신경이 발달해서 몸이 저절로 안전하게 넘어지는 법을 찾아가는 법입니다." 그 말 한마디에 나는 다시 자전거를 타기 시작했다.

대신 준비를 단단히 했다. 무릎에는 택배 받을 때 들어 있던 '뽁뽁이'를 여러 겹 접어 테이프로 붙였다. 떨어져도 충격이 덜하도록 아들이 군대에서 가져온 '깔깔이'를 입고 손에는 장갑을 끼었다. 이제 넘어지더라도 무릎 깨지는 일은 없을 것 같았다. 그렇게 연습한 지 일주일 만에 아파트 단지 안을 돌아다닐 수 있을 정도로 실력이 늘었다. 성공이었다. 이제 조금만 더 연습하면 꽃나무 아래를 신나게 달릴 수 있을 것이다. 실력 늘어 가는 재미에 취해 아파트 단지를 마구 휘젓고 다니는데 문자가 왔다. '안녕하시죠? 중국어 학원 가는 길이에요. 즐거운 하루 보내세요.' 지난번에 보로부두르 답사를 함께했던 도반이었다. 답사지에 와서까지 중국어 단어를 외우는 그녀를 보고 존경스러웠던 기억이 새롭다. 문자 속에 싱싱하게 걸어가는 그녀의 모습이 담겨 있었다. 그녀 역시 내 나이 또래다. 나이를 생각하지 않고 새로운 언어를 배우는 그녀가 아름답다. 레오 버스카글리아는 『살며 사랑하며 배우며』에서 다음과 같이 말했다. "네가 가진 것은 오직 너 자신뿐이다. 그러므로 너 자신을 이 세상에서 가장 아름답고 훌륭한 인간으로 만들어야 한다." 자전거 타기도 중국어 배우기도 자신을 아름답고 훌륭한 인간으로 만드는 방법이다.

우리는 때로 잘 나가는 사람을 보면 부러워한다. 시기와 질투를 느낄 때도 있다. 별로 노력한 게 없는 것 같은데 운이 좋아 떴다고 생각한다. 세상에 공짜는 없다. 원인 없는 결과가 없고, 노력 없이 되는 일도 없다. 어쩌다 한 번 과대평가 되는 경우는 있지만 오랫동안 이름값을 유지하는 사람은 지속적인 노력이 있었기 때문에 가능하다.

다른 사람의 성취를 무시할 때도 있다. 그까짓 게 뭐 대단하다고 '자랑질'이야, 하고 애써 무시한다. 그러나 다른 사람에게는 별것 아닌 것 같은 성취도 당사자에게는 더할 수 없이 소중하고 뿌듯하다.

이미 자전거를 잘 타는 사람에게는 쉰세 살짜리 초보자의 자랑질이 유치해 보일 수도 있을 것이다. 내게는 결코 유치하지 않다. 내게 자전거 타기는 단순히 두 발로 바퀴를 돌리는 것 이상의 의미가 있다. 기계에 대한 두려움을 극복했기 때문이다. 20년 전에 운전면허증을 따고서도 운전이 무서워 운전대 한 번 잡아보지 못하고 면허증을 반납했다. 자전거 타기는 20여 년의 무력감을 극복한 일대 사건이다. 어찌 기쁘지 않겠는가. 무엇인가 새로운 것을 배우고 시작한다는 것은 위대하다. 세상의 모든 노력은 가상하다. 넘어지고 깨어지면서도 자전거 위에서 한철을 보냈으니 어찌 아니 기특한가.

5
마음을 모아
진리를 품다

법공양

책 보시를 권유하는 사람

장한종 「책거리 그림」

모든 공양 가운데 법공양이 가장 으뜸이다. ─ 『보현행원품』

　나는 좋은 책이 나오면 사서 읽는다. 읽고 나서 좋으면 주변에 선물한다. 반대의 경우도 있다. 누군가에게 부탁해 책을 사달라고 하는 것이다. 여기서 진도를 더 나갈 때도 있다. '할당'을 주는 것이다. 나뿐만 아니라 다른 사람에게도 몇 권을 더 선물하라는 할당이다. 오해 없으시기 바란다. 내가 선정한 책은 나와 개인적으로 아무런 관련이 없다. 더구나 내가 쓴 책은 포함되지 않는다. 오로지 그 책이 좋아서 다른 사람이 쓴 책을 순수한 마음으로 선정한다. 읽는 사람이 큰 힘이 될 것 같아서다. 이런 나의 행동은 책 보시에 대한 믿음이 확고하지 않으면 할 수 없다.

나는 그곳에서 부처님을 보았네

　조계종 신행수기 당선작을 하나로 엮은 『나는 그곳에서 부처님을 보았네』도 그런 책 중의 하나다. 나는 이 책을 여러 사람에게 선물했다. 뿐만 아니라 그들 또한 다른 사람에게 선물하도록 '강요'하고 있다. 최근에 내가 읽은 책 중 가장 값진 교훈이 담겨 있기 때문이다. 우리 모두 살아가면서 예상치 못한 어려움과 직면하게 된다. 이 책에는 자신에게 찾아온 고통과 시련을 희망과 깨달음으로 바꾼 20여 편의 사례가 담겨 있다. 감당하기 힘든 어려움과 맞닥뜨려 절망하고 쓰러지는 대신 부처의 가르침을 지렛대 삼아 정면 돌파해 가는 모습은 눈물겹다 못해 숭고하다. 당연히 책 보시를 강요할 만한 가치가 있는 책이다. 어떤 사람이 책을 읽고 나서 조금이라도 인생에 도움을 받는다면 책을 선물한 사람에게도 큰 공덕이 될 것이다. 앞으로 한동안은 이 책에 대한 할당 강요가 계속될 것이다.

　나는 독송용 경전이나 경전 해설서 등의 선물도 친한 사람에게 사 달라고 한다. 내가 경전을 독송할 때마다 선업이 쌓이면 그 공덕 또한 선물한 사람에게 회향回向될 것을 알기 때문이다. 궤변이 아니다. 내가 경전 해설서를 읽고 공부가 깊어지면 나의 행동이 달라질 것이다. 한 사람이 변하면 온 우주가 변하는 법이다. 어찌 그 책을 선물한 사람의 공덕이 크다 하지 않을 수 있겠는가. 물론 아무에게나 책 보시를 강요하고 할당을 주지는 않는다. 책 보시를 통해 복을 받아야 할 사람에게만 얘기한다. 그러니 나에게 책 보시를 강요당한 사람은 복을 많이 받을 것이 보장된 사람이다. 특히 절판되어 구하기 힘든 책을 구해 달라고 요청받은 사람은 더욱 그렇다. 앞으로도 나의 책 보시는 계속될 것이다. 나도 복을 짓고 싶기 때문이다. 책 보시 강요도 계속될 것이다. 내가 아끼는 사람이 복 받기를 바라기 때문이다.

'책거리 그림'의 교훈

장한종張漢宗, 1768~1815이 그린 「책거리 그림」은 책장冊架에 놓인 책과 여러 가지 기물을 그린 8폭 병풍 그림이다. 전체는 8폭인데 양쪽 끝 2폭에 장막을 드리워 6폭 같은 착시효과를 노렸다. 책장과 장막, 기물에는 청적황靑赤黃의 원색을 적절히 대비시켰다. 4폭과 5폭의 책장과 책은 그 방향이 반대로 향하게 했다. 당시 유행한 투시도법을 활용했음을 알 수 있다. 책장 맨 아래 여닫이는 나무결을 그대로 살렸는데 2폭에는 문 한 짝을 열어 놓아 속이 들여다보이게 했다. 깊이감과 입체감을 드러내기 위한 작가의 재치가 느껴진다.

책거리 그림은 책과 글을 통해 자신의 뜻을 펼치고자 했던 조선 선비들의 취향을 반영하고 있다. 이는 정조가 『홍재전서弘齋全書』에서 "비록 책을 읽을 수 없다 하더라도 서실書室에 들어가 책을 어루만지면 오히려 기분이 좋아진다"라고 했던 정자程子의 말을 인용해 자신의 서책 사랑 의지를 피력했던 사실에서도 짐작할 수 있다.

책장은 책을 가진 사람의 고상한 취미를 보여줄 수 있는 가구다. 이것이 「책거리 그림」에서 책이 가장 많은 면적을 차지한 이유다. 책 못지않게 중국에서 수입된 고급스런 자기瓷器가 곳곳에 배치되어 있고 더불어 붓, 먹, 벼루, 연적 등의 각종 문방구류도 책장 곳곳에 보인다. 이 밖에도 선비들의 필수품인 부채와 문인의 고고함을 상징하는 공작 깃털도 눈에 띈다. 문금文禽으로 불리는 공작은 문인들 관복의 흉배에 시문되는데 문관으로 높은 관직에 오르는 것을 상징한다. 길상적인 물건도 찾아볼 수 있다. 자손 번창을 소망한 석류와 복을 기원한 불수감佛手柑 등이 그것이다. 불수감의 佛(fú)과 福(fú)은 중국어 발음이 같다. 잉어 모양의 장식물은 잉어가 변해 용이 되는 어변성룡魚變成龍의 고사를 바탕으로 곤궁한 사람이 부귀해지는 것을 의미한다. 이런 길

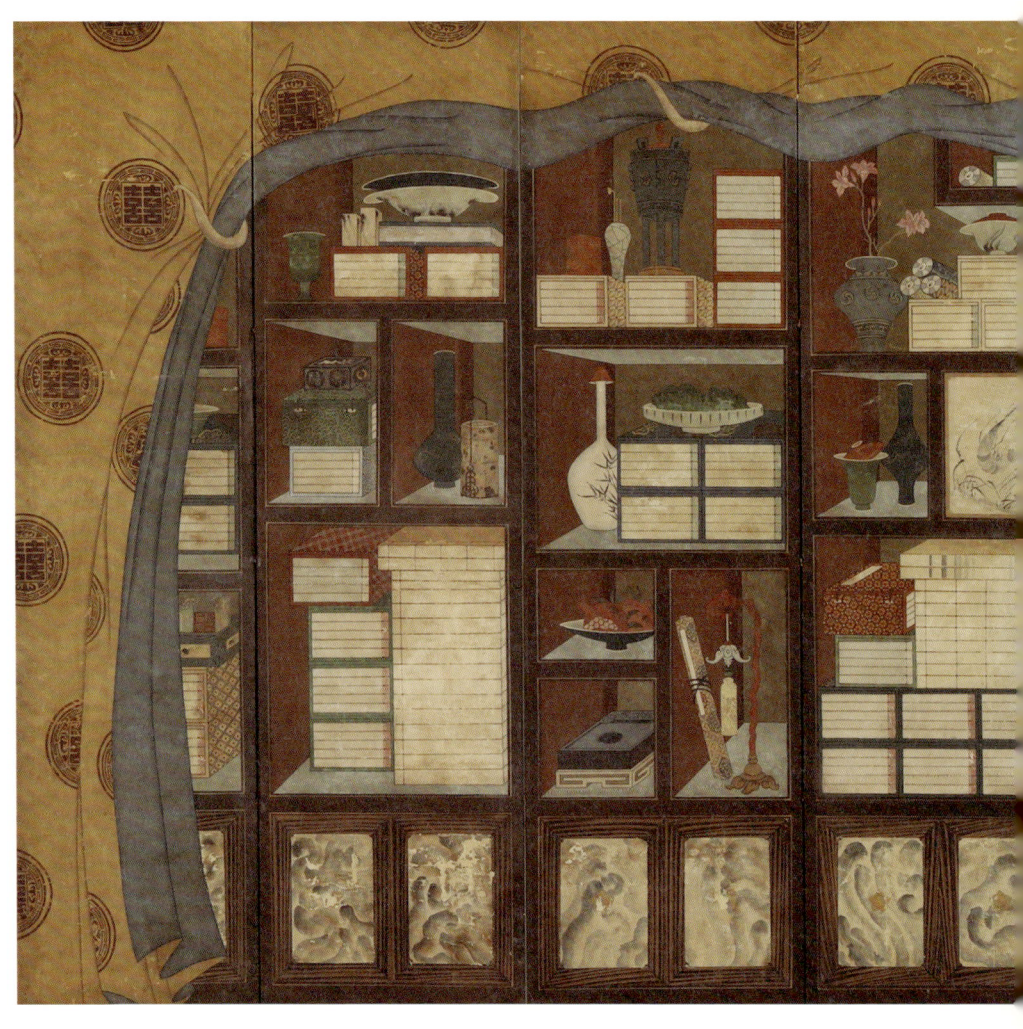

장한종, 「책거리 그림」, 종이에 색, 195×361cm,
경기도박물관 소장

5
마음을 모아
진리를 품다

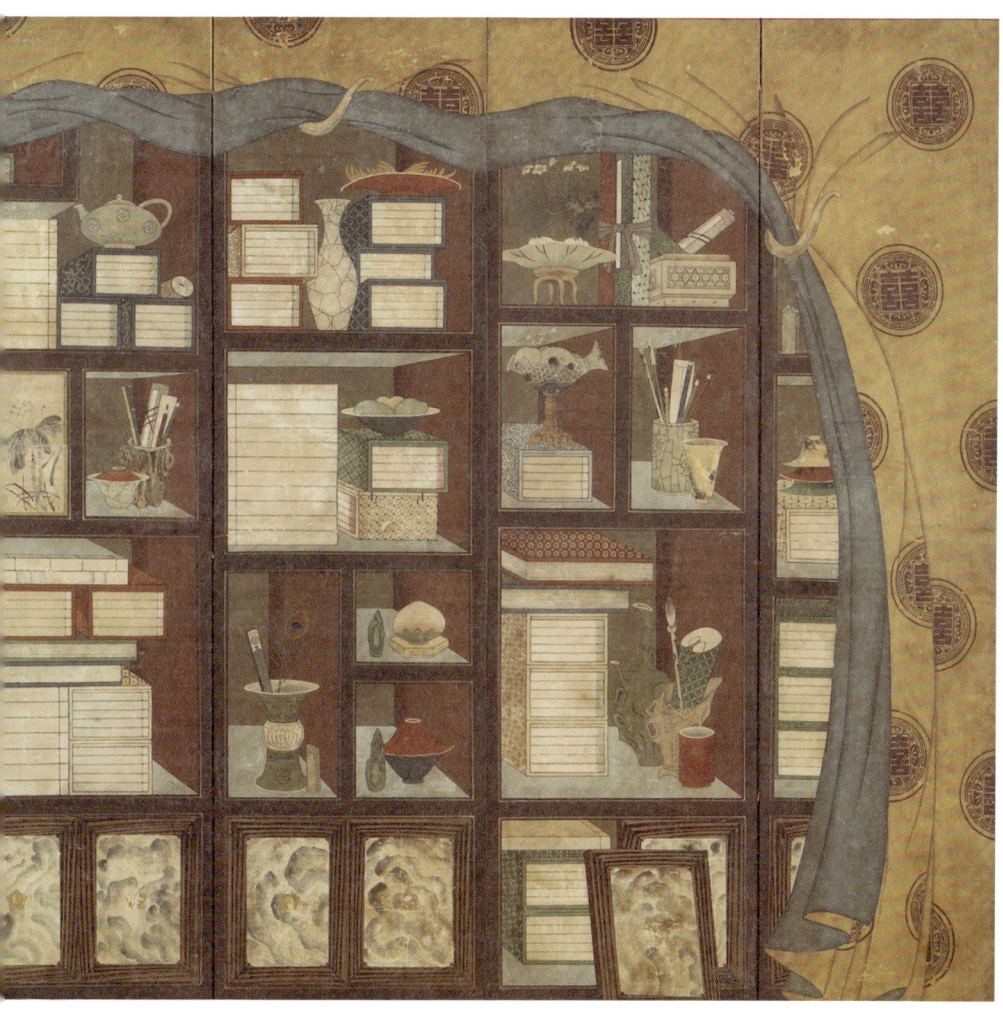

상적인 기물은 민화에서 더욱 극성스럽게 많이 등장한다.

　장한종은 어려서부터 물고기와 게, 조개, 새우 등 어해도魚蟹圖를 잘 그렸다. 「책거리 그림」의 4, 5폭 중간에 연꽃과 함께 새우 두 마리를 나란히 그린 것은 그의 특기를 보여준다. 「책거리 그림」은 중국 청대의 장식장인 다보격多寶格을 그린 그림에서 기원한 것으로 조선 후기에 유행했다. 특히 이형록李亨祿, 1808~? 이 그린 책거리 그림이 여러 점 남아 있고 민화 작품도 다수 전한다.

세상에서 가장 큰 공덕

　선재동자가 물었다.

　"거룩하신 성인이시여, 어떻게 예배하고 공경하며, 어떻게 회향해야 합니까?"

　이에 대한 대답으로 보현보살은 열 가지 큰 서원을 세우고 실천하겠다는 행원行願을 닦아야 한다고 대답한다. 그것이 보현보살의 십대원十大願이다. 십대원은 큰 원력이다. 기도를 통해 부귀영화를 누려보겠다는 자잘한 욕심이 아니다. 보현보살은 선재동자가 구법求法여행을 하면서 만난 53명의 선지식 중 가장 실천력이 뛰어난 보살이다. 보현보살은 문수보살과 함께 석가모니 부처를 양쪽에서 보필하는 협시보살이다. 문수보살이 사자를 탄 모습이라면 보현보살은 코끼리를 탄 모습으로 등장한다. 왜 코끼리인가. 인도의 코끼리는 사막에서 낙타와 같다. 낙타는 등에 무거운 짐을 지고 물 한 모금 없는 사막을 건넌다. 사람들은 낙타가 없다면 사막을 건널 수 없다. 사람을 대신해 힘든 일을 하는 코끼리도 마찬가지다. 보현보살이 중생을 위해 보살도를 행하는 것은 코끼리처럼 고난을 대신 짊어진 것과 같다. 코끼리는 보현보살의 상징이다. 그런 보살이니만큼 중생의 이익을 위해 실천을 강조한 것은 당연하다 하겠다.

보현보살이 서원한 십대원은 다음과 같다. 첫째, 모든 부처에게 예배하고 공경하겠다는 서원. 둘째, 모든 부처를 찬탄하겠다는 서원. 셋째, 널리 두루두루 공양을 올리겠다는 서원. 넷째, 모든 업장을 참회하겠다는 서원. 다섯째, 남이 짓는 공덕이 있으면, 함께 기뻐하는 서원. 여섯째, 설법하여 주시기를 청원하는 서원. 일곱째, 부처에게 이 세상에 오래 머물기를 청하는 서원. 여덟째, 항상 부처의 수행력을 따라 배우는 서원. 아홉째, 항상 중생의 뜻에 따라 수순하는 서원. 열째, 지은 바 모든 공덕을 널리 모든 중생에게 회향하는 서원이다.

그 십대원 중 오늘은 셋째 서원을 살펴보겠다. 선재동자에게 첫째와 둘째 서원을 설명한 보현보살은 다음과 같이 셋째 서원을 얘기한다.

"선남자여, 널리 두루두루 공양을 올린다는 것은 바로 이런 것이다. 시방삼세의 무수한 티끌마다 부처님이 계시고, 그 낱낱 부처님이 계시는 곳에 수많은 보살이 둘러 계신다. 내가 보현행원의 원력으로 깊은 믿음과 분명한 지견을 내어 여러 가지 으뜸가는 공양구로 공양하되, 수많은 꽃과 음악, 일산, 향, 의복, 기름 등 갖가지 공양구로 공양 올리는 일이다."

부처에게 공양을 올리는 공덕은 이와 같다. 그중 가장 큰 공덕은 어떤 것일까. 보현보살의 다음 이야기가 이어진다.

"모든 공양 가운데 법공양이 으뜸이다. 부처님의 말씀대로 수행하는 공양이며, 중생을 이롭게 하는 공양이고, 중생의 뜻을 따르는 공양이며, 중생의 고통을 대신 받는 공양이고, 부지런히 선근을 닦는 공양이며, 보살의 업을 버리지 않는 공양이고, 보리심을 여의지 않는 공양이다. 선남자여, 앞에 말한 공양으로 얻는 공덕은 일념 동안 닦는 법공양의 공덕에 비한다면 백분의 일, 천

분의 일, 백천만억 분의 일에도 미치지 못한다. 왜냐하면 모든 부처님께서는 법을 존중하고 소중히 여기기 때문이며, 말씀대로 행하면 수많은 부처님이 출생하기 때문이고, 또한 보살들이 법공양을 행하며 여래께 공양하기 때문이다. 바로 이런 수행이 참된 공양이다."

직접 읽고 실천하는 책 보시

사람들에게 책 보시할 기회를 준 것이 복을 쌓게 해준다는 근거는 바로 여기에 있다. 책 보시, 즉 법공양은 보현보살님이 '수많은 꽃과 음악, 일산, 향, 의복, 기름 등 갖가지 공양구로 공양 올리는 일'보다 그 공덕이 훨씬 더 크다. 얼마나 큰가. 백천만억 배 더 크다. 말로 표현할 수 없을 만큼 크다는 뜻이다. 어찌 이 좋은 기회를 놓치겠는가. 알고 보면 내게 책 보시를 권유받은 사람은 무척 복 많은 사람이다. 전생에 나라를 구했을 것이다. 그렇다면 우리는 왜 이런 수행과 실천이 필요한가. 그냥 부처의 가르침을 아는 것만으로도 충분하지 않을까. 중국의 불교학자이자 수행자인 남회근南懷瑾, 1918~2012 선생은 그 이유를 다음과 같이 설명한다.

"부처님을 배우기는 쉽지만 행원은 어렵다. 도를 깨달은 뒤에는 수행해야 한다. 수행이란 자기의 행위를 수정하는 것이다. 내면의 마음을 일으키고 생각을 움직이는 심리행위에서 외면의 행위에 이르기까지 자기의 행위를 수정하는 것이다. 이른바 자비심을 일으키는 것으로 실제로 반드시 실천해야 한다."

실천해보지 않으면 알 수 없다. 이론만으로는 내 것이 되지 않는다. 눈과 귀를 통해 알게 된 사실은 몸을 통해 실천해야 내 것이 된다. 그렇지 않으면 연기처럼 사라진다. 아는데 왜 내 것이 되지 않는가. 다시 한 번 남회근 선생의 애기를 들어보자.

"우리의 불교 공부는 인과가 전도되어 있습니다. 뭐라고 말해야 할까요? 원인을 결과로 잘못 안다고나 할까요? 그렇습니다. 우리 모두가 원인을 결과로 잘못 알고 있습니다. 우리는 자성본공自性本空이니, 모든 것이 인연에 의거한다는 등을 잘 알고 있습니다. 그러나 이것은 어디까지나 배워서 안 이론에 불과합니다. 우리 것이 아닙니다. 이것은 석가모니 부처님께서 그렇게 오랫동안 고행을 거친 후 제자들의 질문에 대답한 겁니다. 그것이 기록되어 전해짐으로써 우리가 비로소 알게 된 겁니다. (중략) 우리는 그저 부처님의 성과를 그대로 수용하고 있는 것입니다. 그렇다면 우리는 어떻게 해야 할까요? 대답은 간단합니다. 직접 수행의 길을 걸어야 합니다. 석가모니 부처님과 마찬가지로 선정禪定의 길을 걸어야 합니다. 진정한 수련의 길에서 스스로 연기의 본성이 공(緣起性空)임을 체득해야 합니다. 우리는 많은 이치를 알게 된 후, 이것이 마치 자기의 성과인 것처럼 착각하곤 합니다."

배워서 안 이론은 실천을 통해 내 것이 된다. 알기만 하고 실천하지 않는 이론은 「책거리 그림」에 등장하는 책을 보는 것과 같다. 책은 읽어야 한다. 장식으로 꾸며놓고 본다고 해서 나의 지식이 되지 않는다. 직접 읽고 실천하고 보시하는 것. 그것이 기존의 업식業識에 젖어 있는 내 행위를 수정할 수 있는 최고의 방법론이다. 서늘한 바람이 부는 이 좋은 계절에 너도 나도 책을 읽는 귀한 시간이 되기를 기원한다. 좋은 책을 읽고 감동받았다면 다른 사람에게 선물하는 것은 어떨까. 그럼 더욱 멋진 계절이 될 것이다.

스승

스스로
찾는다면
삼라만상이
부처다

정선 「야수소서」

선남자여, 말법시대의 중생으로서 수행하고자 하는 자는 마땅히 목숨이 다하도록 선지식에게 공양하며 선지식을 섬겨야 한다.   —『원각경』

사람마다 좋아하는 경전이 다를 것이다. 나는 『금강경』이 가장 좋다. 아침, 저녁으로 독송하는 경전도 『금강경』이다. 그러나 내 삶에 가장 큰 영향을 미친 경전은 『원각경』이다. 『원각경』은 일체 중생이 본래 부처임을 드러낸 경전으로 읽을 때마다 환희심이 느껴진다. 『원각경』은 원만한 깨달음을 설명하는 데 가장 뛰어난 경전으로 평가받는 만큼 수행에 대한 궁금함이 자세히 설명되어 있다. 모두 12장으로 구성된 경전의 내용은 문답 형식으로 되어 있다.

석가모니 부처가 문수, 보현, 미륵보살 등 열두 명의 보살들에게 여래가 깨달은 대원각大圓覺의 도리에 대해 설명하고 원각을 닦고 증득함에 필요한 수행법에 대해 묻고 답하는 식이다. 평소 궁금했지만 들을 수 없었던 수행법이 구체적으로 제시된 훌륭한 수행서다. 특히 중국의 석학이자 대법사인 남회근 선생이 주석한 『원각경 강의』는 고전에 대한 해박한 지식과 심오한 불교 교리를 바탕으로 하면서도 비전공자라도 쉽게 알아들을 수 있는 친절한 설명으로 경전에 대한 이해를 깊게 해준다. 관심 있는 분들의 일독을 권한다. 기쁨이 충만할 것이다.

공부할 때 가장 중요한 것은 무엇일까

그중 오늘 읽은 내용은 선지식의 자격에 대한 내용이다. 보각보살이 부처에게 물었다.

"세존이시여, 말법시대의 중생들은 부처님의 시대에서 점점 멀어지면서 현인 성자들은 숨고 삿된 법은 갈수록 많아지리니, 중생들로 하여금 어떤 사람을 구하며, 어떤 법에 의지하며, 어떤 행을 행하며, 어떤 병을 제거하며, 어떻게 발심하게 하여서, 저 눈먼 무리로 하여금 삿된 견해에 떨어지지 않게 할까요?"

공부할 때 가장 중요한 사람은 선지식, 즉 스승이다. 눈 밝은 선지식을 만나면 공부하는 사람의 근기가 아무리 허약하다 해도 큰 성취를 맛볼 수 있다. 아무리 뛰어난 학생이라도 그 학생의 가능성을 알아주는 선지식을 만나지 못하면 자신의 뜻을 펼칠 수가 없다. 마치 튼실한 씨앗이 싹이 트지 못하고 씨앗으로 머물러버린 것과 같다. 더구나 지금은 말법시대가 아닌가. 진짜 선지식은 모습을 감추고 대신 선지식 축에도 끼지 못할 자격 없는 사람만이 오히려 자기가 선지식이라고 외치는 시대다. 이럴 때 어떻게 하면 좋은 선지식을 찾을 수 있을까. 이 물음은 공부의 시작이자 끝이라고도 말할 수 있다.

보각보살의 질문에 부처는 "일체의 정지정견을 갖춘 사람(一切正知見人)을 구해야 한다"라고 말한 후, 다음과 같이 부연설명을 했다.

"말법시대의 중생이 이와 같은 사람을 보면 응당 공양하되 몸과 목숨을 아끼지 말아야 한다. 저 선지식이 일상생활의 행동 가운데서 항상 청정함을 나타내며 심지어 갖가지 허물을 보이더라도 마음에 교만함이 없거늘, 하물며 재물을 탐하거나 처자식 등 권속들이 있다 한들 무슨 상관이 있겠는가? 만약 선남자가 그 선지식에게 나쁜 생각을 일으키지 아니하면 궁극에 정각을 성취할 수 있어 마음 꽃이 광명을 발하여 시방세계를 비추리라."

스님이나 불교 수행자 등 우리가 만난 선지식에 대해 우리는 어떤 태도를 취해야 하는지 알려 준 귀한 정보다. 공부를 하다 보면 보는 즉시 이해되는 부분이 있는 반면 10년이 지나도 이해되지 않는 부분이 있다. 그동안 나는 역대 조사들의 행동 중에서 이해되지 않는 대목이 상당히 많았다. 선종의 이조인 신광神光이 자신의 팔을 하나 베어 바쳤을 때야 제자로 받아들인 달마대사의 행동이 이해되지 않았다. 운문雲門대사가 목주睦州화상을 찾아갔을 때 운문대사를 보자마자 문을 닫아 버려 결국 운문대사의 다리가 부러지게 한 사태를 이해할 수 없었다. 부처가 무엇이냐는 질문에 '똥 닦는 막대기'라고 대답한 스승도 이해할 수 없었고, 달마가 서쪽에서 온 까닭이 무엇이냐는 질문에 '뜰 앞에 잣나무'라고 대답한 스승도 이해할 수 없었다. 선지식이란 사람들의 행동은 모두 의문투성이였고 그저 성질이 고약한 사람으로만 기억되었다.

그런데 20년 동안 이해되지 않던 부분이 보각보살에 대한 부처의 대답을 듣고 나서야 비로소 이해됐다. 선종의 조사들이 화내고 성내고 때론 막말까지 서슴지 않은 것은 오직 최고의 교육법으로 제자를 가르치기 위함이었다는 사실이다. 도는 스승이나 부처가 구해주는 것이 아니다. 오직 공부하는 사람이 구해야 한다. 단순히 말 몇 마디로 구할 수 있다면 그것은 도가 아니다. 목숨을 걸어야 자기 것이 된다. 그 진리를 가르쳐주고자 함이었다. 그러므로 '공부할 때 가장 중요한 사람은 선지식, 즉 스승'이라는 표현은 이렇게 수정되어야 한다. '공부할 때 가장 중요한 것은 공부하는 사람의 자세다.'

장량張良, 기원전 250?~기원전 186?은 자가 자방子房으로 한漢 고조 유방劉邦, 기원전 247?~ 기원전 195을 도와 한韓나라를 세운 개국공신이었다. 그는 원래 한나라 사람이었는데 진나라가 한나라를 멸망시키자 진시황秦始皇을 죽이려다 실패했다. 이에 생명의 위협을 느낀 장자방은 이름과 성을 바꾸고 하비下邳로 달아나 숨어 살았다.

그런 어느 날, 장자방이 하비의 다리 위를 걸어가는데 한 노인이 다가오더니 자기 신발을 다리 밑으로 떨어뜨리고는 장자방에게 말했다.

"젊은이, 내려가서 신발을 주워 와!"

장자방은 노인의 어처구니없는 행동을 보고 화가 났지만 나이가 많은 사람이라 억지로 참고 아래로 내려가서 신발을 가져 왔다. 그러자 노인이 말했다.

"나한테 신겨!"

장자방은 이미 노인을 위해 신을 주워 왔으므로 몸을 뻗고 꿇어앉아 신을 신겨 주었다. 노인은 발을 뻗어 신을 신기게 하고는 웃으면서 가 버렸다. 장자방은 매우 크게 놀라서 노인이 가는 대로 바라봤다. 노인은 1리쯤 가다가 다시 돌아와서 말했다.

"가르칠 만한 젊은이로군! 닷새 뒤 새벽에 나와 여기서 만나지."

장자방은 괴이하게 여기며 꿇어앉은 채 "알았다"라고 대답했다.

法

정선, 「야수소서」, 비단에 연한 색, 29.5×23.5cm, 왜관 수도원 소장

5
마음을 모아 진리를 품다

닷새 뒤 새벽에 장자방이 그곳으로 가보니 노인은 미리 와 있다가 노여워하며 말했다.

"늙은이와 약속을 하고서 뒤늦게 오다니 어찌 된 일이냐?"

그러더니 '닷새 뒤에 좀 일찍 만나자'라는 말을 남기고 가버렸다. 닷새 뒤 닭이 울 때 장자방이 약속 장소로 갔다. 노인은 먼저 와 있다가 다시 노여워하며 말했다.

"늦다니! 어찌 된 일이냐?"

노인은 '닷새 뒤에 좀 더 일찍 오라'라는 말을 남기고 가버렸다. 다시 닷새 뒤 장자방은 밤이 반도 지나지 않아 그곳으로 갔다. 얼마 있으니 노인이 나타났다. 노인은 기뻐하며 말했다.

"마땅히 이렇게 해야지."

노인은 한 권의 책을 내놓으며 말했다.

"이 책을 읽으면 왕 노릇하려는 자의 스승이 될 수 있을 것이다. 10년 후에 그 효과를 보게 될 것이다. 13년 뒤에 젊은이가 또 제북濟北에서 나를 만날 수 있을 것인데, 곡성산穀城山 아래의 누런 돌이 나다."

말을 마친 노인은 결국 떠나니, 다른 말도 없었고 다시는 만날 수도 없었다. 날이 밝아 책을 보니 『태공병법太公兵法』이었다. 장자방은 그 책을 기이하게 여겨 익히고 외운 끝에 유방을 도와 한나라 건국에 중추적인 역할을 했다.

가르침을 주는 사람은 모두가 위대한 스승

정선이 그린 「야수소서夜授素書」는 장자방이 하비의 다리 위에서 황석黃石노인에게 병법서를 받는 장면이다. 그림의 내용은 한눈에 봐도 이해될 정도로 선명하다. 지팡이를 든 노인이 병법서를 주자 장자방이 무릎을 꿇은 채 공손하게 받고 있다. 노인에 대한 공경심이 없었다면 받을 수 없는 귀한 책이다. 노인이 장자방의 사람 됨됨이를 알아보기 위해 여러 차례 부과한 시험을 그는 무사히 통과했다. 그 비법이 장자방의 공손한 자세에 담겨 있다. 사마천司馬遷, 기원전 145?~기원전 86?은 장자방을 일러 이렇게 평가했다.

"장막 안에서 꾀를 내어 눈에 보이지 않는 가운데 승리한 것은 자방이 그 일을 꾸몄기 때문이다. 그는 이름이 알려지지도 않고 용감한 공적도 없었으나 어려운 것을 쉽게 해결하고 큰일을 작은 일로 처리했다."

장자방에 대한 내용은 사마천이 지은 『사기』 「유후세가留候世家」에 나온다. 「유후세가」에는 장자방이 병가兵家와 황로黃老 사상을 갖춰 황제 다음가는 2인자로서의 임무를 탁월하게 수행한 내용이 실감나게 적혀 있다. 그렇다면 장자방이 만난 괴짜 노인과의 인연은 어떻게 됐을까. 괴짜 노인이 떠나면서 남긴 말은 무슨 뜻이었을까. 후대에 나와 같은 궁금증을 가진 독자가 있을 것을 예상한 사마천이 「유후세가」 끝에 장자방과 괴짜 노인에 대한 '비하인드 스토리'를 적어 놓았다.

'장자방이 처음에 하비의 다리 위에서 만난 노인이 자기에게 『태공병법』을 주고 나서 13년이 지나 유방을 따라 제북을 지나갔는데 과연 곡성산 아래에서 누런 돌을 보게 되어, 그것을 가지고 돌아와 보물처럼 받들며 제사까지 지냈다. 장자방이 죽자 누런 돌도 함께 매장했다. 그 후 사람들은 무덤에 오르거나 복일伏日과 납일臘日에는 누런 돌에도 제사를 지냈다.'

그렇다면 결국 장자방이 만난 노인은 사람이 아니라 누런 돌이었다는 뜻이 아닌가. 장자방이 병법을 배운 것은 황석공黃石公 같은 특정 인물이 아니라 스스로의 노력에 의해서라는 뜻일 것이다. 그가 병법을 연마할 때 그 곁에 바위가 있어 이런 신비스런 얘기가 전해 내려오게 되었을 것이다. 그의 병법이 위낙 뛰어나다보니 바위가 병법을 가르쳐주었다는 식으로 각색된 면이 없지 않다. 그러나 과연 그럴까. 만약 장자방이 병법을 익히면서 바위가 들려주는 얘기를 새겨듣지 않았다면 그는 결코 병법의 대가가 되지 못했을 것이다. 바위가 놓인 위치, 바람이 지나가는 방향, 물이 흐르는 속도 등을 읽지 못했다면 그는 결코 천기가 가르친 병법을 알아듣지 못했을 것이다. 그러므로 바위도 물과 바람처럼 그의 스승이라는 말은 맞다. 알고 보면 두두물물頭頭物物이 스승 아닌 것이 없고 삼라만상이 부처 아닌 것이 없다. 하물며 직접 말을 하며 몸으로 가르침을 전해주는 스승은 말해 무엇하랴. 아무리 성질이 고약하고 한심한 스승이라 해도 내게 가르침을 주는 분은 위대한 스승이다. 오늘도 우리는 눈만 뜨면 도처에서 스승과 선지식을 만날 수 있다. 고마운 일이다.

法

무명

붉은 색안경을
쓰고서
불이 났다고
믿는가

윤제홍 「옥순봉도」

이는 비유하면 병든 눈이 허공꽃과 제2의 달을 보는 것과 같느니라. ─『원각경』

중학교 수학여행 때였다. 짓궂은 친구들이 일찍 잠든 친구 안경에 사인펜으로 붉게 칠한 뒤 "불이야!" 하고 소리를 질렀다. 깜짝 놀라 잠에서 깬 친구는 진짜 불이 난 줄 알고 헐레벌떡 뛰쳐나갔다. 그 모습을 보고 깔깔거리며 웃었던 기억이 새롭다. 비슷한 추억을 가진 사람들이 많을 것이다.

그림을 그리는 행위와 마음을 다스리는 행위

학산鶴山 윤제홍尹濟弘, 1764~?의 「옥순봉도」는 그가 여든한 살 때 단양을 유람

5
마음을 모아
진리를 품다

했던 추억을 되살려 그린 작품이다. 먼저 제시題詩를 살펴보자. 1봉과 2봉 사이에 써 놓은 제시를 보면 오늘 뱃놀이하는 사람들의 여정을 확인할 수 있다.

"바람이 잠잠해지고 햇살이 밝은 날이면 한벽루에서 배를 저어 거슬러 올라가 옥순봉에 이르고 흥이 다해서야 돌아왔다. 권백득이라는 자는 옥피리를 잘 부는 자로 신선처럼 노닌다. 함께 배를 탄 사람은 소석 김시랑, 천상 윤세마, 다불산인 권이로서 모두 운치 있는 기이한 선비들이다. 학산구구옹鶴山九九翁이 그리다."

바람이 고요한 날이었다. 날이 밝자 학산구구옹인 윤제홍과 일행이 배를 타고 한벽루를 출발해 옥순봉에 이르렀다. 한참을 배를 저어 앞으로 나아가니 물 위에 우뚝 솟은 옥순봉이 나타났다. 사람들이 모두 와아, 하고 감탄사를 연발하자 흥을 못 이긴 권백득이라는 자가 배에서 내려 봉우리 쪽으로 걸어간다. 이렇게 좋은 날 흥을 살려내지 않고 어찌 그냥 넘어갈 수 있으랴. 옥피리를 꺼내 들더니 한 곡조 멋들어지게 불어 제낀다. 물도 바람도 모두 숨소리를 죽이며 그의 피리 소리에 취한다. 3봉 아래 피리를 불고 있는 권백득이 보인다.

윤제홍의 자는 경도景道, 호는 학산 찬하餐霞다. 지두화법指頭畵法, 붓 대신 손에 물감을 묻혀 그리는 기법에 뛰어났다. 「옥순봉도」는 그의 장기인 지두화법으로 그린 작품이다. 문인화가답게 그림에서 그윽한 문기文氣가 우러난다. 문기는 재주로 드러낼 수 있는 세계가 아니다. 오히려 재주 없음을 재주로 하는 대교약졸의 세계가 특징이다. 「옥순봉도」는 아마추어가 그린 듯 서툴고 어설퍼 보인다. 격식에 얽매이지 않는 구도와 붓질이 파격적이다.

옥순봉의 세 봉우리는 한 몸처럼 붙어 있다. 그런데 윤제홍은 각각의 봉우리를 개별적으로 독립시켰다. 실경을 그린 것이 아니라 자신의 마음속에 자

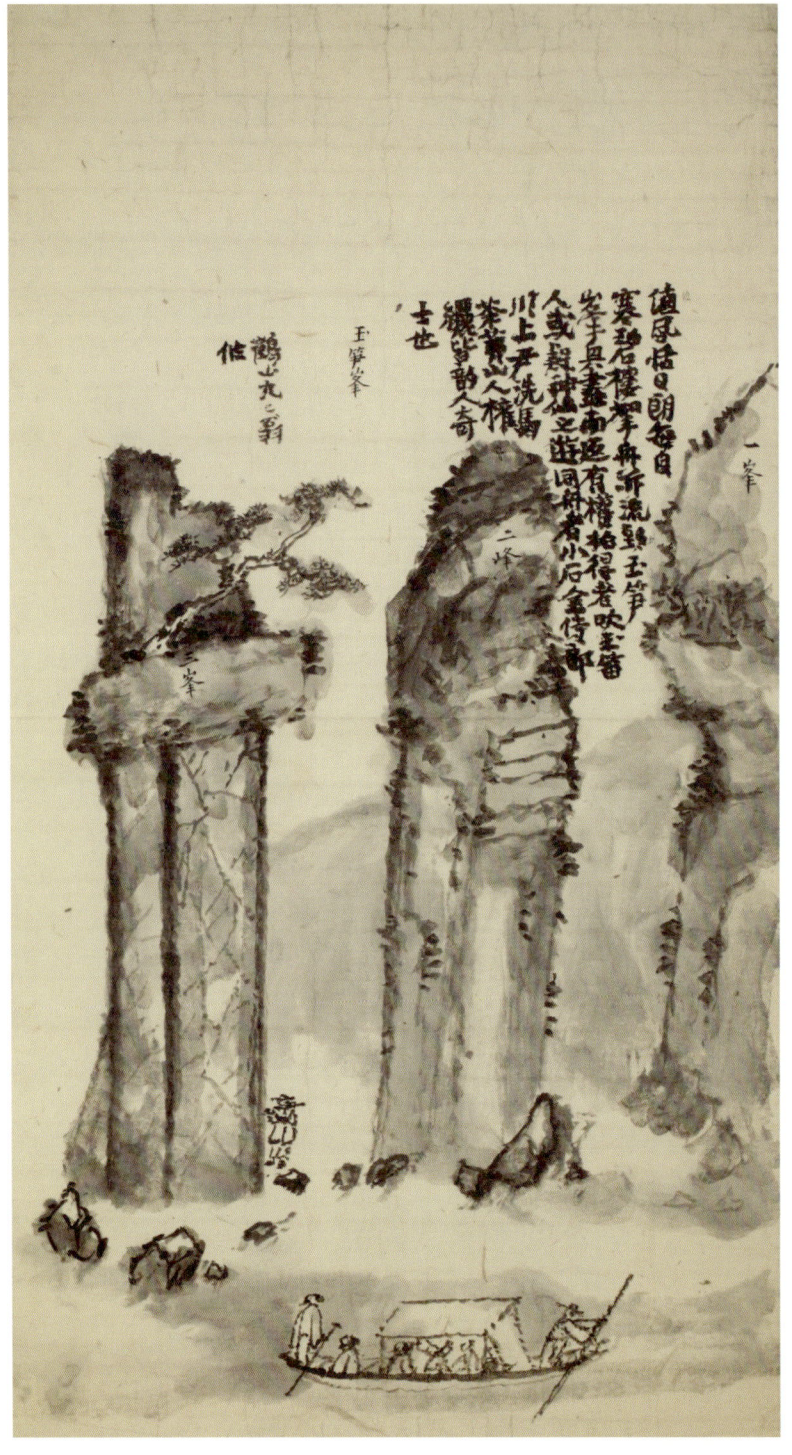

윤제홍, 「옥순봉도」, 종이에 연한 색,
58.5×31.6cm, 1844, 개인 소장

리 잡은 옥순봉의 이미지를 재구성한 것이다. 제각각 독립된 봉우리는 배경으로 깔린 연한 먹으로 인해 하나로 통일된다. 윤제홍은 먹의 농도를 조절해 봉우리와 강바닥에도 풀어놓았다. 절묘한 붓질이다. 아니 손질이다.

윤제홍은 19세기에 활동했다. 이색화풍異色畵風의 시조로 불릴 만큼 참신하고 담백한 그림을 그렸는데, 그의 정치이력은 결코 녹록지 않았다. 서른여덟 살에 사간원 정언正言이 된 이후 일흔일곱 살까지 무려 일곱 차례에 걸쳐 복직과 파직을 되풀이할 정도로 부침이 심했다. 그런 굴곡을 겪으면서도 「옥순봉도」 같은 담백한 작품을 남겼다. 그는 가는 곳마다 '기행사경도紀行寫景圖'를 남겼다. 그림을 그리는 행위가 곧 마음을 다스리는 행위였다. 조선 말기의 문신 이유원李裕元, 1814~88은 『임하필기林下筆記』에서 다음과 같이 적었다.

"청풍 군수를 지낸 학산 윤제홍의 산수화와 영춘 군수를 지낸 기원綺園 유한지의 전서篆書, 예서隸書는 한 시대에 뛰어났다."

이유원의 평가가 부끄럽지 않을 만큼 윤제홍의 「옥순봉도」는 문인산수화로서의 격이 살아 있다. 멋스럽고 운치 있다. 훌륭한 솜씨를 가진 화가가 멋진 풍경을 만났기 때문에 가능한 작품이다. 풍광 좋은 청풍에는 명문세가의 문인들이 수령으로 근무했다. 윤제홍도 청풍부사를 역임했다. 후원자가 있는 곳에 예술가가 있기 마련이다. 윤제홍뿐만 아니라 김홍도와 엄치욱嚴致郁, 19세기도 같은 제목의 그림을 남겼다.

단양에 가면 참으로 멋진 풍경을 많이 보게 된다. 옥순봉을 비롯해 사인암, 도담삼봉, 석문, 구담봉, 하선암, 중선암, 상선암 등 빼어난 경치가 보는 사람의 마음을 황홀케 한다. 오죽하면 단양팔경이라 했을까. 수많은 문집과 화첩을 통해 글과 그림으로 상찬의 대상이 되었던 것도 그곳이 아름답기 때문이다. 그런데 만약 우리 눈에 병이 들었다면 어떻게 할까. 천하의 절경이라 해도 볼 수 없을 것이다. 안타까운 일이다.

만약 우리 눈에 병이 들었다면

『원각경』은 열두 명의 보살이 여래가 깨달은 대원각의 도리에 대해 부처에게 묻고 답하는 경전이다. 그 열두 명의 보살 중 첫 번째로 등장한 보살이 문수보살이다. 문수보살은 보현보살과 함께 석가모니 부처를 양쪽에서 보필하는 협시보살이다. 보현보살이 코끼리를 탄 모습으로 등장한다면 문수보살은 사자를 탄 모습으로도 등장한다. 왜 사자인가. 사자는 백수百獸의 왕이다. 사자가 한번 소리치면 숲 속의 모든 짐승들은 숨죽여 몸을 낮춘다. 감히 사자의 위용에 맞설 수 없기 때문이다. 문수보살은 한 손에 칼을 들고 다른 손에는 경전을 들고 있다. 문수보살이 들고 있는 칼은 지혜의 칼이다. 무명無明을 잘라버리는 칼이다. 문수보살이 부처의 가르침으로 무명을 잘라버리는 모습은 사자의 포효 소리에 뭇 짐승들이 숨을 죽이는 것과 다름없다.

대중 가운데 있던 문수보살이 자리에서 일어났다. 앞으로 나간 문수보살은 오체투지하고 부처의 발에 이마를 대어 절하고는 부처의 주위를 오른쪽으로 세 번 돌고 나서 두 무릎을 꿇고 합장하고 부처에게 말했다. 이렇게 하는 행위는 인도의 예법이다. 경전마다 보살이 부처에게 질문을 할 때는 이와 같은 예법을 취한다.

"대자대비하신 세존이시여, 원하오니 이 법회에 온 모든 대중을 위해 여래가 본래 일으킨 청정함과 청정함에 도달하는 법문(因地法行)을 말씀하여 주소서. 그리고 어떻게 보살이 대승 가운데서 청정심을 일으키며, 모든 병을 멀리 떠나며, 미래의 말법시대의 중생으로서 대승을 구하는 자로 하여금 삿된 견해에 떨어지지 않게 할 수 있는지 말씀해 주소서."

5
마음을 모아
진리를 품다

문수보살은 지혜의 보살답게 부처에게 성불할 수 있는 방법에 대해 묻는다. 성불하려면 청정해야 하는데 어떻게 하면 청정함에 도달할 수 있는가. 어떻게 하면 말법시대의 중생 중에서 대승을 구하는 자로 하여금 삿된 견해에 떨어지지 않도록 할 수 있는가. 문수보살의 질문은 후세를 사는 우리들의 궁금증을 대신한 질문이다. 부처가 대답했다.

"선남자여, 무상법왕에게 대다라니문이 있나니 그 이름을 원각圓覺이라 한다. 이로부터 일체의 청정함과 진여와 보리와 열반과 바라밀을 흘려내고, 이 원각법문에 의지해 보살을 가르친다. 시방삼세 일체 여래는 본래 일으킨 인지因地에서 성불의 수단으로, 모두 원만히 비추는 청정한 각상覺相에 의지해, 영원히 무명을 끊고 비로소 불도를 이루느니라."

무상법왕無上法王 석가모니불에게는 원각이라는 대다라니문이 있다. 대다라니는 총지總持, 총강總綱이라는 뜻으로 팔만 사천 법문의 근본 총법總法이다. 부처의 법문을 몇 자로 압축해놓은 진언이다. 그 진언이 원각이다. 원각은 원만圓滿하여 결함이나 새어나감이 없다. 일체의 시공간을 포함한다. 부처도 원각에 의지해 성불했고, 모든 불보살과 대승을 구하는 자들도 성불할 수 있다. 부처는 성불했는데 우리는 어렵다. 왜일까. 무명 때문이다. 무엇이 무명인가.

"일체 중생은 그 시작을 알 수 없는 먼 옛날부터 갖가지가 전도되어 있다. 마치 방향을 잃은 사람이 동서남북 네 방향을 서로 뒤바꾸어 이해한 것처럼, 4대의 인연화합인 몸을 자기 몸의 모습으로 잘못 인식하고 있으며, 6진과 6근이 상호작용하여 일어난 분별의식인 영상을 자기 마음의 모습으로 잘못 인식하고 있다. 이는 비유하면 병든 눈이 허공꽃空中華과 제2의 달을 보는 것과 같느니라."

우리 몸은 영원불변한 것이 아니다. 지수화풍地水火風의 4대가 인연에 의해 화합한 것이다. 언젠가 인연이 다하면 지수화풍으로 분해되어 되돌아갈 것이다. 그런데 우리는 이 몸이 영원한 것으로 착각한다. 어디 그뿐인가. 4대가 화합해 만든 여섯 가지 기능, 즉 6근(眼耳鼻舌身意)이 대상이 되는 여섯 가지 경계 즉, 6식(色聲香味觸法)과 상호작용해 만든 영상인 6진연영六塵緣影을 진짜라고 생각한다. 그림자를 보고 자기 마음이라고 믿는다. 6진연영이 영원하다고 생각하기 때문에 애착과 탐욕이 생긴다. 이것이야말로 뒤바뀌었다. 전도顚倒된 것이다. 이것을 비유하자면 마치 병든 눈이 허공꽃을 보는 것이고 제2의 달을 보는 것과 같다. 『반야심경』에서 '전도몽상顚倒夢想'이라 했던 내용과 맥락이 같다.

무명이라는 고질병

몇 해 전이었다. 컴퓨터 화면을 보는데 눈앞에 날파리가 날아왔다. 쫓았더니 더 이상 오지 않았다. 다시 화면을 보는데 또다시 나타났다. 다시 쫓았다. 없어졌다. 없어졌던 날파리는 내가 눈동자를 움직일 때마다 나타났다. 귀신이 곡할 노릇이었다. 도대체 저 날파리는 어디에 숨어 있다가 내 눈동자가 움직이는 것을 알고 나타날까. 안과에 갔다. 비문증이라고 했다. 일명 날파리증이라고도 하는데 눈앞에 먼지나 벌레 같은 것이 떠다니는 증세라고 했다. 비로소 이해가 됐다. 날파리는 허공에 있는 것이 아니라 내 눈 안에 있었다. 눈동자에 병이 생긴 것이다. 그런데 나는 내 눈 속의 날파리가 허공에 날아다닌다고 착각했다. 마치 붉은 색안경을 쓰고 세상에 불이 났다고 착각한 것과 마찬가지였다.

허공에 꽃이 있다고 착각한 것은 꽃이 실재해서가 아니라 눈에 병이 들었기 때문이다. 물속에 비친 제2의 달을 보고 진짜 달이라고 생각한 것도 착각이다. 허공꽃과 제2의 달은 그림자이고 6진연영이다. 꽃이고 허깨비고 물거품이고 그림자(如夢幻泡影)다. 허공에 실제로 꽃이 없는데 미망으로 집착하는 것 때문에 우리는 생사를 반복하며 윤회한다. 이것이 무명이다.

 우리 모두는 무명이라는 병에 시달린다. 아무리 단양팔경이 멋있다 한들 눈이 아프면 볼 수 없다. 붉은색 안경을 쓴다면 붉은색으로 보일 것이다. 나처럼 날파리증이 있는 사람이 본다면 풍광 곳곳에 날파리가 날아다닐 것이다. 그러니 거짓된 6진연영에 속지 말고 진정한 생명을 찾아야 한다. 마음을 청정히 하여 6진연영이 실제가 아님을 아는 것. 이것이 무명을 끊는 것이다. 이것이 원각이고 모든 불보살님들이 성불한 비결이다.

올바른 가르침

나누며 사는
사람에겐
향기가 난다

신윤복「문종심사」

보살이 세운 수많은 서원이 하나의 큰 서원 속에 포함되는데, 그것은 정법을 섭수하는 일입니다. 즉, 올바른 가르침을 받아들이는 일입니다.

―『승만경』

정년퇴임한 선생님을 만났다. 얼굴이 밝아 보였다. 생기가 넘쳐 교직에 있을 때 지치고 피곤해하던 모습은 찾아볼 수 없었다. 만나자마자 당신의 근황을 얘기했다. 아침에 일어나면 운동 삼아 뒷산에 올라가 약수를 떠오는 것으로 하루를 시작한다. 밥을 먹은 후 동사무소에서 개설한 저렴한 문화 강좌를 듣고 오후에는 헬스클럽에 가서 운동을 하다 보면 하루가 짧다. 저녁에는 가끔씩 친구들과 만나 소주잔을 기울인다. 한 달에 한 번 정도는 골프를 치러 가고 산악회 회원들과 산행도 떠난다. 자식들은 전부 결혼하고 부부만 살다보니 마음 내키면 원하는 곳으로 차를 몰고 훌쩍 떠날 수도 있다. 텔레비전에 맛집이 소개되면 그곳을 찾아다니는 재미도 크다. 이 모든 것이 몸이 건강해야 가능하다. 정기적으로 건강검진을 받고 몸이 조금만 아파도 입원해서 치료를 받는다. 보험을 여러 개 들어놨으니 치료비 걱정은 없다. 일 년에 한두 번은 멀리 해외 여행도 떠난다. 부부 교사로 정년퇴임을 해 두 사람이 받는 연금만으로도 충분히 생활은 하고도 남아 일부는 다시 저축을 한다. 탄력 있는 노년이다. 대다수 은퇴자들이 노후 대책이 전혀 안 돼 있다는 보도는 그 선생님한테는 해당되지 않았다. 멋진 황혼을 보내는 것 같아 보기 좋았다.

종소리를 듣고 절을 찾다

머리에 쓰개치마를 걸치고 삼회장저고리를 입은 여인이 절에 도착했다. 말구종이 이끄는 말을 타고 몸종까지 거느린 것으로 봐서 지체 높은 양반집 여인일 것이다. 그녀가 온다는 소식을 들었을까. 고깔모자를 쓴 스님이 마중 나와 허리를 깊이 숙여 공손하게 절을 한다. 화주보살은 아니더라도 절에 큰 도움을 주는 신도임이 확실하다. 스님이 걸어 나온 듯한 절 입구에는 홍살문이 세워져 있다. 여인이 절에 거의 도착했음을 알 수 있다. 홍살문은 원래 절이 아니라 능이나 묘, 궁전, 관아 등의 정면에 세우는 문이다. 그런데 수원 용주사처럼 왕실 원찰로 위패를 봉안한 호성전護聖殿이 있을 경우에는 절에 홍살문을 세운 경우도 있다.

조선시대에 여인들은 자기 마음대로 바깥세상을 돌아다닐 수 없었다. 여염집 아낙네가 아니라 양반집 규수라면 그 정도는 더 심했다. 그만큼 폐쇄적인 사회였다. 예외가 없는 것도 아니었다. 절에 기도하러 갈 때다. 여인들은 돌아가신 분의 극락왕생을 기원하기 위해 절을 찾았다. 아들을 낳게 해달라고 불공을 드리기 위해 절을 찾았고 가족 중 누군가가 병이 들었을 때도 절을 찾았다. 남편이 바깥으로만 나돌 때도 절을 찾았고 고부간의 갈등이 심할 때도 절을 찾았다. 억불숭유 정책을 기본으로 하는 조선 사회에서 부녀자들이 절에 가는 것은 공식적으로 허락되지 않았다. 그러나 불교는 삼국시대부터 이 땅의 여인들과 희로애락을 함께한 종교였다. 여전히 많은 여인들의 가슴속에 깊은 의지처로 남아 있었다. 아무리 강경한 유학자들이라 해도 왕실에서 평민에 이르기까지 틈만 나면 절에 기대어 마음을 달래고자 했던 여인들의 바람을 감히 어쩌지는 못했다. 여인들에게 절은 기도처이자 휴식처였고 상담실이었다. 지금도 절에는 여인들이 많다.

「문종심사聞鐘尋寺, 종소리를 듣고 절을 찾다」는 『혜원풍속도첩蕙園風俗圖帖』에 들어 있는 작품으로 풍속화가 신윤복이 그렸다. 왼쪽 위, 빈 공간에는 다음과 같은 화제가 적혀 있다.

    소나무가 많아 절은 보이지 않고, 인간 세상에는 다만 종소리만 들린다
    (松多不見寺, 人世但聞鐘).

나 또한 엊그제 절에 다녀왔다. 수원에 있는 용주사였다. 비록 말 대신 승용차를, 말구종 대신 남편이 운전한 차를 타고 갔지만 절에 가는 마음은 그림 속 여인과 다르지 않았다. 용주사 대웅보전은 김홍도가 그린 후불 탱화가 모셔져 있는 역사적인 장소다. 대웅보전에 앉아 금강경을 독송했다. 환희롭고 감동적인 시간이었다. 그런데 옆에 있는 전각에서 법문이 끝난 듯 갑자기 사람들이 밀려들었다. 거의 여자들이었다. 그들은 들어오기가 무섭게 삼배를

신윤복, 「문종심사」, 종이에 색, 35.2×28.2cm, 조선 후기, 간송미술관 소장

하더니 그대로 나갔다. 보시함에 돈을 넣는 사람도 있었다. 거의 약속이나 한 듯 행동이 비슷했다. 그들은 무엇을 기원하면서 절을 하고 보시금을 넣었을까. 문득 궁금했다.

올바른 가르침을 받아들이는 일

승만 부인이 다시 부처 앞에서 세 가지 큰 서원을 세웠다.

"부처님, 저는 진실한 서원으로 수많은 중생이 편안하고 안온하도록 힘쓸 것입니다. 이 선근으로 어떤 세상에 태어나든지 정법正法의 지혜 얻기를 발원합니다. 이것이 첫 번째 서원입니다. 제가 정법의 지혜를 얻은 후에 싫증내지 않고 중생을 위해 법을 설할 것입니다. 이것이 두 번째 서원입니다. 제가 올바른 가르침을 받아들이고(攝受正法) 육신과 생명, 재물을 보시해 정법을 수호하고 지켜나가겠습니다. 이것이 세 번째 서원입니다."

부처가 승만 부인의 서원을 듣고 말했다.

"승만 부인의 세 가지 서원은 보살들의 수많은 서원을 모두 포괄하고 있다. 이 삼대원三大願은 매우 광대하고 무변하다."

승만 부인이 부처에게 말했다.

"보살이 세운 수많은 서원이 하나의 큰 서원(一大願)에 포함되는데, 그것은 정법을 섭수攝受하는 일입니다. 즉, 올바른 가르침을 받아들이는 일입니다. 이 올바른 가르침을 받아들이는 일은 진실로 큰 서원입니다."

부처가 승만 부인을 찬탄했다.

"세 가지 큰 서원 중에서 올바른 가르침을 받아들이는 일은 과거, 현재의 모든 부처님이 말씀하셨고, 미래의 부처님이 설할 것이다. 올바른 가르침을 받아들이는 사람은 공덕이 매우 많으며 큰 이익이 있을 것이다."

『승만경』에 나오는 내용이다. 재가신자인 승만 부인은 부처에게서 '보광여래가 될 것'이라는 수기를 받은 여인이다. 남성 위주의 초기 불교 교단에서 여인은 출가하기도 힘들었다. 성불하기 위해서는 남자 몸으로 한 번 바뀐 다음에야 가능하다고 생각했다. 그런데 대승경전인 『승만경』에서는 여인인 승만 부인이 부처한테 직접 수기를 받았을 뿐만 아니라 당당하게 설법까지 하고 있다. 『유마경』이 남성 재가자인 유마거사가 설한 경전이라면 『승만경』은 여성 재가자가 설한 경전으로 짝을 이룬다. 두 경전은 재가자도 출가 수행자처럼 부처에게 수기를 받고 성불할 수 있다는 여래장如來藏 사상이 녹아 있다. 여래장은 일체중생이 부처가 될 수 있다는 사상이다.

올바른 기도란 어떤 것일까?

정년퇴임한 선생님의 모습은 보기 좋았다. 그런데 뭔가 조금 아쉬움이 남았다. 넉넉하고 여유로워 보였지만 오로지 자신만을 위한 삶이었기 때문이다. 여유를 넘어 풍족해 보이기까지 한 그 분의 삶에는 '다른 사람'에 대한 관심은 철저히 배재되어 있었다. 돈이 없어도 이웃과 나누며 사는 사람에게 느낄 수 있는 향기를 전혀 맡을 수 없었다. 그 작은 아쉬움이 의외로 넓어 보였다. '앞만 보고 달려 온 세월'을 보상받기라도 하듯 마음껏 즐기며 사는 자세도 결코 나쁘지 않다. 시쳇말로 남을 귀찮게만 하지 않아도 도와주는 것이기 때문이다. 그런 차원이라면 그 선생님은 아주 훌륭하다. 내가 번 돈 내가 쓰는데 무슨 상관이냐고 항의해도 딱히 대꾸할 말이 없을 정도다.

그러나 조금만 더 깊이 들여다보면 내가 번 돈은 나 혼자 번 돈이 아니다. 우리는 모두 누군가의 도움 속에서 살아간다. 배고플 때 내 배를 채워준 쌀은 내가 수확한 것이 아니다. 농부는 모내기부터 타작까지 나를 대신하여 수고한다. 나는 그저 돈 몇 푼으로 그 수고로움에 대한 댓가를 지불할 뿐이다. 그렇다하여 농부의 수고로움에 대한 감사함이 사라진 것은 아니다. 내가 할 수 없는 일을 대신 해줬기 때문이다. 내가 지불한 돈의 수백 배를 받는다 해도 나는 쌀 한 톨 만들어낼 줄 모른다. 내가 일터로 가기 위해 타는 지하철도 내가 만든 것이 아니다. 누군가가 나를 대신해 땅을 파고 철로를 깔고 차량을 운행하고 신호등을 설치해 내가 이용하게 해줬다. 나는 단지 티켓을 사 그 수고로움에 대한 대가를 지불하지만 그것으로 전부 해결된 것은 아니다. 내가 할 수 없는 일을 대신 해줬기 때문이다.

나를 대신해 수고한 사람이 어찌 그들뿐이겠는가. 나와 더불어 살아가는 이 시대 모든 사람들이 수고한 사람이다. 결국 나는 내 모든 이웃들에게 빚을 진 셈이다. 그럼에도 불구하고 나는 단지 대가를 지불했다는 이유만으로 내가 번 돈은 오로지 나의 것으로 생각한다. 이웃의 보살행이 나의 삶과 상관없다 단정 짓는다. 상관없는 것이 아니다. 지독히 상관있다. 당장 쓰레기를 치우는 청소부가 일주일만 나타나지 않아도 나의 삶은 오물투성이로 뒤범벅된다. 그러니 내 이웃이 아프면 내가 아파야 한다. 아니, 아플 수밖에 없다. 같은 공간과 같은 시간을 공유하기 때문이다. 옆집에서 가스가 폭발하면 우리 집까지 그 영향이 미치는 것과 마찬가지다. 우리는 원하든 원하지 않든 어쩔 수 없이 같이 가야 할 공업共業 중생이다. 손가락이 아프면 온몸이 아픈 한 몸이다.

절에 가서 우리는 무슨 기도를 할까. 무엇을 위해 치성을 드리고 누구를 위해 불공을 드릴까. 우선은 나를 위해 기도한다. 그리고 내 가족과 친구들이 잘되기를 기도한다. 말을 타고 절을 찾은 그림 속 여인의 기도 또한 남편 차를 타고 용주사를 다녀온 나의 기도와 다르지 않았을 것이다. 그게 나쁘다는 것이 아니다. 다만 거기에 멈추지 말고 한 발자국만 더 나아가자는 뜻이다.

내 가족까지만 포함된 기도의 테두리를 나의 이웃까지 넓혀주는 것. 그것이 바로 '올바른 가르침을 받아들이는 일'로 '정법을 섭수하는 것'이다. 승만 부인이 세운 세 가지 큰 서원에는 이웃이 가득하다. 그야말로 보살심으로 충만하다. 나만을 위한 삶에 내 이웃까지 포함시켜주는 것이야말로 승만 부인처럼 사는 것이다. 절에 가서 절하고 보시금 내는 것보다 더 아름다운 보살행이다.

육바라밀의 실천

안다고 하여
거드름
피우지 마라

김득신 「포대흠신」

올바른 가르침을 받아들이는 일이 바라밀과 다르지 않고, 바라밀이 올바른 가르침을 받아들이는 일과 다르지 않습니다. 올바른 가르침이 곧 바라밀입니다.

—『승만경』

선운사에 갔다. 선운사를 생각할 때마다 최영미의 시가 떠올랐다. "꽃이 피는 건 힘들어도 지는 건 잠깐이더군"으로 시작된 「선운사에서」는 동백꽃이 피어야 선운사일 것 같은 착각마저 일으켰다. 오랫동안 선운사를 그리워하게 만든 시다. 지금은 가을이라서 동백꽃은 볼 수 없었다. 다만 잎사귀만 무성했다. 내년 봄에 다시 와야겠다. 선운사를 잊지 못하게 한 글은 또 있다. 윤대녕의 「상춘곡」이다. 작가가 미당 서정주의 말을 빌려 책 속에 묘사한 만세루는 그야말로 환영 같았다. 미당은 아직 피지도 않은 동백을 보고 간다며 선운사에 왔다. 그리고 주인공에게 신기루 같은 말을 남겼다. 흐린 날 만세루에 가보면 공기가 무거워진 선운사 경내는 영산전 목조삼존불에서 퍼져 나온 향내로 그윽하다고. 내가 간 날은 하늘이 쨍그랑 소리가 날 정도로 맑았다. 공기가 무겁기는커녕 지나치게 가벼워 향내는 맡을 수 없었다. 꽃무릇도 다 지고 단풍은 기미도 느껴지지 않는 어정쩡한 시기에 왔다. 낭패다.

무엇이 올바른 가르침을 받아들이는 것인가

승만 부인이 세운 수많은 서원은 하나의 큰 서원에 포함되는데, 그것은 정법을 섭수하는 일이라고 했다. 즉, 올바른 가르침을 받아들이는 일이다. 그렇다면 무엇이 올바른 가르침을 받아들이는 것인가. 승만 부인이 부처에게 말했다.

"부처님, 올바른 가르침을 받아들이는 일이 바라밀과 다르지 않고, 바라밀은 올바른 가르침을 받아들이는 일과 다르지 않습니다."

"그렇다. 바라밀이 올바른 가르침을 받아들이는 일이다. 그 이유가 무엇인가?"

"올바른 가르침을 받아들인 선남자 선여인이 보시를 통해 성숙시켜야 할 중생은 보시로써 성숙시키는데, 몸과 팔 다리를 잘라 보시하면서까지 저들의 뜻에 따라 보호하면서 성숙시킵니다. 그렇게 성숙한 중생이 올바른 가르침을 받아들입니다. 이것이 보시바라밀입니다."

보시바라밀에서 시작된 승만 부인의 설명은 지계바라밀, 인욕바라밀, 정진바라밀, 선정바라밀, 지혜바라밀로 계속된다. 바라밀은 산스크리트어로 바라밀다, 파라미다라고도 하는데 도피안到彼岸이라 번역한다. 모든 번뇌에 얽매인

法

김득신, 「포대흠신」, 종이에 색, 27.2×22.8cm, 조선 후기, 간송미술관 소장

고통의 세계인 생사고해를 건너서 이상경理想境인 열반의 저 언덕에 도달하는 보살 수행의 총칭이다. 보살이 열반에 이르기 위해 실천해야 할 행동지침이다. 대승불교에서는 육바라밀을 제시했는데 그것이 바로 승만 부인이 말한 내용이다.

포대화상의 배불뚝이 포대자루

낮잠을 잔 것일까. 김득신金得臣, 1754~1822이 그린 「포대흠신布袋欠伸」은 보는 순간 웃음이 절로 나온다. 나무에 기댄 스님이 입을 쩌억 벌려 하품을 하면서 기지개를 켠다. 몸이 찌뿌듯할 때 기지개를 켜 본 사람은 그 시원함을 알 것이다. 마치 죽어 있던 세포들이 일시에 살아난 듯한 상쾌함을 느낀다. 스님도 지금 세포가 살아나는 순간의 즐거움을 충분히 맛보고 있다. 그런 스님을 훔쳐보듯 소나무 줄기가 허공에서 내려다보고 있다. 소나무는 사철 푸른 나무라서 계절은 가늠하기 힘들다. 배를 드러낸 채 맨발로 땅바닥에 앉아 있을 정도라면 그다지 추운 날씨는 아닐 것이다. 꼼꼼하게 그린 소나무에 비해 재빠른 필치로 단숨에 끝낸 듯한 인물표현법이 대조적이다. 화가의 능숙한 솜씨를 확인할 수 있는 작품이다. 김득신은 화원을 지낸 화가로 김홍도의 뒤를 이어 인물과 풍속화에 능했다.

「포대흠신」의 흠欠은 하품하다는 뜻이고 신伸은 기지개를 켜다는 뜻이다. 그림에는 제목이 적혀 있지 않은 것으로 봐서 후대에 붙인 듯하다. 그렇다면 앞의 '포대'는 왜 붙였을까. 포대는 포대화상布袋和尚을 뜻한다. 포대화상은 후량後粱의 고승으로 정응대사定應大師를 지칭한다. 늘 작대기에 포대를 메고 다녀 포대화상이란 별명을 얻었다. 포대화상은 동냥한 음식과 물건을 포대 속에 가지고 다니면서 필요한 사람에게 나누어 주었다. 대머리에 배불뚝이인 포대화상은 항상 호탕하게 웃는 모습으로 그려졌는데, 그는 미륵보살의 화신으로 추앙받았다. 그림 속 스님이 포대화상이라는 증거는 찾아볼 수 없다. 그러나 굳이 제목에 포대화상을 넣은 것은 이런 도상적인 특징이 들어 있기 때문이다. 포대화상은 그림뿐만 아니라 조각으로도 많이 조성됐다. 특히 우리나라에서는 절 입구에 모셔져 있는 경우가 많아 불교를 모르는 사람도 친숙한 화상이다.

환한 얼굴로 남에게 베푸는 행위는 종교와 상관없이 환영받는다. 육바라밀의 첫 번째가 보시바라밀인 것만 봐도 알 수 있다. 그런데 승만 부인이 제시한 보시바라밀은 그 차원이 다르다. 단지 돈이나 물건을 주는 차원에서 그치는 것이 아니라 자신의 몸과 팔 다리를 잘라 보시하는 차원까지 나아간다. 부처가 배고픈 호랑이를 살리기 위해 절벽에서 몸을 던진 사신사호捨身飼虎의 본생담本生譚을 계승한 정신이다. 입으로 말하기는 쉬워도 실천하기는 어려운 수행이다.

학문이 깊은 사람이란

실천의 중요성은 단지 불교에만 국한된 가르침이 아니다. 유가儒家에서도 매우 중요하게 여기는 덕목이다. 어느 날 공자의 제자 자공이 공자에게 물었다. "군자가 무엇입니까?" 공자가 대답했다. "말보다는 행동을 앞세워라. 그러면 사람들은 너를 따른다." 공자의 말이 이어졌다. "군자는 누구에게나 평등하게 대하여 차별을 두지 않고, 소인은 차별을 두어 누구에게나 평등하게 대하지 않는다." 이 정도 수준이라면 따라할 수 있지 않을까. 승만보살의 서원처럼 자신의 몸을 던져 보시하는 차원까지는 힘들더라도 공자의 가르침이라면 가능할 것 같다. 아니다. 사실은 이 정도도 무척 힘들다. '나'라는 '아상我相'이 떨어져 나가지 않는 한 차별하는 마음 없이 행동하기는 쉽지 않다.

5
마음을 모아
진리를 품다

　포대화상은 포대자루에 담긴 물건을 필요한 사람에게 주었다. 마음에 드는 사람뿐만 아니라 마음에 들지 않는 사람도 외면하지 않았다. 우리는 어떠한가. 싫은 사람은 눈도 마주치지 않는다. 어쩔 수 없이 대화를 하더라도 마치 빚 독촉을 하러간 빚쟁이 얼굴을 하고서 만난다. 그러니 아무리 비싼 화장품을 발라도 명품 피부를 만들 수 없다. 눈빛을 고쳐주는 화장품은 없기 때문이다.

　허름한 옷을 입어도 후광을 드리운 사람이 있다. 맨발로 걸어 다녀도 성스러운 사람이 있다. 내면이 아름답기 때문이다. 때로 우리는 그 진리를 잊을 때가 많다. 대머리에 배불뚝이인 포대화상이 가는 곳마다 환영받는 이유는 환한 웃음 때문이다. 가진 것을 전부 나눠준 보시바라밀을 실천했기 때문이다. 우리가 자랑해야 할 것은 돈이 아니다. 잘생긴 외모나 높은 관직이 아니다. 얼마나 학문이 깊은가 하는 것이다. 학문이 깊은 것은 글을 잘 쓰거나 해박한 지식을 갖춘 것을 의미하지 않는다. 글을 잘 쓰는 것은 재주가 뛰어난 것이다. 해박한 지식도 마찬가지다. 재주가 뛰어난 사람은 단지 재주가 출중할 뿐이지 학문이 있는 것은 아니다. 만약 글 쓰는 재주나 지식으로 학문을 얘기한다면 박사나 전문가들은 모두 성자가 되어 마땅하다. 그러나 어디 그런가. 박사 중에 못된 인간들이 더 많다. 전문가 중에 사기꾼이 더 많다. 박사와 전문가는 그 분야에 조금 더 재주가 많을 뿐이다.

　그렇다면 어떤 사람을 학문이 깊다 할 수 있을까. 사람의 도리를 실천하며 사는 사람이다. 책은 읽은 적이 없지만 사람이 지켜야 할 도리를 실천하며 바르게 살면 그 사람은 학문이 깊은 사람이다. 학교에는 근처에도 가보지 못해 가방끈은 짧지만 볼 때마다 존경심이 우러나는 사람이 있다. 그런 사람이 학문이 깊은 사람이다. 어른을 보면 공경할 줄 알고 어려운 사람을 보면 도와줄

줄 안다. 학문이 깊은 사람이다. 자기보다 못한 사람에게 겸허히 묻고 배울 수 있는 사람 역시 학문이 깊은 사람이다. 남이 보거나 말거나 자신의 일을 묵묵히 하는 사람도 학문이 깊은 사람이다. 학문은 그저 책 속에 담겨 있는 죽은 지식이 아니다. 현실 속에서 실천하는 것이다. 우리가 책을 읽는 이유는 거기에 비추어 나의 부족한 점을 채우고 나 자신을 바로잡기 위해서다. 조금 안다 하여 거드름피우기 위해서가 아니다. 경전을 읽고 절을 하고 염불을 하는 이유도 마찬가지다. 신해행증信解行證에서 첫 번째는 믿음이다. 그러나 믿음(信)은 부처의 가르침에 대한 깊은 이해(解)와 실천(行)이 뒤따르지 않는 한 일심을 증득(證)할 수 없다. 실천은 얼마나 아름다운 바라밀인가.

선운사에서 만난 포대화상의 보시행

선운사 경내를 둘러보고 만세루에 앉았다. 동백꽃도 꽃무릇도 보지 못한 아쉬움을 달래며 오랫동안 앉아 있었다. 만세루는 문이 없다. 법회하는 날 사람이 많아 대웅보전에 들어갈 수 없을 때는 만세루에서 예불에 참여하도록 지은 건물이란다. 기둥도 서까래도 다듬지 않은 원목 그대로의 미를 느낄 수 있는 건물이다. 무료함을 달래려 두리번거리다 대웅보전을 바라보았다. 무심히 건물을 구경하는데 지팡이를 든 노스님이 눈에 들어왔다. 노스님 뒤로는 서너 명의 여행객들이 뒤따랐다. 노스님은 다리가 불편한 듯 움직일 때마다 몸이 앞뒤로 출렁거렸다. 노쇠한 몸을 지팡이에 의지해 경내를 돌아다니면서 사찰을 안내하고 있었다. 마치 할아버지가 손주들을 데리고 산책하는 것 같았다. 순간 가슴이 뭉클했다. 그 모습이 어찌나 자연스럽고 진지해 보이던지 갑자기 선운사에 마음을 빼앗겨 버렸다. 흐뭇한 마음으로 공양간으로 향하는데 또 다른 노스님 두 명이 걸어왔다. 이곳저곳에 유독 노스님들이 많이 보였다. 알고 보니 선운사는 주지 법만 스님의 원력으로 승려노후수행마을을 만든 사찰이었다.

    그동안 우리 불자들은 노스님들에게 얼마나 모질게 대했던가. 스님들이 조금만 몸이 아파도 차가운 시선으로 쳐다보며 말했다. 수행자가 얼마나 수행을 안 했으면 몸이 아플까. 노후에 오갈 데가 없는 스님을 향해서도 매몰차게 말했다. 오죽 변변찮으면 시봉하는 상좌 한 명 없을까. 그렇게 심판하듯 스님을 대하던 사람들의 마음은 오만함으로 가득 차 있었다. 누구 한 명 나서서 스님들의 노후를 걱정해주는 사람이 없었다. 오죽하면 노년에 몸을 의탁할 데가 없어 토굴에서 쓸쓸히 생을 마치는 스님까지 있었을까. 그러니 선운사의 승려노후수행마을 조성은 한국 불교의 발전을 위해서도 획기적인 일일 것이다. 가장 필요한 사람에게 가장 필요한 물건을 가져다주는 포대화상의 보시행이다. 그 사실을 알게 되자 주지 스님의 법문조차 예사롭지 않게 들렸다. 법문할 때 웅얼거리듯 유창하지 못한 눌변조차도 하심을 위한 겸손으로 보였다. 선운사는 사계절이 아름다운 절이다. 그러나 풍경은 아름다운 사람 앞에서 빛을 잃는다. 사람이 꽃보다 아름답다. 육바라밀을 실천하는 사람은 더욱 아름답다. 나도 내 삶 속에서 육바라밀을 실천해야겠다.

자족

어디에 있든
충실하게
존재하면 된다

강희안 「고사관수도」

욕심을 버리고 조용한 곳에 머물러 있는 일이 이 세상에서 가장 최선의 일이다.
— 『사십이장경』

나이 드는 것은 축복일까, 재앙일까. 몸의 기능이 예전만 못하니 축복이라 할 수는 없다. 그렇다면 재앙일까. 어떤 일이 발생했을 때 우격다짐으로 감정부터 앞세우던 충동성이 완화되었으니 재앙은 아닌 것 같다. 축복도 아니고 재앙도 아니라면 무엇일까. 마음먹기에 따라 축복일 수도 있고 재앙일 수도 있다는 뜻이다.

부처가 깨달음을 얻은 후 이렇게 생각했다.

"욕심을 버리고 고요함에 머물러 있는 일이 이 세상에서 가장 최선의 일이

구나."

　부처는 나이와 상관없이 고요함에 머무를 수 있었다. 그러나 우리는 쉽지 않다. 젊은 시절에는 걱정에 끌려 다니느라 고요할 수 없었다. 나이 들어 몸이 고요해질 때면 이번에는 마음이 문제다. 지난날에 대한 회의와 아쉬움으로 고요할 수 없다. 내가 왜 그랬을까. 내가 왜 그때 조금 더 현명하게 행동하지 못했을까. 이런 회한으로 과거를 돌아보느라 밤잠을 설칠 때가 많다. 이래저래 고요함에 가닿기는 힘든 것이 우리 인생이다.

　고요함에 깊이 머무는 일
　언제부터 앉아 있었을까. 한 선비가 물가에서 바위에 턱을 괴고 앉아 물을 바라본다. 물소리도 잊은 채 깊은 생각에 빠져 있는 선비의 얼굴은 편안해 보인다. 세상의 다툼에서 한 걸음 물러난 자의 편안함이다. 선비가 팔을 얹은 바위는 그와 한 몸인 듯 잘 어울린다. 이 자리에 자주 왔음을 알 수 있다. 절벽에서 흘러내린 덩굴풀이 그의 머리 위에서 흔들거린다. 수면까지 흘러내린 덩굴풀을 따라 시선을 아래로 향하면 거친 필치의 수초水草들이 수면 위로 솟아 있다. 싱싱한 생명력이 느껴진다. 자연의 숨소리는 요란하지 않다. 선비도 숨을 죽인 채 고요함에 동참한다. 한가롭고 고즈넉한 풍경이다. 그린 사람의 마음까지 짐작할 수 있는 작품이다.

　강희안이 그린 「고사관수도高士觀水圖」는 구도가 단순하다. 구도는 중국 명대에 활동한 절파화풍의 화가 장로張路의 「어부도漁夫圖」를 참고했다. 인물의 자세와 표현법도 화보畫譜를 참조한 듯 평범하다. 작가의 독창성을 문제 삼는다면 그다지 큰 점수를 받기 힘든 작품이다. 그런데도 「고사관수도」는 강희안의 담백한 삶이 맑은 샘물처럼 들여다보인다. 기교로는 가닿을 수 없는 무기교의

法

강희안, 「고사관수도」, 종이에 수묵, 23.4×15.7cm,
15세기 중엽, 국립중앙박물관 소장

세계다. 볼수록 사람을 끌어당기는 이 작품의 매력은 먹의 풍부한 운용에 있다. 이 그림에는 채색이 없다. 오직 먹 하나로 그렸다. 그런데 그 어떤 채색을 쓴 것보다 훨씬 울림이 크다. 선비 뒤로 보이는 절벽은 도끼로 쪼갠 듯 흑백 대비가 강하다. 덩굴풀은 윤곽선 없는 몰골법으로 그린 반면 인물은 몇 가닥 선으로 쓱쓱 그렸다. 서로 다른 기법이 서로 부족한 점을 채워준다.

고사高士는 인격이 고결한 선비를 일컫는다. 학문이 높고 재능도 있어 자신을 드러낼 수 있는 인재임에도 불구하고 일생 동안 숨어 지내며 드러내지 않는 사람이다. 비슷한 말로 처사處士가 있다. 인재仁齋 강희안은 조선 초기의 문신으로 시서화에 모두 뛰어나 삼절三絶로 불렸다. 그는 꽃과 나무에도 관심이 많아 원예에 관한 책 『양화소록養花小錄』을 남겼다. 바쁜 와중에도 여유를 잃지 않으려는 그의 삶을 들여다볼 수 있는 책이다. 그는 높은 관직을 두루 거쳤는데 배움에 있어서는 신분을 가리지 않았다. 직업 화가들의 화풍인 절파화풍을 수용해 붓을 든 것만 봐도 알 수 있다. 직업에 상관없이 가르침을 줄 수 있는 대상이라면 기꺼이 마음을 열 수 있는 사람이 강희안이었다.

자족할 수 있는 사람만이 타인에게 너그러울 수 있다. 우리도 「고사관수도」의 주인공처럼 살 수는 없을까.

배움의 길에 들어선 사람의 자세

고요함에 머무르는 것의 중요성은 제갈량諸葛亮, 181~234이 쓴 『계자서誡子書』에도 나온다. 평소 워낙 좋아하는 문장인데다 그 울림 또한 크고 깊어 기회가 되면 꼭 한 번 소개하고 싶었던 글이다. 조금 길지만 전문을 다 소개하겠다.

무릇 군자는 고요함(靜)으로 몸을 닦고(修身), 검소함(儉)으로 덕을 기른다(養德). 담박(淡泊)하지 않으면 뜻(志)을 밝힐 수 없고, 고요하지 않으면 멀리 이를 수 없다. 무릇 배움(學)은 고요해야 하며, 재능(才)은 모름지기 배워야 얻는다. 배우지 않으면 재능을 넓힐 수 없고, 고요하지 않으면 학문을 이룰 수 없다. 오만하면 세밀히 연구할 수 없고, 험하고 조급하면 본성을 다스릴 수 없다. 나이는 시간과 함께 내달리고 뜻은 세월과 함께 사라지니 고목이 말라 떨어지면 비탄에 빠져 궁하게 살 것이다. 장차 어찌 돌이킬 수 있으리!(夫君子之行 靜以修身 儉以養德非澹泊無以明志 非寧靜無以致遠 夫學須靜也 才須學也 非學無以廣才 非靜無以成學 慆慢則不能研精 險躁則不能理性 年與時馳 意與歲去 遂成枯落 多不接世 悲嘆窮廬, 將復何及)

제갈량은 자가 공명孔明으로 별호는 와룡臥龍 또는 복룡伏龍이라 한다. 『삼국지연의三國志演義』라는 소설을 통해 유비, 관우, 장비와 함께 잘 알려진 인물이다. 특히 유비가 그의 지혜를 얻기 위해 초막으로 세 번이나 찾아가 도움을 요청한 삼고초려三顧草廬의 이야기는 널리 알려진 사실이다. 제갈량은 나랏일 때문에 자주 집을 비워야 했다. 아들의 교육이 걱정됐던 그는 쉰네 살 때 아들 제갈첨諸葛瞻을 위해 편지 한 통을 보낸다. 그것이 바로『계자서』다.『계자서』는 짧은 글이지만 배움의 길에 들어 선 사람이 갖춰야 할 도리가 함축적으로 표현되어 있다. 미언대의微言大義, 짧은 글에 큰 의미가 담겨 있음의 표본이라 할 수 있다.

『계자서』는 아들에게 공부를 게을리하지 말 것을 당부하는 권학문勸學文이다. 사람은 아무리 명석하고 재능이 뛰어나도 배우지 않으면 뜻을 펼칠 수 없다. 배움의 길은 멀고도 험하니 조금 안다 하여 오만하지 말고 끝까지 겸손하게 배움의 길을 계속 가야 한다. 배움의 길에 들어선 사람은 어떤 자세로 임해야 할까. 고요함(靜)과 담박함(淡泊)을 갖춰야 한다. 고요함은 분주함을 내려놓고 잠시 멈추어 선 것을 의미한다. 학문하는 사람은 자기만의 고요한 시간을 가져야 한다. 항상 신경이 외부로 향해 있는 사람은 학문적인 성취를 이룰 수 없다. 수도자처럼 고립되어 학문에 매진할 준비가 되어 있어야 비로소 자기 세계를 완성할 수 있다. 어떤 사교적인 모임에도 나가지 못해 주위 사람들에게 인정머리 없는 인간이라고 손가락질 받을 각오 없이는 학문에 몰입할 수 없다. 고요하면 자연히 담박해진다. 담박함은 깨끗하고 산뜻하여 욕심이 없음을 일컫는다. 어떤 것을 담박하다고 할까. 표현하기가 힘들다. 느끼함이나 텁텁함이 담박함의 반대말이니 미루어 짐작할 뿐이다. 고요함과 담박함이 있은 연후에야 배울 수 있고 재능을 넓힐 수 있다.

'망중한'은 마음먹기에 달렸으니

고요함과 담박함은 단지 학문의 성취만을 위해 필요한 덕목이 아니다. 인생을 살아가는 데도 더없이 소중한 조건이다. 우리는 한창 바쁘게 일할 때, 언제 나만의 시간을 가질 수 있을까 한숨을 내쉰다. 그런데 막상 은퇴를 하거나 잠시라도 일을 쉬게 되면 넘쳐나는 시간을 주체하지 못해 허둥거린다. 혼자 있으면 고독하다고 느낀다. 외롭다고 생각한다. 결국 고독과 외로움을 견디지 못해 누군가를 찾는다. 할 말이 없어도 전화를 걸고 특별히 필요한 물건이 없어도 쇼핑을 한다. 바쁠 때는 한가할 때를 그리워하고, 한가할 때는 바쁠 때를 잊지 못한다. 결국 일을 할 때도 일을 쉴 때도 우리는 언제나 고요하지 못하다. 이율배반적이다.

우리가 부처처럼 "고요함에 머물러 있는 일이 이 세상에서 가장 최선의 일이다'라고 찬탄하기 위해서는 선행조건이 필요하다. 욕심을 버려야 한다. 욕심을 버려야 고요함에 머물 수 있다. 한없이 움켜쥐려고만 하면 고요할 수 없다. 그러나 이 세상에 영원히 가질 수 있는 것은 아무것도 없다. 제행이 무상한데 어찌 계속 가질 수 있겠는가. 내 생명을 포함하여 내가 가진 돈, 사랑하는 사람, 명예, 건강 등 일체는 인연 따라 모였다 인연 따라 흩어진다. 우리 '모두'는 빈손으로 왔다 빈손으로 떠난다. 예외가 없다. 진시황도 알렉산더 대왕도 클레오파트라도 나도 똑같다. 이것이 제행무상이다. 제행무상을 기본으로 하는 불법을 철저히 깨달으면 욕심을 버릴 수 있다. 아니 저절로 버려진다. 고요함은 그 이후에야 가능하다.

바쁘다고 해서 고요할 수 없는 것이 아니다. 한가하다고 해서 고요한 것이 아니다. 망중한忙中閑은 마음먹기에 따라 언제든 가능하다. 고요함을 찾기 위해 꼭 세상을 등질 필요는 없다. 자신이 처한 곳에서 마음을 내면 된다. 지금 알고 있는 걸 그때도 알았더라면, 하는 아쉬움을 지금 실천하면 된다. 일이 없으면 고요함에 머물러 있어서 좋고 일이 많으면 쓸모가 있어서 좋다. 따로 시간이 필요한 것이 아니다. 따로 장소가 필요한 것도 아니다. 온전히 현재를 충실하게 살면 된다. 그래서 예로부터 '작은 은둔은 산림에 있고 큰 은둔은 시장이나 조정에 있다'라고 했다. 우리는 어떤 날이라도 이렇게 얘기할 수 있어야 한다.

"욕심을 버리고 고요함에 머물러 있는 일이 이 세상에서 가장 최선의 일이구나."

그래서 우리의 삶은 날마다 좋은 날이다.

지혜바라밀 智慧波羅蜜

6
일체법의
진여실상을
깨닫다

본보기

사람을
변화시키고
싶다면
먼저 앞장서라

심사정 「철괴도」

사람의 목숨이 얼마 동안에 있느냐? ―『사십이장경』

아들이 제대를 몇 달 앞두고 갑자기 육군3사관학교에 지원하겠다고 했다. 무슨 심경의 변화가 있었던 것일까. 궁금했지만 자세히 묻지 않고 아들의 뜻을 받아들이기로 했다. 우리 부부는 아들이 군인이 되기를 원했다. 불투명한 미래와 취직에 대한 걱정도 있었지만 나라를 위해 이바지하며 사는 인생도 의미 있을 것 같아서였다. 아들이 상병을 달 때쯤이었다. 직업군인이 되면 어떻겠느냐고 물었다. 때를 잘못 골랐을까. 씨알도 안 먹혔다. 한참 군 생활에 지치고 사회에 복귀하고 싶은 생각으로 가득할 때였다. 그런 아들이 병장을 달더니 마음을 바꿔 3사관학교에 입학하겠다고 적극적으로 나섰다. 그 이유를 아들이 쓴 입학지원 동기서를 읽어보고서야 알았다. 다음은 아들이 밤을 세워가며 쓴 글이다.

큰아들의 3사관학교 입학 지원과 지도자

저는 원래 직업군인이 될 생각은 없었습니다. 부모님은 제가 군인이 되어 나라에 이바지할 수 있는 사람이 되었으면 좋겠다고 자주 말씀하셨지만, 저는 군인의 길에 대해 그다지 확신을 가질 수 없었습니다. 그러던 중 ○○사단 ○○연대에 배치 받아 건봉산 GOP에 투입되었습니다. 저는 당시 대대장 통신병으로 매일 새벽에 순찰하는 임무를 수행하고 있었습니다. 그런데 당시 연대장이셨던 심○○ 대령님께서는 힘들지만 매일같이 새벽에 순찰을 올라오셨습니다. 각 소초 상황실에 들르셔서 병사들과 간부들이 잘하고 있는지를 검사한다고 하셨지만 그보다는 격려 차원으로 올라오신 것을 느낄 수 있었습니다.

대령님은 매일같이 경사가 심한 철책 선상에도 거리낌 없이 순찰을 도시며 병사들에게 고생한다며 먹을 것을 나눠주셨고, 임무 수행이 뛰어난 병력에겐 포상을 하며 격려하셨습니다. 그렇게 매일 서너 시간씩 순찰을 돈 후 연대로 복귀하여 다시 업무를 보셨는데, GOP 초병들보다 잠을 덜 주무시면서도 힘든 내색 하나 보이지 않으셔서 모든 이의 귀감이 되었습니다. 지금 생각해보니 심○○ 대령님께서 연대장 직책을 맡으셨던 동안 사건 사고가 거의 일어나지 않았던 것 같습니다. 저의 결심이 굳어지게 된 결정적인 순간은 2013년 12월, 심○○ 대령님의 ○○연대장 이임 때였습니다. 대령님께서는 FEBA에 있는 모든 병력들을 직접 찾아와 한 명 한 명 악수하고 포옹해주셨고, GOP에 있는 소초 또한 마찬가지였습니다. 제가 있던 소초에 오셔서는 "연대장이 마지막으로 명령하겠다. 전역하는 그날까지 모두 몸 건강히 다치지 않고 전역하길 바란다"라고 울먹거리시면서 말씀하셨는데, 저를 포함한 모든 병력들은 감동을 받아 눈물을 글썽거렸고, 큰절을 하는 전우도 있었습니다. 그런 멋진 모습을 보고 저는 군인이 되겠다고 결정했습니다. 저도 심○○ 대령님처럼 자기 업무에 충실하면서도 부하들을 아껴주는 진짜 군인답고 멋있는 지휘관이 되겠습니다.

인연은 따로 있는 모양이다. ○○사단은 사건 사고가 끊이지 않아 얼마 전까지 뉴스의 헤드라인을 장식했던 곳이다. 임병장 총기난사 사건이 발생했고, A모 일병이 자살한 사실이 뒤늦게 밝혀져 안타까움을 샀다. 아들 얘기를 들어봐도 군대는 도저히 상식적으로 납득할 수 없는 일들이 비일비재하게 발생하는 곳이었다. 아들은 휴가만 나오면 군대가 썩었다고 욕했다. 절대로 군인이 되는 일은 없을 거라고 목소리를 높였다. 그런 아들의 마음이 확 바뀌었다. 탁월한 지도자 덕분이다.

부처가 한 사문에게 물었다.

"사람의 목숨이 얼마 동안에 있느냐?"

한 사문이 대답하였다.

"며칠 사이에 있습니다."

"그대는 아직 도를 모른다."

다시 다른 사문에게 물었다.

法

심사정, 「철괴도」, 비단에 연한 색, 29.7×20cm,
국립중앙박물관 소장

"사람의 목숨이 얼마 동안에 있느냐?"

"밥 먹는 사이에 있습니다."

"그대도 아직 도를 모른다."

다시 다른 사문에게 물었다.

"사람의 목숨이 얼마 동안에 있느냐?"

"한 호흡과 한 호흡 사이에 있습니다."

부처가 말했다.

"훌륭하구나. 그대야말로 도를 바르게 아는 것이다."

『사십이장경』에 나오는 내용이다.

진정한 도는 외모에 있지 않아

사람인가. 귀신인가. 괴이하게 생긴 사람이 배를 드러낸 채 파도를 건넌다. 다리가 불편한지 왼손으로는 목발을 짚고 있고 오른손에는 이상한 병을 들고 있다. 몹시 빈곤한 듯 옷은 겨우 몸을 가렸을 뿐 허름하기 그지없다. 그런데 자세히 보니 손에 든 병에서 연기가 피어오르고 연기 속에는 이상한 형체가 그려져 있다. 현재玄齋 심사정이 그린 「철괴鐵拐圖」는 인물에 대한 정보가 없으면 결코 이해할 수 없는 이상한 그림이다.

조선시대에는 신선도神仙圖가 많이 그려졌다. 신선은 도교의 예배 대상으로 불로불사不老不死하는 신적인 존재다. 특별히 도교를 따르지 않는 사람들도 수복壽福을 주고 액을 막을 수 있다는 신선의 존상을 그려 축수화祝壽畵나 세화歲畵로 주고받았다. 그중에서도 팔선八仙은 대중에게 인기가 많아 단독상 혹은 군선도로 많이 그려졌다. 팔선은 이철괴李鐵拐, 종리권鍾離權, 장과로張果老, 하선고何仙姑, 남채화藍采和, 여동빈呂洞賓, 한상자韓湘子, 조국구曹國舅 등 여덟 명의 신선을 일컫는다. 심사정이 그린 그림은 팔선의 한 명인 이철괴다.

이철괴는 철괴리鐵拐李 또는 철괴鐵拐로 불린다. 신선들은 여동빈이나 종리권처럼 역사 속에 실존했던 사람도 있는 반면 이철괴처럼 실존하지 않은 전설상의 인물도 있다. 실존하지 않은 만큼 이철괴에 대해서는 기록마다 차이가 있다. 그러나 그의 형상을 그린 도상적인 특징은 아주 개성이 강해 한 번 보면 잊지 못할 정도다. 그는 팔선 가운데서 가장 못생기고 추한 형상을 하고 있다. 그가 이런 모습을 하게 된 계기는 철괴라는 이름을 갖게 된 배경과도 연관이 깊다.

그는 원래 인물이 수려하고 외모가 출중한 청년이었다. 어느 날 그는 노자老子를 따라 수행하기 위해 화산華山으로 떠났다. 노자는 춘추시대의 사상가였는데 시대가 흐르면서 도교에서 최고의 지위를 지닌 태상노군太上老君으로 신격화되었다. 철괴는 떠나면서 그의 제자에게 만약 자신의 혼이 7일이 지나도 돌아오지 않으면 몸을 불태우라고 명한다. 몸만 남기고 넋이 빠져나가 신선이 되는 것을 시해尸解라고 하는데, 시해는 도가의 대표적인 신선술이다. 문제는 이때 발생했다. 철괴의 제자가 스승의 혼이 빠져 나간 몸을 지키고 있는데 노모老母가 병이 깊어 위독하다는 전갈이 왔다. 마음이 다급해진 제자는 7일 정오가 되어도 스승의 혼이 돌아오지 않자 스승의 몸을 태우고 집으로 가버렸다.

철괴의 혼이 집에 돌아왔을 때는 자신의 몸도 제자도 전부 사라지고 없었다. 혼만 남은 철괴는 이리저리 몸을 찾아 돌아다니다 숲 속에서 굶어 죽은 거지의 몸을 발견했다. 아쉽지만 대안이 없어 거지의 몸속으로 들어갔다. 그러나 아무리 생각해도 누더기를 걸치고 다리를 절룩거리는 외모가 마음에 들지 않았다. 그는 다시 혼을 빼내 거지의 몸 밖으로 나오려고 했다. 그때 철괴의 호로葫蘆에서 빛이 나와 노자를 비추었다. 호로는 신선들이 허리나 어깨

혹은 손에 들고 다니는 호리병이다. 나쁜 액을 막아주는 액막이로 신선의 상징이다. 호로 안에는 불로장생 할 수 있는 선약仙藥이 담겨 있다. 철괴의 행동을 본 노자가 한마디 했다.

"도행道行은 겉모습에 있지 않느니라."

진정한 도는 외모가 아니라 내면에 있다는 것. 올바른 행동이 중요하다는 가르침이었다. 이 말을 하면서 노자는 철괴에게 머리에 두르는 금테와 철지팡이인 철괴를 주었다. 그가 철괴라는 이름으로 불리게 된 내력이다. 스승의 가르침으로 깨달음을 얻은 철괴는 열심히 수련하여 혼백을 분리시키는 능력을 가지게 되었다. 심사정의「철괴도」에서 호로 연기 속에 흐릿하게 보이는 것은 사람의 혼백이다. 철괴가 혐오스러운 외모로도 사랑받는 신선이 될 수 있었던 것은 신선의 본분을 잊지 않아서다. 호로 속의 단약을 사람들에게 주는 능력 있는 신선이기 때문이다.

길을 바꾼 솔선수범의 파워

절대로 군인은 되지 않겠다던 아들이 군인의 길을 선택한 것은 지도자의 솔선수범率先垂範 덕분이었다. 솔선수범의 사전적 의미는 '남보다 앞장서서 행동하여 몸소 다른 사람의 본보기가 되는 것'이다. 말이 아니라 행동으로 보여주는 것이다. 아들 부대의 연대장은 사람의 도리를 직접 실천해 보였다. 글이 짧은 아들이 '진짜 군인답고 멋있는 지휘관'이라고 표현할 정도로 감동을 주었다. 감동은 사람을 변화시킨다. 역시 사람이 중요하다. 그래서 공자는 다음과 같이 말했다.

"윗사람이 예의를 좋아하면 백성들은 이끌기 쉬워진다."

『논어』「헌문憲文」에 나온 말이다. 사회 지도층에 있는 사람이 솔선수범하면 보통 사람들은 그들을 따라서 행동한다는 뜻이다.

　사람의 목숨은 호흡지간에 있다. 호흡하는 동안에만 살아 있다. 잠깐 동안이라도 호흡을 멈추면 목숨이 끊어진다. 불교 수행법으로 여러 가지 호흡명상이 발전하게 된 것도 그만큼 호흡이 중요하기 때문이다. 그러나 호흡만 한다 해서 살아 있는 것이 아니다. 사람의 도리를 실천하며 살아야 호흡하는 것이다. 우리는 지금 잘 호흡하고 있는가. 숨을 들이쉴 때와 내쉴 때 잘 살고 있는가. 잠깐 멈추어 호흡을 살펴볼 일이다.

　아들은 8월 5일 무사히 전역하고 3사관학교에 합격했다. 5대 1의 경쟁률을 뚫고 합격한 만큼 자부심이 대단하다. 내년 1월 8일이면 입교해, 2년 동안 교육을 받은 후 장교로 임관되면 직업군인의 길을 걸어갈 것이다. 우리 아들도 그분처럼 누군가의 등불이 되어 주었으면 좋겠다.

6
일체법의
진여실상을 깨닫다

부모의 은혜

햇볕 같고,
바람 같고,
물 같은 은혜

작자 미상 「여래정례」

세존께서는 삼계의 큰 스승이요, 사생의 아버지로서 많은 이들로부터 존경받는 성인이신데 어찌 하찮은 뼈 무덤에 절을 하십니까? —『부모은중경』

　우리는 살아가면서 대가 없이 받는 은혜에 대해 무관심하다. 감사할 줄 모르고 당연하게 여긴다. 햇볕이 그렇고 공기가 그렇고 물이 그렇다. 공짜라서 더욱 그 가치를 인식하지 못한다. 그까짓 것쯤 없어서 문제될 게 있느냐는 듯 가당찮은 오만에 젖어 산다. 공기가 없으면 단 한 순간도 살지 못하면서 말이다. 햇볕이 없고 물이 없으면 오래지 않아 금세 탈진되면서 말이다. 그만큼 우리의 지견은 허술하고 실점 투성이다.
　계측할 수 없는 은혜 중에 부모의 은혜가 있다. 부모의 은혜라니, 여자 친구 은혜라면 모를까 부모의 은혜라니. 무슨 시대착오적인 소리인가. 부모의 은혜니 하는 단어는 그동안 우리가 너무 오래 잊고 살아 어느새 고색창연古色蒼然한 골동품이 되어 버렸다. 주인이 버리고 간 빈집 대청마루에서 먼지를 뒤집어 쓴 채 바스러진 낡은 궤짝 같은 단어다. 오늘은 그 골동품 같은 궤짝의 먼지를 털어내고 수천 년 동안 집을 지켜온 부모의 은혜를 짚어보자.

육도중생이 나의 부모요 형제요 친척이다

부처가 여러 제자와 함께 길을 가다, 길가에 쌓인 뼈 무덤을 보고 절을 했다. 이때 제자 아난이 물었다.

"세존께서는 삼계의 큰 스승이요, 사생四生의 아버지로서 많은 이들로부터 존경받는 성인이신데 어찌 하찮은 뼈 무덤에 절을 하십니까?"

삼계는 중생이 생사 윤회하는 세 가지 세계인 욕계欲界, 색계色界, 무색계無色界다. 사생은 중생이 탄생하는 네 가지 방식으로 태생胎生, 난생卵生, 습생濕生, 화생化生이다. 삼계와 사생은 모든 생명들이 윤회하는 곳이다. 부처가 삼계의 스승이요, 사생의 아버지라는 찬탄은 예불문의 첫 구절에도 나온다. "지심귀명례 삼계도사 사생자부 시아본사 석가모니불……." 이 말의 뜻은 이렇다. "삼계의 모든 중생들을 인도하여 가르치시는 스승이시며 온갖 생명들의 자비하신 부모이시며 우리의 참다운 근본스승이신 석가모니 부처님께 지극한 마음으로 이 목숨 다해 귀의하며 받드옵니다." 그렇게 찬탄 받아 마땅한 귀한 부처가 근본도 알 수 없는 뼈를 보고 절을 한다. 아난이 놀랄 만했다. 이 질문에 대해 부처는 다음과 같이 대답했다.

"네가 나의 제자가 된 지 오래되었는데, 아직도 모르는 것이 많구나. 이 뼈 무더기가 나의 전생에 조상일 수도 있고 부모일 수도 있다. 끝없는 옛적부터 금생에 이르는 동안 육도중생이 나의 부모, 형제, 친척 아님이 없느니라. 모든 이들과 서로서로 인연으로 얽혀 있느니라."

만약 불교의 가르침을 이해하지 못한다면 '육도중생이 나의 부모, 형제, 친척 아님이 없다'라는 부처의 말씀을 온전히 받아들이기 힘들 것이다. 이 말씀은 단순히 육도중생이 윤회한다는 차원의 이야기가 아니다. 온 우주에 있는 모든 생명이 본체本體의 변화 현상이라는 뜻이다. 바다가 있으면 파도가 일어났다 잦아든다. 파도가 일어난 것이 태어남(生)이라면 잦아들어 사라지는 것은 죽음(死)이다. 파도는 사라져도 없어지는 것이 아니다. 바다로 돌아갔을 뿐이다. 그래서 파도(생명)는 생겨나지도 않고 소멸하지도 않아 불생불멸이다. 불생불멸한 본체는 비로자나불이라 부른다. 진여불성이라고도 부르고 본래면목이라고도 부르고 뭐라고 불러도 상관없다. 명칭이 중요한 것이 아니라 본질을 깨닫는 것이 중요하다. 이것이 바로 부처와 중생이 한 몸이고 너와 내가 다르지 않다는 불이不二법문이다. '육도중생이 나의 부모, 형체, 친척 아님이 없다'라는 뜻이고, 뼈 무더기가 나의 조상일 수도 있고 부모일 수도 있다는 뜻이다. 아니 바로 나와 한 몸이라는 뜻이다. 이런 가르침을 문자로 이해하기는 어렵다. 정말 그렇구나, 하는 소리가 저절로 나와야 진짜 이해하는 것이다. 그렇게 이해하기까지 얼마나 많은 세월을 공부해야 하는가.

깨달음은 얻을 때까지 밀어붙여야

경전 공부는 등산에 비유할 수 있다. 산에 오르는 사람은 정상에 도달할 때까지 하염없이 지루한 시간을 견뎌야 한다. 힘들다고 중간에 포기하면 꼭대기에 도달할 수 없다. 육조 혜능대사처럼 근기가 높은 사람이라면 '머무는 바 없이 그 마음을 내라'라는 뜻의 '응무소주 이생기심' 한 구절만 들어도 바로 깨닫는 바가 있어 나무 지게를 내던지고 선지식을 찾아 나서겠지만 둔한 사람이라면 얘기가 다르다. 20여 년을 죽자 살자 공부해도 알까 말까다. 그렇다고 여기서 멈추면 안 된다. 생사의 문제를 해결하겠다고 나선 공부라면 그 문제가 풀릴 때까지 가야 한다. 깨달음을 얻을 때까지 밀어붙여야 한다. 그곳이 정상이다. 중간에 어떤 경계가 나타나든 그것은 과정일 뿐이지 정상이 아니다.

깨달음은 순간이다. 마지막 한 걸음을 내디디면 정상이다. 대부분은 그 한 걸음을 내딛지 못하고 돌아선다. 안타까운 일이다. 깨달음을 얻고 나면 비로소 보인다. 깨닫기 전까지는 눈을 뜨고도 보이지 않던 진리가 깨닫고 나면 보이는 대로 진리다. 귀가 있어도 들리지 않던 소리가 생생하게 들리고 몇 년을 궁리해도 이해되지 않던 경전 구절이 단박에 이해된다. 이런 경지를 문리가 트였다고도 하고 한 소식했다고도 말한다. 한 소식했을 때의 후련함은 뭐라 말로 표현할 수가 없다. 십 년 묵은 체증이 내려간 것 같다는 소리는 이를 두고 한 말일 것이다. 깨닫고 나면 이해하게 된다. 예전 선사들이 돌을 보고 깨닫고 바람 소리에 깨닫고 울타리를 보고 깨달은 것이 무엇인지를. 깨닫고 나서 왜 덩실덩실 춤을 추며 환희롭다 했는지 비로소 알게 된다.

정상에 도달했을 때의 만족감은 물질을 소유함에서 오는 차원과는 질적으로 다르다. 남들 위에 군림했다는 오만함과는 비교 불가다. 일종의 시원함이다. 막힌 눈이 뚫린 듯한 시원함. 주변 산봉우리는 물론 산 너머 세계까지 한 눈에 들어오는 걸림 없는 시원함이다. 그 경지에 이르면 모든 이들과 서로서로 인연으로 얽혀 있다는 부처의 말이 단박에 이해된다. "무명을 조건으로 행行이 생겨나고, 행을 조건으로 식識이 생겨나고, 식을 조건으로 명색이 생겨나고 (중략) 생을 조건으로 노사老死가 생겨난다"라는 12인연因緣이 가감 없이 그대로 내 것이 된다.

부처가 뼈 무덤을 보고 절을 한 것은 모든 생명이 본체의 변화 현상이라는 법문을 들려주신 것이다. 그러니 그 뼈가 나와 무관한 사람의 뼈가 아니다. 아난이 그에 대해 질문한 것은 그 진리를 깨닫지 못했기 때문이다. 다문제일多聞第一 아난존자는 부처 곁에서 법문을 가장 많이 들을 수 있는 행운을 누렸지만 그 법문을 자기 것으로 만드는 수행력이 부족해 부처의 입멸까지 아라한과를 얻지 못했다. 부처의 가르침을 수지受持하여 정념으로 밀어붙이지 못했기 때문이다. 결국 가섭존자가 일부러 그의 분심을 자극하기 위해 칠엽굴에서의 일차 결집에 참여시키지 않은 것을 계기로 아라한과를 증득하게 된다.

부모의 은혜는 영원한 현재진행형

부처가 뼈 무덤을 보고 절한 내용은 『부모은중경父母恩重經』에 나온다. 『부모은중경』은 『불설대보부모은중경佛說大報父母恩重經』이라고도 하는데, 부모의 은혜가 얼마나 높고 깊은가를 설한 경전이다. 당대 중국에서 만든 위경僞經으로 우리나라에서는 고려 말부터 유행하기 시작했다. 효孝를 중요하게 여긴 사회 분위기에 힘입어 조선시대에는 그 판본이 60여 가지가 넘을 정도로 왕실과 사찰에서 널리 간행 유포되었다.

정조는 돌아가신 아버지 사도세자의 명복을 빌기 위해 용주사를 창건하고 부모의 은혜를 잊지 않기 위한 『불설대보부모은중경』을 제작해 보관하게 했다. 그중 「여래정례如來頂禮」는 『불설대보부모은중경』에 들어 있는 장면으로 쉰두 살의 김홍도가 1796년 5월에 정조의 명을 받아 그 삽도揷圖를 맡은 것으로 추정된다.

그림 중앙에서 부처가 뼈를 향해 머리를 숙여 절을 한다. 부처의 머리 주변

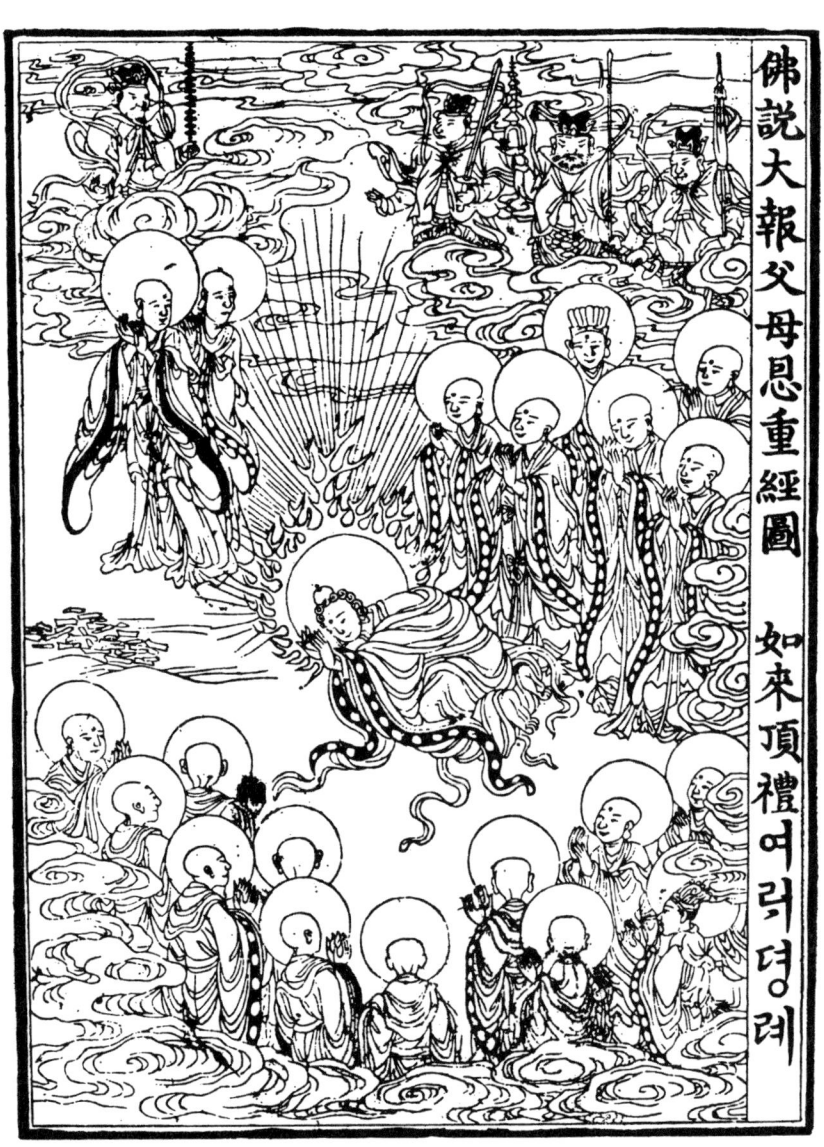

작자 미상, 「여래정례」(『불설대보부모은중경』에서), 종이에 먹, 21.7×15.7cm, 1796, 용주사본

에는 불꽃같은 화염火焰 광배光背를 그린 후 여러 줄의 선을 그어 빛이 퍼져 나가는 모습을 형상화했다. 부처의 주변에는 여러 명의 제자와 보살이 합장한 채 서 있다. 제자들의 머리 위에도 각각 둥그런 원을 그려 두광頭光을 표현했다. 제자들 뒤로 뭉게구름이 흐른다. 구름은 이곳이 상서로운 장소임을 상징한다. 사천왕이 구름을 경계로 하늘 위에서 호위하듯 지켜보고 있다. 부처 뒤쪽의 제자들은 정면상으로 그린 반면 앞쪽 제자들은 다양한 각도에서 바라본 모습을 그려 생동감을 더했다. 김홍도는 수행자의 뒷모습을 그린 표현법을 더욱 발전시켜 말년에 「염불서승」 같은 명작을 완성했다.

부처의 말이 계속된다.

"아난아. 네가 뼈 무더기를 둘로 나눠 보아라. 남자의 뼈는 희고 무거운 반면, 여자의 뼈는 검고 가벼울 것이다."

아난이 말했다.

"부처님. 남자는 이 세상에 살아 있을 때, 큰 옷을 입고 띠를 두르고 신을 신기 때문에 남자인 줄을 알고, 여자는 화장을 하고 향수를 뿌려 여인의 몸인 줄 알지만, 죽은 뒤의 백골을 보고 어떻게 남자인지 여자인지 구별할 수 있습니까?"

부처가 말했다.

"남자라면 세상에 있을 때 절에 가서 법문도 듣고, 경전도 외우며, 삼보三寶에 예배하기 때문에 그 뼈는 희고 무거울 것이다. 그런데 여자는 세상에 살면서 자식을 낳을 때 서 말 서 되나 되는 많은 피를 흘리고, 여덟 섬 네 말이나 되는 흰 젖을 아기에게 먹인다. 이렇게 몸의 기운을 다 뽑아 버리게 되니, 죽어서 여자의 뼈는 남자의 뼈보다 검고 가벼우니라."

아난이 부처의 말씀을 듣고 마치 칼로 가슴을 베인 듯 눈물을 흘리며 슬피 울었다. 아난이 눈물을 멈추고 부처에게 물었다.

"부처님. 어머니의 은혜를 어떻게 하면 갚을 수 있습니까?"

『부모은중경』은 이에 대한 대답을 기록한 경전이다. 여인이 10개월 동안 자식을 잉태한 수고로움과 자식을 낳아 기른 열 가지 은혜가 상세히 기록되어 있다. 자식으로 태어난 자들이라면 한 번쯤 읽어봐야 할 필독서다. 읽고 나면 알게 될 것이다. 부모의 은혜가 여전히 살아 있는 현재진행형인 것을. 부모의 은혜가 햇볕 같고 바람 같고 물 같다는 것을. 결코 빈집 마루에서 바스라진 퇴락한 골동품이 아니라는 것을 알게 될 것이다.

6
일체법의
진여실상을 깨닫다

효도

부모의 깊고 높은 은혜

작자 미상 「문자도」

설령 어떤 사람이 아버지를 왼쪽 어깨에 메고 어머니를 오른쪽 어깨에 메고 살갗이 닳아 뼈가 드러나고 다시 골수가 보이게 되도록 수미산을 수천 번 돌더라도 부모님의 깊은 은혜에 보답할 수 없다.

― 『부모은중경』

학교 다닐 때 배운 「어머니 마음」이란 가곡이 있다. "낳으실 제 괴로움 다 잊으시고/ 기를 제 밤낮으로 애쓰는 마음/ 진자리 마른자리 갈아 뉘시며/ 손발이 다 닳도록 고생하시네/ 하늘 아래 그 무엇이 넓다 하리오/ 어머님의 희생은 한이 없어라."

1절도 감동적이지만 2절은 더 감동적이다. "어려선 안고 업고 일러주시고 자라선 문 기대어 기다리는 맘"으로 시작된다. 오로지 희생으로 점철된 어머니의 삶이 파노라마처럼 전개된다. 양주동의 시에 이흥렬이 곡을 붙인 노래다. 도대체 양주동은 어떻게 이렇게 감동적인 시를 쓸 수 있었을까. 내내 궁금했는데 『부모은중경』에서 그 출처를 찾았다. 『부모은중경』은 부처가 부모의 은혜에 대해 설법한 내용이다. 특히 어머니의 은혜를 어떻게 하면 갚을 수 있느냐는 아난의 질문에 부처는 어머니가 자식을 잉태한 후 10개월 동안의 수고로움을 들려주신다. 그리고 계속해서 자식을 낳아 기르는 열 가지 은혜에 대해 말했다. 그 내용은 다음과 같다.

첫째, 어머니가 언제나 자신의 몸은 돌보지 않고 오롯이 자식을 품에 안고 지켜주는 은혜다. 둘째, 임산부는 아기를 낳기 전, 진통이 오면 죽을지도 모른다는 각오를 하고 아기를 낳는다. 그만큼 산통을 이기면서까지 자식을 낳은 은혜. 셋째, 아기를 낳은 이후부터 줄곧 자식이 병나지 않을까 노심초사하며 근심을 잊지 않는 은혜다. 넷째, 쓴 것은 자신이 삼키고, 맛있고 단 것만을 뱉어내어 자식에게 먹이는 은혜다. 다섯째, 아기가 누워 있는 자리가 젖어 있는지 살피고, 자리가 젖었거든 마른자리로 옮기어 자식에게 병이 생기지 않도록 보살피는 은혜다. 여섯째, 젖을 먹여 기르는 은혜다. 일곱째, 자신의 손발이 부르트고 닳도록 자식을 깨끗이 씻어주는 은혜다. 여덟째, 자식이 장성해 먼 길을 떠났을 때, 늘 걱정하고 염려하는 은혜다. 아홉째, 자식이 나쁜 짓을 했을 때, 자식을 위해 나쁜 일까지 감당하는 은혜다. 열째, 당신이 이 세상을 하직할 때까지 자식을 연민히 여기고 사랑해주는 은혜다.

이 열 가지를 시로 지은 것이 바로 「어머니의 마음」이라는 곡이다. 우리가 이 곡을 들으면서 숙연해지는 것은 어머니의 사랑을 뼛속 깊이 느끼며 살기 때문이다. 어렸을 때는 당연하게 여겼던 어머니의 마음이 나이 들어갈수록 대단하게 느껴진다. 과연 나라면 그렇게 할 수 있었을까. 감탄과 감사함이 절로 우러난다. 그러나 '내리사랑은 있어도 치사랑은 없다'라는 속담이 있다. 윗사람이 아랫사람을 사랑하는 일은 자연스러운 일이지만 아랫사람이 윗사람을 사랑하기는 어렵다는 뜻이다. 그렇게 우리는 우리 자식들을 사랑하기에 바빠 위를 쳐다볼 새도 없이 무심하게 산다. 불효가 따로 없다. 우리가 부모님께 받은 사랑을 되갚는다는 것은 불가능하다. 불가능하지만 노력해야 하는 이유는 은혜를 입었으면 감사할 줄 아는 것이 사람의 도리이기 때문이다.

유교 국가인 조선에서 충과 효는 국가를 지탱하는 사상적 기둥이었다. 나라에서는 충과 효의 이념을 백성들에게 널리 보급시키고자 시각 자료를 제작 배포했다. 왕실과 사대부가에서는 왕세자와 후손 교육을 위해 이런 시각 자료를 활용했다. 대표적인 예로는 『삼강행실도三綱行實圖』, 『이륜행실도二倫行實圖』, 『오륜행실도五倫行實圖』를 들 수 있다. 삼강三綱은 군위신강君爲臣綱, 부위자강父爲子綱, 부위부강夫爲婦綱이다. 임금과 신하, 어버이와 자식, 남편과 아내 사이에 지켜야 할 도리를 의미한다. 따라서 『삼강행실도』는 충, 효, 열烈에 뛰어난 사람의 행적을 글과 그림으로 묶은 책이라 할 수 있다. 오륜五倫은 부자유친父子有親, 군신유의君臣有義, 부부유별夫婦有別, 장유유서長幼有序, 붕우유신朋友有信이다. 부자, 군신, 부부, 장유, 붕우 사이에 지켜야 할 기본적인 실천윤리를 뜻한다. 『이륜행실도』는 오륜 중 장유長幼와 붕우朋友의 뛰어난 행적을 기록한 것이다. 역시 글과 그림으로 구성되어 있다. 『오륜행실도』는 『삼강행실도』에 『이륜행실도』를 합한 후 수정 보완한 책이다. 중국과 우리나라에서 오륜으로 모범이 될 만한 인물 150명의 행적을 추려서 적고 그림을 덧붙였다.

효 관련 문자도에 들어가는 고사

삼강과 오륜에 담긴 뜻은 '효제충신예의염치孝悌忠信禮義廉恥'로 압축된다. 효제

충신예의염치는 유교 이념을 대표하는 키워드다. 이 키워드는 『오륜행실도』 같은 그림으로 상세하게 풀어서 설명되는 경우도 있지만, 글자 자체로 표현될 때도 있다. 오늘 살펴보게 될 「효」라는 글자가 대표적이다. 「효」는 문자다. 문자는 문자인데 그냥 문자가 아니다. 문자에 그림을 삽입한 문자도文字圖다. 효제충신예의염치를 각각 한 글자씩 쓴 『문자도8폭병풍도』 중의 한 폭이다.

그렇다면 효와 관련된 문자도에는 어떤 그림이 들어갈까? 왕상부빙王祥剖氷, 맹종읍죽孟宗泣竹, 순제대효舜帝大孝, 황향선침黃香扇枕, 육적회귤陸績懷橘, 노래반의老萊斑衣, 자로부미子路負米, 당씨유고唐氏乳姑, 민손단의閔損單衣 등 중국에서 효로 이름난 사람들의 이야기가 들어갔다. 그중 오늘 감상할 「효」에는 순제대효, 왕상부빙, 노래반의, 맹종읍죽의 고사故事가 선택됐다. 이 네 가지의 이야기를 차례대로 살펴보자.

가장 인기가 많았던 '순제대효'는 순임금의 이야기다. 「효」에는 '순임금이 역산에서 경작하다'라는 뜻의 '대순경우역산大舜耕于歷山'이라는 제목을 적었다. 순임금은 중국 고대의 전설에 나오는 오제五帝의 한 사람이다. 오제는 황제黃帝, 전욱顓頊, 제곡帝嚳, 요堯, 순舜 등 다섯 명의 제왕을 뜻한다. 특히 요와 순은 덕으로 백성들을 다스려 태평성대를 이루었다고 전한다. 사마천의 『사기』 「오제본기五帝本紀」에는 순임금이 제위에 오르는 과정이 드라마틱하게 묘사되어 있다.

순임금은 이름이 중화重華로 아버지는 고수瞽瞍였다. 고수는 맹인이었는데 순의 어머니가 죽자, 다시 아내를 얻어 아들 상象을 낳았다. 고수는 후처의 아들 상을 편애하여 항상 순을 죽이려고 했다. 고수는 순이 창고 위에 올라가 일을 하고 있을 때 불을 질러 죽이려 했다. 순은 기지를 발휘하여 삿갓 두 개로 불길을 막으면서 내려와 죽음을 면했다. 우물을 파게 한 후 흙으로 우물을 메워버리자 미리 파놓은 구멍을 통해 밖으로 나왔다. 그런데도 순은 끝까지 부

작자 미상, 「효」(『문자도8폭병풍도』에서), 종이에 색, 74.2×42.2cm, 삼성미술관 리움 소장

모님께 순종하며 자식 된 도리를 잃지 않았고 동생에게는 자애를 베풀었다. 순의 효성스러움은 사방으로 퍼져 나갔다. 순의 이야기는 요임금의 귀에까지 들렸다. 보위를 물려줄 사람을 찾고 있었던 요임금은 소문을 듣고 그를 시험하기 위해 두 딸을 순에게 시집 보내 집 안에서의 행동을 살폈다. 아들 아홉을 시켜서는 함께 생활하게 하여 순이 집 밖에서 하는 행동을 관찰했다. 요임금은 순에게 자신을 대신하여 정사를 돌보게 한 지 20년이 지나자 제위를 물려주었다. 요임금은 어리석은 아들에게 정권을 넘기지 않고 덕행이 뛰어난 순에게 선양禪讓을 한 것이다.

「효」의 '대순경우역산'이란 제목을 따라 사선으로 뻗친 글자 획을 살펴보면 두 가지 그림이 연이어 있다. 농부가 코끼리로 쟁기질하는 모습과 한 남자가 버드나무가 심어진 물가에 서 있는 장면이다. 이게 순임금과 무슨 관련이 있을까. 『사기』 「오제본기」에 따르면 "순은 장성하여 역산歷山에서 농사를 짓고 뇌택雷澤에서 물고기를 잡았으며 황하의 물가에서 질그릇을 빚었다"라고 적혀 있다. 순이 제위에 오르기 전의 이야기다. 순이 역산에서 밭을 갈고 있을 때, 그의 효성에 감동한 코끼리가 와서 밭을 갈아주고 새들이 날아와 김을 매주었다고 전한다. 「효」의 그림은 이 내용을 도해한 것이다.

순임금은 역산에서 농사를 지을 때 하늘을 향해 목 놓아 울었다고 전한다. 부모를 원망하거나 자신의 처지를 비관해서가 아니었다. 부모의 사랑을 받지 못하는 것이 자신의 허물이라 여겼기 때문이다. 이런 얘기를 들으면 한 때 부모님께 서운했던 내 자신이 부끄러워진다. 순은 제위에 올라서도 효성이 지극해 결국 간악한 아버지와 이복동생의 마음을 돌려놓았다. 아무런 배경도 없고 연줄도 없는 순이 제왕의 자리에 오르게 된 비결은 그가 효성스러웠기 때문이다. 그래서 『삼강행실도』 효자편의 첫 장은 항상 순의 효 이야기를 그린 순제대효로 시작된다. 그렇다면 왜 순임금의 효를 대효大孝라고 했을까. 대효는 '지극한 효도' 또는 '지극한 효자'를 뜻한다. 이에 대해 맹자孟子는 『맹자』 「이루離婁」에서 다음과 같이 풀이해 놓았다. "순이 어버이를 섬기는 도리를 극진히 하자 고수가 즐거워하였고, 고수가 즐거워하자 천하가 교화되었다. 고수가 즐거워하여 천하의 부자父子된 자들이 안정을 얻었으니 이를 일러 대효라 한다."

순제대효의 왼쪽에는 왕상부빙의 고사가 그려져 있다. 그림 위에는 '왕상이 얼음을 깨뜨리자 고기가 나왔다'라는 뜻의 '왕상구빙출어王祥扣氷出魚'라는 제목이 적혀 있다. 이 그림이 그려진 내력을 살펴보자. 왕상은 진나라 때 사람으로 일찍이 어머니를 여의고 계모 밑에서 자랐다. 왕상은 계모와 아버지의 사랑을 받지 못한 채 매일 외양간을 청소하는 등 궂은일을 도맡아 했다. 순임금과 비슷하다. 어느 날 계모가 병들어 눕게 되었는데 추운 겨울에 생선이 먹고 싶다고 했다. 계모가 입덧을 한 것인지 알려져 있지는 않으나 식성이 특이했던 것 같다. 아니면 의붓아들을 괴롭히려는 심사가 컸을 것이다. 왕상은 계모를 위해 강에 물고기를 잡으러 갔다. 얼음을 깨고 그 속으로 뛰어 들어가려는 찰나 잉어 두 마리가 뛰어 올라왔다. 이것이 왕상부빙의 일화다. 지극한 효성에 자연도 감복했다는 것이 이 이야기의 핵심이다. 그림 속에서 왕상이 바지를 걷어붙이고 얼음에 곡괭이질을 하고 있다.

그 외에도 왕상의 효성은 더 많이 알려져 있다. 계모가 참새구이가 먹고 싶다고 하자 참새 수십 마리가 스스로 왕상의 집에 날아들었다. 왕상은 계모가 뜰 앞의 벚나무를 지키라고 하자 밤새 나무를 지켰는데 비바람이 치는 날이면 나무를 껴안고 울곤 했다. 항상 왕상을 괴롭히기만 한 계모였다. 그런 계모가 늙어 세상을 뜨자 왕상은 3년 동안 여묘살이를 하며 슬퍼한 나머지 병이 들어 지팡이를 짚고 다녀야 했다.

세 번째 이야기는 노래자老萊子와 관련된 내용으로 순제대효 아래 펼쳐진다. 제목은 '내자롱추친측萊子弄雛親側'이라 적혀 있는데 '노래자가 병아리를 가지고 어버이 곁에서 논다'는 뜻이다. 노래자는 춘추시대 노魯나라 사람이다. 그는 일흔이 되어서도 아흔의 부모님을 위해 알록달록한 옷을 입고 어린아이처럼 재롱을 부렸다. 물을 들고 마루에 오를 때면 어린아이처럼 일부러 미끄러져 땅에 누워서는 거짓으로 울기도 했다. 때로는 부모님 곁에서 병아리를 가지고 장난치며 놀았다. 모두 부모님을 즐겁게 해드리려는 행동이었다. 노래자의 효도 이야기는 흔히 노래반의老萊斑衣라는 제목으로 그려졌다. 색동옷 입은 노래자라는 뜻이다. 어린아이를 상징하는 색동옷과 나이 든 노래자의 모습이 대비되면서 부모님을 위해서라면 우스꽝스러운 모습도 마다하지 않은 노래자의 효성이 크게 부각된다. 이 그림에서는 노래반의 대신 병아리를 가지고 노는 내용을 부각시켰는데 구체적인 모습은 잘 보이지 않는다.

맨 아랫단에 적힌 이야기는 맹종읍죽孟宗泣竹이다. 맹종이 대나무 숲에서 운다는 뜻이다. 도대체 무슨 사연이 있었던 것일까. 맹종은 삼국시대 오吳나라 사람으로 그의 효성도 위의 세 사람 못지않게 지극했다. 어느 추운 겨울날 그의 어머니가 늙고 병이 들어 자리에 누웠다. 그런데 병든 어머니가 갑자기 죽순이 먹고 싶다고 했다. 죽순은 4월이 넘어야 채취할 수 있는 나물이다. 지금이야 냉동식품으로 저장이 되지만 그 당시에는 불가능한 일이었다. 그 사실을 모를 리 없는 맹종은 대나무 숲에 들어가 슬피 울었다. 한참을 울다 보니 땅 위에서 죽순 몇 그루가 솟아올랐다. 맹종은 죽순을 따가지고 와서 어머니에게 죽을 끓여 드렸다. 역시 지극한 효성은 하늘도 감동시킨다는 내용이다.

효자 이야기가 많이 만들어진 사연

왜 굳이 이런 효자 이야기를 그려야만 했을까. 그만큼 효자가 드물었기 때문이다. 부모가 자식을 사랑하는 것은 굳이 강조하지 않아도 잘 지켜질 만큼 당연했다. 그런데 자식이 부모를 공경하고 효도하는 것은 가르쳐야 겨우 알아들을 만큼 당연하지 않았다. 어디 그뿐인가. 효도는커녕 불효막심한 자식이 날이 갈수록 많아졌다. 글과 그림을 통해서라도 효도의 중요성을 깨우쳐 줘야 한다. 이것이 효자 이야기가 많이 만들어진 이유다. 세종 때『삼강행실도』가 발행된 계기도 1428년 진주의 김화金禾라는 사람이 아버지를 살해한 사건이 발생했기 때문이다.

송나라 유학자 정이程頤는 이렇게 말했다.

"『논어』를 읽지 않았을 때도 이런 사람이고 읽고 난 뒤에도 그냥 이런 사람이라면, 이는 읽지 않은 것이나 마찬가지다."

이 말은 지금 우리에게도 해당될 것이다.

"『부모은중경』을 읽지 않았을 때도 이런 사람이고 읽고 난 뒤에도 그냥 이런 사람이라면, 이는 읽지 않은 것이나 마찬가지다."

과정

수행은
증득에
이르기 위한
과정

이인상 「검선도」

이렇게 변화하면 자유롭게 오가며 돌이나 벽이 장애가 되지 않고 지역에 구애받지도 않는다.
— 『능가경』

부끄러운 고백을 해야겠다. 나는 사람을 처음 보면 첫눈에 그 사람의 전체를 읽을 수 있다. 물론 몇 퍼센트의 오차는 있지만 거의 틀리지 않는다. 굳이 상대방을 앞뒤로 돌아가면서 볼 필요도 없다. 얼굴만 봐도 알 수 있고, 목소리만 들어도 알 수 있다. 걷는 모습만 봐도 알 수 있고, 웃는 모습만 봐도 알 수 있다. 심지어는 얼굴을 보지 않고, 손만 봐도 알 수 있다. 그 사람이 어떻게 살아왔고 어떤 성격이고 어떻게 살아갈 것인지, 어떤 뛰어난 장점이 있고

치명적인 약점이 있는지를 훤히 알 수 있다. 예전에는 이런 능력이 대단한 것인 줄 알았다. 그래서 마치 다른 사람들은 갖지 못한 초능력을 가진 것처럼 우쭐했다. 누군가를 만날 때면 마구마구 잘난 체하면서 상대방에 대해 떠들었다. 돌이켜보면 낯 뜨거운 과거다.

나의 부끄러운 과거

지금은 그렇게 하지 않는다. 꼭 필요한 경우가 아니라면 굳이 얘기하지 않는다. 꼭 필요한 경우라 하더라도 거의 얘기하지 않는다. 사람의 인생에서 행복만이 꼭 필요한 것이 아니고 불행이 꼭 불필요한 것이 아니란 것을 알기 때문이다. 사람에게 다가오는 길흉화복은 받아들이기 나름이다. 행복도 행복인 줄 모르면 불행이고 불행도 불행이라 생각하지 않으면 불행이 아니다. 행복이나 불행은 그 사람을 가르치기 위해 온다. 행복과 불행을 통해 삶의 진리를 배울 자세가 되어 있는 사람에게는 굳이 미래에 대한 얘기가 필요 없다. 행복과 불행은 둘 다 스승이기 때문이다. 배울 자세가 되어 있지 않은 사람에게는 얘기해봤자 소용없다. 아무리 목소리를 높여도 바뀌려는 의지가 없기 때문이다. 그런 사람에게는 스스로의 경험을 통해 통렬하게 깨달을 때까지 시간이 필요하다. 돈을 잃고 건강을 잃으면서라도 깨달을 수 있다면 그 정도 수업료는 지불할 가치가 있다. 자신이 직접 삶을 통해 체득한 진리는 사라지지 않기 때문이다.

내가 사람을 보고 읽을 줄 아는 능력은 타고난 것이 아니다. 신내림을 받아서도 아니다. 그림을 공부하면서 생긴 버릇이 사람에게 적용되었을 뿐이다. 전시회에 가서 그림을 볼 때는 처음 본 것이 마지막이 될 때가 있다. 일본 센소지淺草寺에 소장된 혜허慧虛의 「수월관음도水月觀音圖」가 그렇다.

2010년 G20 정상회의 때 처음 본 「수월관음도」는 다시 볼 수 있다는 기약이 없었다. 일본 덴리대天里大에 소장된 안견安堅의 「몽유도원도夢遊桃源圖」도 비슷하다. 지금까지 세 번, 한국에서 전시 때마다 가서 봤지만 역시 다시 본다는 기약을 할 수 없다. 다시 볼 수 없으니 볼 수 있을 때 깊이 봐야 한다. 기억하기 위해 보고 또 보다 보니 세밀하게 보게 된다. 장황 상태, 안료, 재질, 구도와 특징 등을 집중적으로 보기 위해서는 고도의 집중력이 필요하다. 이런 훈련을 30년 가까이했다. 남들보다 잘 보는 것은 당연할 것이다. 이런 훈련과 함께 글을 쓰기 위해 사람을 주의 깊게 관찰하는 훈련을 더하다 보니 누군가를 처음 볼 때도 삶 전체가 스캔되는 것이 가능할 것이다.

사람이나 사물을 깊이 읽을 줄 아는 능력은 자랑할 것이 못 된다. 그렇다고 해서 결코 부끄러운 것도 아니다. 그러나 이 상태에 머무른 채 대단한 신통력을 얻은 것처럼 만족한다면 그건 부끄러워해야 한다. 기껏해야 남들보다 조금 더 잘 보는 능력이 뭐가 그리 대단한가. 그래서 어쨌단 말인가. 그것이 내가 풀어야 할 숙제를 해결해주는 것은 아니지 않은가. 참선과 수행을 하다 보면 남이 듣지 못한 소리를 듣고 남이 보지 못한 경지를 볼 때가 있다. 신기한 꿈을 꾸는가 하면 앞으로 일어날 일들이 예측될 때도 있다. 어떻게 이런 현상이 가능할까.

과정에 불과한 수련

대혜가 또 끼어들며 물었다.

"의생신意生身이 무엇입니까?"

부처가 이어서 말했다.

"이른바 의생신이란 비유하자면 사람들의 심의식心意識 작용과도 같아, 환상이 일어날 때는 즉각 생기고 아무 걸림이 없어서 의생이라 한다. 이렇게 변화하면 자유롭게 오가며 돌이나 벽이 장애가 되지 않고 지역에 구애받지도 않는다. 그런데 사람의 의식이 어떻게 이처럼 자유로울 수 있을까? 이전의 경험이 기억으로 변해 이 기억이 마음속에서 끊이지 않고 이어져 환상을 만들어내기 때문이다. 의식은 본래 형질이 없어 신체의 형상에 갇히지 않으니, 이 때문에 일신을 주재하는 원천이 된다. 대혜여! 보살이 의생신을 얻는 경계 역시 이와 같아서 손가락 한 번 통기는 사이 일체의 신통과 묘용을 갖출 수 있다. 소위 여환삼매如幻三昧, 요술사가 요술을 부리는 것처럼 작용이 자재한 삼매의 힘과 자재신통自在神通, 묘상장엄妙相莊嚴, 성경변화聖境變化 등의 몸도 모두 동시에 갖출 수 있다. 마치 사람들의 의식 작용과도 같아 외계의 일체가 장애가 될 수 없다."

『능가경』에 나오는 구절이다. 육체를 가진 인간이 육체를 뛰어넘을 수 있는 심의식의 경지가 어느 정도인지 확인할 수 있는 내용이다. 우리가 흔히 무술영화나 무협소설에서 봤던 경지를 상상하면 된다. 이런 경지는 불교에만 국한된 것이 아니다. 도가道家에서도 양신陽神과 음신陰神을 얘기한다. 그런데 여기에만 빠져서 멈춰버리고 자신이 의생신을 얻었다고 믿는다면 이는 망상에 불과하다. 좌도이고 외도이며 삿된 경지다. 무생법인無生法忍을 증득하기 전까지의 모든 수련은 과정에 불과하다.

그런데 한번 이 맛에 빠지면 헤어나기가 어렵다. 마치 세상을 내 마음대로 주무를 수 있을 것 같은 착각마저 들기 때문이다. 이것이 마구니의 장난이라는 것을 알기 위해서는 곁에 선지식이 있어야 한다. 선지식을 만나지 못했거든 다시 경전으로 돌아가 부처의 가르침을 따라야 한다. 이런 번뇌가 어찌 수행에만 해당되겠는가. 모든 공부에 적용될 수 있을 것이다.

이인상, 「검선도」, 종이에 색, 96.7×61.8cm, 국립중앙박물관 소장

「검선도」에 배치된 검의 비밀

이인상이 그린 「검선도劍仙圖」는 신선 여동빈을 그린 작품이다. 여동빈은 문무를 겸비한 유자儒者로, 혹은 장생불사의 신선으로 조선시대에 많은 사랑을 받았다. 여동빈은 당나라 때 실존했던 인물로 이름은 암巖, 자는 동빈洞賓, 호는 순양자純陽子다. 그는 과거에 두 차례나 낙방하여 출세를 포기한 채 은거하던 중 여산廬山에서 화룡진인火龍眞人을 만나 천둔검법天遁劍法, 악귀를 쫓아내는 검법을 배웠다. 예순네 살에는 화산에서 신선 종리권鍾離權을 만나 득도하여 신선이 되었다. 그는 도교에서 여조呂祖라 칭송받으며 신선의 반열에 올랐다.

그림에서 그의 도상은 흔히 머리에 건을 쓰고 오른손에는 검을 들고 있으며 소매와 옷자락이 펄럭이는 모습으로 표현된다. 그는 이 검으로 회수淮水에서 사람에게 해악을 끼치는 교룡蛟龍과 호랑이를 처치했다고 전한다. 특히 버드나무 정령(柳仙子)을 검으로 제압한 애기는 여러 희곡에 등장한 단골메뉴다. 푸르스름한 얼굴빛을 한 유선자가 머리에 버드나무 가지가 솟은 채 여동빈 곁에서 피리를 부는 모습은 여러 그림에서 자주 찾아볼 수 있다. 악령이나 정령까지 제압할 수 있는 검이다. 시간이 흐를수록 여동빈의 검은 단순히 악을 물리치는 정의의 의미를 뛰어넘어 세속적인 욕망을 끊는 도구로 승화된다. 번뇌와 색욕과 탐욕과 성냄 등을 끊어주고 학문에 정진할 수 있게 해주는 상징성을 지니는 검으로 거듭난다. 이로써 여동빈은 검선이라는 명성 못지않게 시선詩仙이라는 호칭도 겸하게 되었다. 조선시대 많은 문인들이 여동빈을 좋아하게 된 배경이다.

이인상이 그린 「검선도」는 조선시대 선비들이 여동빈과 자신을 동일시한 현상을 확인할 수 있다. 두 그루 노송을 배경으로 수염을 휘날리며 앉은 여동빈 옆에 검이 그려져 있다. 학자들에 따라서는 주인공이 여동빈이 아니라 이인상 자신을 그린 자화상이라 해석한 경우도 있다. 어느 경우든 조선시대 회화에 등장하는 검은 살인과 살생을 위한 것이 아니라 번뇌를 끊기 위해서라는 것을 알 수 있다.

『능가경』은 대혜대사大慧大師가 석가모니 부처에게 질문한 백여덟 가지의 내용과 그에 대한 답이다. 이 법문은 인도의 남해 바닷가에 있는 사자국獅子國 능가산楞伽山 정상에서 이루어졌다. 대혜대사는 부처에게 심心, 성性, 상相 등 불교적인 형이상의 문제를 비롯해 인생, 우주, 물리, 인문 등에 관해 질문한다. 그래서 『능가경』에는 불교의 신심성명身心性命뿐 아니라 우주 만상의 근본 체성體性을 비롯한 사상과 이론은 물론 수행 방법까지도 자세히 기록되어 있다. 대혜대사가 질문자로 나선 것은 대중의 상좌였기 때문이다. 그는 불법이 깊어 일체 유심과 만법 유식의 심식이 드러나는 경계에 대해 이미 그 의미를 증득한 상태였다. 다만 아직 자신의 경지에 도달하지 못한 대중과 후세인들을 위해 부처에게 문제를 제기한 것이다. 마치 『금강경』에서 장로 수보리가 여러 사람을 대신해 질문한 것과 같다.

대혜대사가 질문한 내용은 실로 다양하다. '어떻게 해야 마음속 망념을 깨끗이 할 수 있을까요? 왜 마음속 망념이 멈추지 않고 늘어나기만 하는 걸까요?'부터 시작해 '만법을 생겨나게 하는 인과 연은 도대체 어디에서 온 것일까요?' 등 불교의 근본적인 질문이 담겨 있다. 그런가 하면 '어떻게 해야 어머니 배속으로 들어가 이 몸을 만들 수 있나요? 왜 국가 간 전쟁이 일어나며 또 내란이 발생하나요? 왕생해서 궁극적으로 어디로 가나요?' 등 사람이라면 누구나 가질 수 있는 의문도 포함되어 있다.

그중에서도 예전에 내가 가장 관심을 가졌던 질문은 이것이다. '세속적 신통이란 어떤 것입니까? 출세간적 신통이란 어떤 것입니까?' 사람은 오직 자신이 관심 있는 분야만 보는 법이다. 그러나 여기에서 머무르면 안 된다. 하늘을 붕붕 날아다니고 유체이탈을 한다 한들 무생법인을 얻는 데는 전혀 도움이 되지 않는다. 오히려 잘라내야 할 번뇌에 불과하다.

 아무튼 나도 한때는 이런 능력이 대단한 것인 줄 알았다. 지금도 나의 얘기를 듣거나 글을 본 사람 중에서 이런 능력에 대해 궁금해 하는 경우가 있다. 꼭 과거의 나를 보는 것 같아 안타깝다. 굳이 이런 글을 쓰면서까지 부끄러운 과거를 밝히는 이유는 그게 전부가 아니라는 것을 말하고 싶어서다. 이런 능력은 나만의 특별한 능력이 아니다. 누구나 조금만 훈련하면 가능하다. 특별히 훈련하지 않더라도 나이가 들면 누구나 가질 수 있다. 중요한 것은 거기서 멈추지 말라는 것이다. 무생법인을 아는 기쁨에 비하면 그까짓 신통력은 어린아이들이 갖고 노는 구슬치기에 불과하다. 딱지치기나 마찬가지다.

무생법인

숨 쉬고 있는
지금 여기가
무릉도원

원명유 「도원춘색」

일체 만상의 경계는 모두 자성이 아니니, 일체가 모두 자기 마음의 현량임을 스스로 깨달아 마음속으로 증득한다면 자기 마음의 현량 망상은 일체 일어나지 않는다.
— 『능가경』

『능가경』은 대단히 난해하다. 대혜대사가 석가모니 부처에게 질문한 백여덟 가지 내용에 대한 답을 적은 경전인데, 상당한 인내심과 구도심을 가져야 공부할 수 있다. 수학 공식을 외우듯 정리하며 공부해야 하는 경전이다. 공부하기가 힘든 만큼 공부를 끝냈을 때의 뿌듯함은 이루 말할 수 없이 크다. 처음에는 이해되지 않더라도 거듭해서 읽으면 어느 순간 머릿속에서 전깃불이 켜지듯 깨닫게 되는 경전이다. 앞장에서 대혜대사의 질문을 살펴보며, 무생법인을 얻는 기쁨에 비하면 세속적 신통은 딱치기나 구슬치기에 불과하다고 정의했다. 그렇다면 무생법인은 무엇인가?

어떻게 무생법인을 증득할 수 있을까

무생법인은 생멸生滅을 멀리 떠난 후의 진여실상眞如實相의 이치다. 불생불멸하는 진여법성眞如法性을 인지하고 거기에 안주하여 움직이지 않는 것이다. 진여는 무엇인가. 제법의 본체다. 인식된 모든 현상의 근본이다. 왜 진여인가. 허환虛幻을 벗어나 진실하기 때문에 진眞이라 하고 항시 머물러 변하지 않고 바뀌지 않으므로 여如라 한다. 진여는 만법의 본체로 깨끗한 곳에 있든 더러운 곳에 있든 그 본성은 변하지 않는다. 다이아몬드의 속성이 흙 속에 있든 돌 속에 있든 변하지 않는 것과 같다. 법성은 무엇인가. 있는 그대로의 본성이나 상태로 우주 만물의 본체다. 모든 현상이 있는 그대로의 참모습이자 변하지 않는 진리다. 법성은 진여실상이라고도 한다.

일체중생은 모두 진여실상에서 차이가 없다. 법계 자성과 법신 여래가 변해서 생겨나므로 본래부터 모두 여래의 신력神力 속에 있다. 마치 바람이 불면 파도가 출렁거리지만 파도 자체는 바다와 한 몸이라는 사실과 마찬가지다. 그래서 귀머거리나 소경, 벙어리나 절름발이라도 진여법성, 진여실상에서는 여래와 똑같다. 사기꾼이나 살인자라도 여래와 똑같은 진여법성을 가지고 있다. 석가모니 부처가 보리수 아래서 대각을 이루신 내용도 바로 그것이다. 일체중생이 모두 불성을 가지고 있다는 감탄사였다. 불성은 곧 진여실상이다. 그런데 왜 중생은 부처가 아닌가. 심心, 의意, 식識의 습기가 오온을 형성해 중생으로 하여금 망상을 일으키게 하기 때문이다.

결국 중생이 겪게 되는 수많은 경계는 모두 자기 마음 안팎의 망상이 드러난 것에 불과하다. 일체의 현식現識 작용은 존재하지 않는다. 인연이 화합하여 만상을 형성하지만 시간과 공간이 쌓아 놓은 현상일 뿐이다. 결코 영원한 것이 아니다. 영원하지 않는 것을 영원하다고 믿는 것이 망상이다. 모든 사물의 과정에는 비록 생겨나고 존재하며 소멸하는 정황이 있으나 이들은 모두 현상의 작용일 뿐이다. 진여자성의 근본에는 본래 생겨남이 없다. 그러므로 소멸이라 할 것도 없으니 일체가 모두 자기 마음이 드러난 것이다.

이와 같이 관찰해 증득할 수 있다면 자기 마음이 일으킨 의타기성依他起性과 변계소집성遍計所執性의 분별심을 소멸시킬 수 있다. 즉, 일체 중생이 윤회하는 중생계를 벗어나 생사와 열반이 평등해 서로 다르지 않은 경계에 도달할 수 있다. 의타기성은 무엇인가. 인연에 의해 생겨나는 모든 것이다. 우주만유의 일체법은 인연에 의해 생겨나며 인연을 떠나서는 근본적으로 생겨남이 없다. 그것을 주재할 어떤 조물주의 존재도 없기 때문에 스스로 생겨나지 않는다. 일체법의 자성에는 본래 얻을 수 있는 본체의 모습이 없다. 그런데 안팎 경계의 연緣에 의해 상이 생겨나면 확실히 그것이 있다고 여기는 것이 의타기성이다. 변계소집성은 무엇인가. 온갖 것을 두루 따져 상에 집착하는 것이다. 인연 따라 일어나는 의타기성과 변계소집성은 허망한 것이기 때문에 공하다. 여래의 정각을 증득한 자는 이 속에서 세워진 법상을 모두 자기 마음이 집착하는 현상이라는 것을 안다. 명名이니 상相이니 분별分別이니 하는 망상이 의타기성과 변계소집성의 두 자성이 일으킨 작용이라는 것을 꿰뚫는다. 이런 진리를 자각해 얻게 되면 여여如如의 경계로 들어선다. 이것이 바로 원성실성圓成實性이다. 원성실성은 영생불멸永生不滅하는 우주의 묘체妙諦에 마음을 두는 것이다. 마음(心)이니 대상(物)이니 중생이니 하는 삼자는 모두 유심唯心의 현량現量이 일으킨 것이다. 현량은 사물을 지각하는 방법의 하나로 비판하고 분별함

6
일체법의 진여실상을 깨닫다

이 없이 바깥의 현상을 그대로 깨달아 아는 일이다.

어떻게 하면 무생법인을 증득할 수 있을까. 무시이래無始以來, 아주 먼 과거 이후의 잘못과 허망한 습기에 훈습된 일체의 번뇌를 끊어버리면 된다. 삼계가 유심이고 만법萬法이 유식有識이다. 만법은 마음으로부터 생긴다. 일체 유식이 모두 마음과 연관되어 있다. 일체 만상이 성공연기性空緣起, 사물은 그 본성이 공하며 인연화합에 의해 현실로 나타나 존재한다임을 알면 무상無相의 경계에 들어설 수 있다. 우주 일체 제법의 자성은 모두 오직 마음에서 일어나는 것으로 그 본성은 절로 유무를 떠난다. 이미 유무를 떠날 수 있다면 다시는 어떤 상에 집착하는 망상이 일어나지 않는다. 이것이 진여의 실상으로 무생법인의 증득이다.

무릉도원은 특별한 곳에 있을까

조선시대 작가들이 가장 즐겨 그린 화제 중의 하나가 무릉도원이다. 무릉도원은 무릉에 있는 복숭아 꽃밭이란 뜻이다. 다른 유명한 장소를 제치고 굳이 무릉이라는 장소가 선택된 것은 도연명의 유명세 때문이다. 도연명은 중국 동진東晉 때의 시인으로 이름은 잠潛, 자는 연명淵明이다. 그는 탁월한 두 편의 글을 써서 중국문학사에 이름을 올렸다. 「귀거래사歸去來辭」와 「도화원기桃花源記」다.

「귀거래사」는 그가 마흔한 살에 관직을 그만두고 낙향하면서 쓴 변명이다. 그 변명이 얼마나 멋있고 과감해 보였던지 그의 글을 읽은 많은 샐러리맨들이 사표를 던지고 귀농해버리는 진풍경이 연출됐다. 반면 귀농을 꿈꾸면서도 직장을 떠나지 못한 남겨진 자들은 비애감에 젖었다. 뛰어난 문학작품이 주는 병폐다. 「도화원기」는 「귀거래사」의 비애에서 멈추지 않는다. 무릉에 사는 어부가 복숭아꽃이 떠내려 오는 물길을 거슬러 가보니 무릉도원에 도달했다

法

원명유, 「도원춘색」, 비단에 색, 19.8×27.1cm, 간송미술관 소장

는 「도화원기」는 허다한 사람들을 환상의 세계로 끌어들였다. 무릉도원은 단순히 복숭아꽃이 피어 있는 장소가 아니다. 근심 걱정이 없고 행복과 즐거움만 있는 곳이다. 파라다이스 혹은 유토피아와 동의어이고 극락, 천당과 유사한 단어다. 결코 현실에 실재하지는 않지만 있을 것 같은 장소. 그곳이 유토피아고 파라다이스다.

사람들은 삶 속에서 조금만 어려움에 부딪혀도 무릉도원을 생각했다. 조금만 괴로움에 빠져도 무릉도원을 떠올렸고 조금만 재미가 없어도 무릉도원을 그리워했다. 무릉도원을 그린 수많은 그림이 무릉도원 신드롬을 반영한다. 안견을 비롯하여 이하곤李夏坤, 1677~1724, 원명유元命維, 1740~74, 이광사, 김수철金秀哲, 조선 후기, 조석진趙錫晉, 1853~1920, 안중식安中植, 1861~1919, 변관식卞寬植, 1899~1976 등의 작가들이 무릉도원을 그렸다. 조선 초기부터 근대에 이르기까지 긴 시간이다. 500년이 넘는 긴 세월 동안 생명력을 유지할 수 있었던 것은 그만큼 이 주제가 매력적이었기 때문이다. 이들이 작품 속에서 잊지 않고 소재로 취한 것은 어부, 배, 물, 복숭아꽃 그리고 도원에 사는 사람들이다.

그런데 연농研農 원명유가 그린 「도원춘색桃園春色」은 다르다. 물가에 초가집 두 채가 그려져 있을 뿐이다. 초가집은 위태롭게 솟아오른 산을 등지고 서 있을 뿐 인기척이라곤 찾아볼 수 없다. 어부도 배도 도원에 사는 사람도 보이지 않는다. 그런데 이곳이 무릉도원이란다. 정말 이곳이 무릉도원일까.

무릉도원은 특별한 곳이 아니다. 바로 지금 여기 이곳이다. 내가 살고 있는 곳이다. 너무나 평범해서 무시하기 쉬운 곳이 무릉도원이다. 여기가 무릉도원이란 사실을 깨닫기 위해서는 떠나봐야 안다.

원명유는 「도원춘색」 화면 왼편에 '법왕숙명필의法王叔明筆意, 왕숙명이 그리던 뜻을 본받다'라 적고 '연농작研農作'이라 관서한 후 도장을 찍었다. 왕숙명은 원말사대가

元末四大家의 한 사람인 왕몽王蒙, 1308~85이다. 소털과 같은 구불거리는 선을 잇대어서 그린 우모준牛毛皴으로 유명한 작가다. 산의 형태를 뭉게구름이 소용돌이치듯 그린 와운준渦雲皴도 왕몽의 기법을 응용한 것이다.

그렇다면 우리가 무생법인을 증득하면 어떻게 될까. 거룩하고 찬란한 모습으로 바뀔까. 몸에서는 향기가 나고 얼굴은 아기처럼 부드러워지며 오장육부는 부품을 새로 갈아 끼운 듯 성능이 좋아질까. 그렇지 않다. 아무것도 변하지 않는다. 모든 것이 그대로다. 만약 눈에 보이는 어떤 경계를 기대하고 수행한다면 이것은 마구니의 함정에 빠지는 것이다. 설령 그런 경계를 만나더라도 허공 속의 환화幻化로 무시해야 한다. 무생법인을 증득하기 이전에도 산은 산이었고 물은 물이었다. 무생법인을 증득한 후에도 여전히 산은 산이고 물은 물이다. 다만 그 이전과 이후의 물을 바라보는 사람의 마음이 바뀌었을 뿐이다. 꿈에서 깨어나 꿈 이야기를 하듯 알아차릴 뿐이다. 무릉도원에 살면서도 무릉도원인 줄 모르다가 비로소 알게 된 것과 같다. 알고 보니 무릉도원이었다. 무생법인을 증득하면 집을 떠나지 않고서도 집이 무릉도원이라는 것을 안다. 지금 이대로의 내가 진여불성을 지닌 부처라는 것을 안다.

직접 먹어 보는 행위가 수행이다

지금까지 부처의 가르침을 소재로 글을 쓰다 보니 계속 같은 얘기만 되풀이한 것 같다. 왜 그랬을까? 바로 말의 한계, 언어와 문자의 한계 탓이 크다. 부처가 말한 진실한 경계는 언어나 문자로 표현할 수 없다. 이것이 언어와 문자의 숙명이다. 표현할 수 없는데 표현해야 하는 모순은 어떻게 극복할 수 있을까. 개인이 수행해서 증득하는 수밖에 없다. 아무리 많은 미사여구를 동원해도 딸기의 맛을 전해줄 수 없다. 직접 먹어봐야 한다. 먹어보는 행위는 수행이다. 먹어보고 딸기맛을 아는 것은 증득이다. 그러나 증득은 바로 알 수 있는 것이 아니다. 오랜 시간이 필요하다. 깨닫고도 수행이 필요한 이유다. 만약 자기 마음의 분별 망상을 깨끗이 없애고자 한다면 점차 닦아야 한다. 결코 하루아침에 갑자기 알 수는 없다. 무생법인의 증득도 그러하다.

法

능엄신주의 효력

실천이 없다면
배움이
무슨 소용 있을까

정선 「구룡연」

아난아! 시방의 모든 여래는 이 능엄주를 빌려서 무상 정변지의 깨달음을 이루며, 이 주문의 마음으로 일체의 마를 항복시키고 모든 외도를 제압한다.

— 『능엄경』

중국에 한 스님이 있었다. 어느 날 인도에서 온 법사를 만났는데 신기한 얘기를 들었다. 인도에 특별한 경전이 있다는 얘기였다. 모든 경전 중에서도 가장 깊고 오묘하며 불가사의한 경전이라 했다. 스님은 그날부터 매일 서쪽을 향해 절을 하며 그 경전을 볼 수 있기를 발원했다. 그러기를 무려 18년, 스님은 경전과의 인연이 없었던지 끝내 경을 보지 못하고 열반에 들었다. 그 스님

이 바로 천태종天台宗의 개조開祖 지의智顗, 538~597대사다. 지의대사는 수隋나라 때 승려로 천태天台대사, 지자智者대사 또는 천태지자대사로 불렸다. 천태지자대사가 그토록 보기를 발원했던 경전은 『능엄경』이었다.

가슴 뭉클한 전법의 역사

『능엄경』은 당나라 때인 신룡神龍 1년705년에 이르러서야 인도 스님 반랄밀제般剌蜜帝에 의해 중국에 들어왔다. 이렇게 늦게 중국에 들어오게 된 데는 이유가 있었다. 당시 인도의 국왕이 『능엄경』을 국보로 여겨 나라 밖으로 유출하는 것을 금지했기 때문이다. 『능엄경』은 심법心法에 대한 종지를 담고 있는 경전으로 용수龍樹보살이 용궁에서 가져왔다고 전해졌다.

사람의 인연이 그러하듯 경전도 시절인연이 있는 법이다. 반랄밀제 스님은 『능엄경』을 중국에 유통시키겠다는 특별한 서원을 세웠다. 그러나 경전 유출은 불법이었다. 『능엄경』을 들고 국경을 넘다 관리인에게 발각되어 빼앗겼다. 그렇다고 포기할 스님이 아니었다. 여러 가지 방법을 모색하던 끝에 묘안이 떠올랐다. 스님은 아주 가는 비단에 작은 글씨로 경전을 적었다. 그런 다음 양초로 비단을 봉했다. 스님은 팔의 살을 갈라 그 속에 경전을 넣었다. 상처에는 고약을 붙였다. 드디어 상처가 아물었다. 다시 중국으로 향했다. 팔에 상처가 있는 스님은 국경선을 지날 때 아무런 의심 없이 무사히 통과할 수 있었다. 스님은 광동성에 있는 제지사制止寺에 거주하면서 중국어로 경전을 번역했다. 스님은 번역을 서둘렀다. 다시 인도에 돌아가 죄를 받기 위해서였다. 경전이 유출된 사실을 안 인도의 왕이 국경을 지키는 관리인을 문책한다는 사실을 알았기 때문이다. 스님은 국경 관리인이 벌 받는 것을 원치 않았다. 죄는 자신에게 있었다. 스님은 경전 번역을 마친 후 인도에 돌아가 죄를 달게 받을 생각이었다.
 우리가 마음만 먹으면 언제든지 읽을 수 있는 『능엄경』이 보급되기까지 이런 우여곡절이 있었다. 부처의 가르침을 전해주기 위해 그리고 부처의 가르침을 구하기 위해 목숨을 건 수행자들이 있었기에 지금까지 불교가 맥을 이어 올 수 있었다. 생각하면 가슴 뭉클한 전법傳法의 역사요, 구법求法의 의지다. 돈만 있으면 쉽게 살 수 있는 경전이라 하여 가볍게 생각해서는 안 된다. 귀하고 귀한 것이 부처의 경전이다. 지금은 우리가 너무 쉽게 구할 수 있어 읽는 것조차 게을리 하지만 말이다.

왜 인도의 왕은 『능엄경』의 국외 유출을 금지했나

 『능엄경』은 직지인심直指人心하여 견성성불見性成佛하게 하는 경전이다. 즉, 선정을 닦아 지혜를 열게 하는 경전이다. 사람의 참된 마음(眞心)은 사람이 본래 가지고 있는 불성이다. 불성은 사람의 근본 성품이다. 본래 가지고 있는 불성은 어디에 있는가? 바로 우리 자신 속에 있다.
 『능엄경』은 성품을 보는 것(見性)에 대해 해설하고 있다. 그런데 『능엄경』은 아난을 위해 설한 경전이다. 이상하지 않은가? 하필이면 많고 많은 제자 중에 아난을 위해 설했다는 사실이. 왜 아난존자인가. 아난존자는 부처의 십대 제자 중 다문제일로 통한다. 아난은 수십 년 동안 부처를 가까이에서 모시면서 부처가 한 법문을 모두 기억하는 재주가 탁월했다. 그러나 다문에 의지하여 문자반야文字般若를 배우는 데만 치중하고 실상반야實相般若를 닦지 않아 선정력禪定力에 소홀히 했다. 그 결과 어떻게 됐을까. 『능엄경』이 설해지게 된 배경을 보면 선정력의 부족이 어떤 것인지를 알 수 있다.
 프라세나지트 왕이 그의 부친을 위해 제삿날에 재식齋式을 준비하고 부처를 청했다. 부처는 문수보살에게 분부하여 보살과 아라한 들을 나누어서 공양에 응하게 하셨다. 오직 아난은 먼저 걸식을 나가 아직 돌아오지 않았으므로 아난을 제외한 모두가 궁전으로 향했다. 아난은 아직까지 사위성에서 탁발하는 중이었다. 아난은 규칙에 따라 일곱 집을 걸식하면서 기녀의 집을 지나가게 되었다. 그 기녀는 마등가摩登伽라는 외도外道의 딸이었는데 마등가는 주술呪術을 사용할 줄 알았다. 기녀는 아난을 보자마자 첫눈에 반했다. 그러나 기녀로서 수행자인 아난에게 다가갈 방법이 없었다. 기녀는 어머니에게 아난을 유혹할 수 있는 주술을 부려달라고 졸랐다. 마등가는 선범천주先梵天呪라는 황발외도黃髮外道의 주술을 써서 아난이 딸의 방에 들어가게 했다. 황발외도는 사람의 혼백을 거두어들이는 일종의 사술邪術로 사람이 자기도 모르게 주술자의 뜻대로 따르게 되는 주문이었다. 주술에 걸려 정신이 혼미해진 아난은 기녀가 몸을 만지면서 계의 몸을 훼손하려고 해도 알지 못했다. 이것이 선정력의 부족이다.

　아난이 누구인가. 부처의 법문을 가장 많이 들은 제자가 아닌가. 아난은 이미 초과의 아라한을 증득한 성인인데 외도의 사술에 미혹된 것이다. 남의 밥그릇을 아무리 많이 센다 한들 내 배가 부르지 않듯 법문도 마찬가지다. 아무리 많은 경전을 읽고 외워도 선정력이 없으면 배고플 때 남의 밥그릇을 세는 것과 같다. 아는 것과 실천하는 것 사이에는 이렇게 건널 수 없는 깊은 강이 흐른다. 그렇다면 오직 선정력에만 치중하고 경전 공부는 무시해도 될까. 그렇지 않다. '불립문자 교외별전'을 강조하는 선종에서조차도 경전 공부는 기본이다. 다만 문자에 멈추지 말라는 뜻을 강조해서 한 말일 뿐이다. 문자를 버려도 될 정도의 수준은 선정력이 굳건하여 어떤 외경에도 흔들림이 없는 수행자라야만 가능하다. 우리 같은 초심자들에게는 해당사항 없는 얘기

法

정선, 「구룡연」, 비단에 먹, 25×19.2cm, 개인 소장

다. 우리는 그저 부지런히 갈고 닦는 수밖에 없다.

　부처는 아난에게 삿된 주술이 가해지는 것을 알고 재를 마치고 돌아가려고 했다. 왕과 대신, 장자와 거사들은 함께 부처를 따라 와서 중요한 법을 듣기를 원했다. 세존은 수백 가지 보배로운 광명을 놓으며, 그 광명 가운데는 천 잎의 보배연꽃에서 화신부처가 나와 결가부좌하여 능엄신주를 설했다. 왜 능엄신주인가? 능엄신주만이 황발외도의 선범천주를 깨뜨릴 수 있기 때문이다. 능엄신주는 주문 가운데서도 가장 신령스런 주문이며, 모든 마의 주술을 깨뜨리는 주문의 왕이다. 인도의 왕이 능엄신주가 담긴 『능엄경』의 국외 유출을 금지한 이유가 바로 이 때문이다.

　부처는 문수사리보살에게 명하여 능엄주를 가지고 마등가의 집으로 가서 아난을 구하고 악주를 소멸시키라고 했다. 문수보살은 아난을 부축하고 마등가를 격려하여 부처가 계신 곳으로 돌아왔다. 비로소 아난이 꿈에서 깨어났다. 정신을 차린 아난은 눈물을 흘렸다. 무시이래로 줄곧 다문에 치중하고 도력을 온전히 갖추지 못함을 한탄하며 부처에게 청했다. 시방의 여래께서 보리를 이룬 법문을 설해 주실 것을 청했다. 이렇게 해서 『능엄경』이 설해지게 되었다.

능엄신주의 효력 같은 폭포의 기세

　정선이 그린 「구룡연九龍淵」은 금강산에 있는 폭포다. 정선이 일흔 살이 넘어 그렸다. 전국의 산하를 발로 걷고 뛰어다니며 사생한, 필력이 무르익은 작품이다. 정선은 「구룡연」에서 먹을 제외한 일체의 채색을 쓰지 않았다. 오직 먹 하나로 장관을 그려냈다. 금강산을 그릴 때 창끝처럼 날카로운 바위를 촘촘히 그리던 습관에서도 벗어났다. 꼭 필요한 곳에만 강한 붓질을 남겼다. 정선은 구룡연이 지닌 폭포의 외연에는 관심이 없는 듯하다. 폭포가 지닌 강한 힘과 바위의 견고함을 드러내는 데만 정신이 쏠려 있다. 그의 관심사는 오로지 현장감이다. 자신이 구룡폭포 앞에 섰을 때의 현장감을 그림을 감상한 사람도 느낄 수 있도록 하는 것이 목적이었다. 그는 자신이 목적한 바를 훌륭히 달성했다. 어떻게 해서 가능했을까.

정선은 여산폭포, 박연폭포, 삼부연폭포 등 여러 점의 폭포 그림을 남겼다. 모든 폭포 그림에 현장의 감동을 전해주려는 의도가 반영되었다. 현장감을 전해주기 위해 실경을 충실히 재현하기보다는 형태를 왜곡, 과장, 축소, 비약하는 기법이다. 박연폭포는 실제보다 폭포 길이가 훨씬 길고, 삼부연폭포는 실제보다 폭포의 넓이가 훨씬 넓다. 그런데 그림을 보면 이런 과장이 사라진다. 대신 현장에 서 있는 듯한 감동만이 남는다.

순전히 정선의 붓질 덕분이다. 바위를 그린 부벽준은 교과서적인 부벽준이 아니다. 정선의 붓 끝에서 농익은 부벽준이다. 나무를 그린 미점준*點皴은 얌전하게 점을 찍은 기법이 아니다. 풍상을 겪으면서도 꿋꿋하게 그 자리를 지킨 생명력의 표현이다. 정선은 바위를 그린 필력으로 나무를 그렸고, 나무를 그린 먹빛으로 폭포를 그렸다. 그럼에도 불구하고 바위는 바위다. 폭포는 폭포고 나무는 나무다. 조화롭되 자신의 독립성을 잃지 않는 물상들의 결합이다. 아니, 정선의 손놀림이다.

거침없이 떨어지는 물줄기가 시원스럽기 그지없다. 폭포를 가로막는 장애물이 있다면 여지없이 타파해버릴 기세다. 능엄신주의 효력도 그와 같을 것이다.

『능엄경』에는 능엄신주의 공덕에 대해 길게 적혀 있다. 능엄신주는 부처의 정수리 광명에 모인 대백산개(능엄신주)의 비밀스럽고도 미묘한 게송이다. 대백산개는 크고 흰 일산의 덮개다. 대백산개는 삼천대천세계를 두루 다 덮어 일체의 중생을 보호할 수 있는 게송이다. 부처가 멀리 떨어져 있는 아난이 위험에 빠진 것을 알고 바로 구해낸 것만 봐도 효력을 짐작할 수 있다. 시방의 모든 여래는 이 능엄신주를 빌려서 무상정변지의 깨달음을 이루었고 일체의 마를 항복시키고 모든 외도를 제압할 수 있다. 『능엄경』은 능엄신주의 공덕에 대해 가르쳐주기 위해 설한 경전이다.

능엄신주의 공덕

부처와 나는
똑같은
무생법인을
지녔다

채용신「황현상」

그렇다면 너의 마음과 눈은 지금 어디에 있느냐?　　　　　　　　—『능엄경』

　　당신에게 가장 큰 숙제는 무엇인가. 나에게 가장 큰 숙제는 삶과 죽음이다. 나는 내가 어떻게 태어났는지 알지 못한다. 어떻게 해서 죽는지 역시 알지 못한다. 태어나기 이전의 나는 누구였으며 죽음 후에 어디로 가는지 전혀 알지 못한다. '거두절미하고 본론'만 얘기하겠다는 표현처럼 현재의 삶이 그렇다. 본론의 앞뒤가 오리무중이다. 본론 앞에 나는 무엇이었을까. 본론 뒤에 나는 어떻게 되는 걸까. 정말 궁금하다. 어디 그뿐인가. 50년 넘게 날마다 잠을 잤지만 잠이 드는 순간과 잠이 깨는 순간의 경계를 알지 못한다. 깨어 있는 상

태에서 잠으로 들어가는 경계도 알지 못한다. 알지도 못한 잠을 잘도 자고 잘도 깬다. 뭐가 뭔지도 모르면서 무턱대고 자고 깨는 내가 마치 눈뜬 장님 같다. 비행기를 타고 말 한마디 통하지 않는 나라에 내렸는데 어디로 가야 할지를 몰라 방황하는 사람보다 더 답답하다. 황당하기 그지없다. 나를 잠들게 하고 깨어나게 하는 나는 누구일까.

나는 누구인가

몇 년 전, 뇌종양 수술을 받았다. 수술 후 내 자신이 정말 신기했다. 머리 뚜껑을 열었다 닫았는데도 여전히 과거의 나로 머물러 있었다. 그때 생각했다. 나는 어디에 있는가. 머릿속인가, 심장 속인가, 아니면 간이나 허파에 들어 있는가. 머리를 열었다 닫아도 나를 찾을 수 없다면 나라고 할 수 있는 나는 어디에 들어 있는가. 마취된 상태였을 때 나는 살아 있는 나였는가. 잠들었을 때의 나는 나라고 할 수 있는가. 이런 궁금증은 밥 먹고 할 일이 없어 던진 것이 아니다. 내가 누구인가에 대한 근원적인 질문이다. 내가 누구인지를 알면 편안할 수 있다. 태어나기 이전의 내가 누구였고 죽음 후에 나는 어떻게 될 것인지를 알 수 있다면 현재의 내 삶은 '거두절미'가 되지 않고 '초지일관'이 될 것이다.

부처는 미래에 나와 같은 궁금증을 가진 사람이 나타날 것을 예측했나 보다. 『능엄경』에서 그에 대한 해답을 자세히 설명해주었다. 아난이 부처의 명을 받은 문수사리보살의 도움으로 마등가의 주술에게 깨어난 후였다. 아난은 부처의 법문은 많이 들었지만 선정력이 약해 외도의 사술에 미혹되었다. 그런 자신이 부끄러워 시방의 여래께서 깨달음을 이룬 법문을 설해 주십사 하고 청했다. 그러자 부처가 물었다.

"아난아. 네가 당초 발심하여 출가할 때 나의 불법 가운데 어떤 수승殊勝한 모습을 보고 세간의 깊고 무거운 은애恩愛를 갑자기 버렸느냐?"

아난이 부처에게 말했다.

"저는 여래의 32상이 뛰어나게 묘하고 빼어나 몸이 투명한 것이 마치 유리와 같음을 보고, 항상 스스로 생각하였습니다."

아난의 대답에 부처가 다시 질문했다.

"네가 발심하여 마음을 낼 때 무엇을 보고 좋아하게 되었느냐."

아난이 대답한다.

"제가 이와 같이 좋아하는 마음을 낸 것은 저의 마음과 눈을 사용하였습니다."

부처가 질문했다.

"그렇다면 너의 마음과 눈은 지금 어디에 있느냐?"

아난이 대답한다.

"저의 몸속에 있습니다."

부처가 질문했다.

"아난아, 너는 이 기원정사의 숲과 정원을 보는데 어째서 그것이 보이는가?"

아난이 대답한다.

"이 큰 강당은 문도 열려 있고 창문도 열려 있기 때문에 저는 안에서 바깥의 사물을 볼 수 있습니다."

부처가 질문했다.

"만약 네가 말한 것처럼 이렇게, 이 몸은 강당 안에 있으며, 문과 창문이 열려 있기 때문에 밖의 숲과 정원을 볼 수 있다고 하는데, 그러면 이 강당 안에서 여래는 보지 못하고 단지 강당 밖의 숲과 정원만을 보는 중생이 또 있는가?"

아난이 대답한다.

"세존이시여! 강당 안에서 여래는 보지 못하고 숲이나 샘을 볼 수 있다는 것은 옳지 않습니다."

부처가 말했다.

"아난아! 너 또한 이와 같다. 너의 심령은 일체를 명료하게 안다. 만약 네가 지금 명료하게 아는 이 마음이 네가 말한 대로 실제로 몸 안에 있다고 한다면, 이때 너는 먼저 너의 몸속이 어떻다는 것을 마땅히 알아야 할 것이다. 먼저 몸 안의 물건을 보고 난 연후에 바깥의 사물을 보는 중생이 있는가, 없는가? 설령 네가 안의 심장, 간장 등을 보지 못하면, 바깥의 손톱이 자라고 머리털이 자라고 근육이 움직이고 맥박이 도는 것을 마땅히 알 것이다. 그러나 너는 왜 모르는가? 너는 몸 안을 알지 못하면서 어떻게 또 바깥의 사정은 아는가?"

이 부분을 읽을 때 나는 속으로 킥킥거리고 웃었다. 한 치의 빈틈도 없는 부처에게 아난이 딱 걸렸구나, 싶었기 때문이다. 강당 안에 있는 아난이 숲과 정원을 볼 수 있다면, 바로 곁에 계신 부처는 당연히 볼 수 있을 것이다. 이때 볼 수 있는 눈과 마음은 몸속에 있어야 한다. 그렇다면 심장, 간장, 비장, 위장이 어떻게 생겼는가를 알 수 있고 볼 수 있지 않겠는가? 볼 수 있는 눈과 마음이 몸속에 있으니 몸속의 기관을 아는 것은 당연하지 않은가? 마치 바깥의 정원을 볼 수 있으면 강당 안의 부처는 당연히 볼 수 있는 것처럼 말이다. 그러나 어떤가. 우리는 우리 몸 안에 있는 심장과 간장과 위장을 볼 수 있는가. 이어지는 부처의 직언이다.

"그렇기 때문에 마땅히 알아야 한다. 알아차리고 분별하고 사랑하고 밝게 이해하는 이 마음이 몸 안에 있다고 하는 것은 맞지 않다."

그러자 아난은 느끼고 분별하고 알고 보는 눈과 마음이 몸 밖에 있다고 말한다. 부처는 그에 대해 왜 아난의 대답이 틀렸는지를 조목조목 설명한다. 아난은 그 마음이 안근眼根 속에 있다고 대답한다. 부처는 또 다시 아난의 오류를 지적한다. 그래서 마음과 볼 수 있는 능력이 몸 안에 있는 것도 아니고 몸 밖에 있는 것도 아니라는 것을 아난이 알 때까지 부처의 설법은 계속된다. 지루할 만큼 이어지는 문답이다. 자비심이 없다면 결코 할 수 없는 수업이다. 둔한 학생이 똑같은 질문을 하고 또 해도, 결코 화내지 않고 대답해주는 인자한 스승의 모습 그대로다.

진심은 어디에 있는가

부처는 결코 결론을 말해 주는 법이 없다. 아난이 스스로 답을 찾아갈 때까지 옆에서 도와 줄 뿐이다. 아난이 어려움에 빠진 것을 계기로 삼아 작은 것에서 큰 것(佛道)으로 나아가게 하려는 목적이었다. 『능엄경』은 그렇게 시작되었다. 『능엄경』을 읽어보면 부처의 설법이 얼마나 논리적이고 수학적인지 혀를 내두르게 된다. 그렇다면 결론은 무엇인가. 『능엄경』에 나와 있다. 이렇게 끝내버릴까, 하다가 너무 불친절한 것 같아서 정답을 공개한다.

우리가 볼 수 있는 것은 보는 성품 때문이다. 보는 성품은 곧 마음이다. 여기서 마음은 안이비설신의眼耳鼻舌身意의 육근六根이 색성향미촉법色聲香味觸法의 육경六境을 만나서 생성되는 육식六識이 아니다. 육식은 생멸하는 마음이며 반연심攀緣心이다. 반연심이란 밖을 향해 구하는 마음이다. 여기서 말하는 마음은 반연심이 아니라 참마음, 즉 진심眞心이다. 보는 성품은 생멸이 없다. 눈이 있는 사람이 눈을 잃어도 볼 수 있는 성품은 사라지지 않는다. 불생불멸이다.

그렇다면 보는 성품인 진심은 어디에 있는가. 일반인들은 진심이 이 몸 안에 있다고 생각한다. 이것은 잘못이다. 우리의 마음은 결코 몸 안에 있지 않다. 우리 사람이 마음 안에 있다. 우리의 마음은 삼라만상과 허공을 포괄한다. 우리가 생멸하고 생사윤회를 하는 이유는 상주하는 진심을 인식하지 못하기 때문이다. 제불의 법신은 생멸함이 없다. 우리의 상주하는 참된 마음도 생멸함이 없다. 우리도 불보살과 똑같이 모두 원묘하고 밝은 마음, 즉 묘한 성품을 가지고 있다. 다만 참된 성품을 잃어버리고 전도된 생각에 사로잡혀 밝은 체體를 이해하지 못할 뿐이다. 즉, 맑고 깨끗한 큰 바다는 버리고 오직 하나의 물거품을 전체의 파도, 전체의 바다라고 인식하는 것과 같다. 이런 전도된 생각에서 벗어나 참된 진리를 깨닫는 것이 진심을 보는 것이고 생사를 뛰어넘는 것이다.

화가는 어떻게 명작을 완성했을까

「황현상黃玹像」은 조선시대 마지막 초상화가 채용신이 그린 초상화다. 채용신은 특히 인물을 잘 그려 고종의 어진을 비롯해 「최익현상崔益鉉像」「전우상田愚像」「운낭자상雲娘子像」 등 수많은 초상화를 남겼다. 그중에서도 「황현상」은 극세필을 이용한 얼굴의 육리문肉理文, 터럭 하나까지도 틀리게 그리면 안 되는 핍진함이 탁월한 수작이다.

초상화의 가치는 외형적으로 닮게 그리는 데서 끝나지 않는다. 내면적인 세계까지도 전해줄 수 있어야 진짜 초상화다. 이것이 전신傳神이다. 정신을 전해준다는 뜻이다. 황현黃玹, 1855~1910은 일제에 의해 나라가 망하자, 지식인으로서 항거의 의미로 자결을 선택했다. 채용신이 그린 우국지사의 얼굴에 선비의 꼿꼿함이 살아 있다.

法

채용신, 「황현상」, 비단에 색, 95×66cm, 구례 매천사 소장

『능엄경』에는 능엄신주의 공덕이 자세히 적혀 있다. 그 엄청난 공덕을 이 짧은 글에서는 이루 다 묘사할 수 없을 지경이다. 그러나 이런 공덕이 어찌 능엄신주뿐이겠는가. 모든 주문이 다 공덕이 크고 모든 경전독송이 다 불가사의하다. 중요한 것은 어떤 주문이 더 힘이 센가 하는 것이 아니다. 주문을 하는 사람의 마음이 얼마나 정성스럽고 간절한지가 중요하다. 「황현상」을 다른 화가가 그렸다면 저렇게 생생한 전신이 가능했을까. 불가능했을 것이다. 채용신은 붓을 들자마자 바로 「황현상」 같은 명작을 완성했을까. 아마 무수히 많은 붓질을 거듭한 끝에 전신에 도달했을 것이다.

  우리의 공부도 그러해야 한다. 우리는 어디서 와서 어디로 가고 있는지, 말을 하는 나는 누구이며, 보는 나는 누구인지 놓치지 않고 물어야 한다. 그리고 가르쳐야 한다. 부끄러움을 무릅쓰고 질문한 아난처럼. 귀찮게 여기지 않고 대답해준 부처처럼. 그 끝에 만날 수 있는 것이 주문의 위력이고 능엄신주의 공덕이다.

정진

쉼
없이
정진하라

윤두서 「노승도」

수행자들이여, 꾸준히 정진하면 장애가 생기지 않는다. ―『불유교경』

부처는 왜 이 세상에 왔을까. 일대사인연一大事因緣을 위해 왔다. 일대사인연이 무엇인가. 중생을 제도濟度하기 위해 인연을 맺어 세상에 나타나서 교화하는 일이다. 어떤 것이 제도하는 것인가. 생사고락을 뛰어 넘게 하는 것이다.

우리 인간의 삶은 참으로 가련하다. 태어나서 죽는 순간까지 온갖 고통을 겪어야 한다. 대표적인 고통만 추려도 여덟 가지(八苦)를 들 수 있다. 생로병사의 고통에 네 가지를 더한 것이다. 사랑하는 사람과 헤어져야 하는 애별리고愛別離苦, 싫어하는 사람과 만나야 하는 원증회고怨憎會苦, 구하지만 얻을 수 없는 구불득고求不得苦, 생리적이고 심리적인 오온이 왕성하여 청정한 자성을 가리는 오음치성고五陰熾盛苦 등이다. 이 여덟 가지 고통은 사람이라면 누구나 겪어야 하는 통과의례다. 어느 누구도 피해 갈 수 없다. 고통에 신음하는 중생이 가련하여 부처가 이 세상에 왔다. 그리고 사람들을 만날 때마다 고통에서 벗어나는 법을 가르쳐 주셨다. 걸음걸음마다 설법하셨다.

깨달음보다 어려운 것은 수행하기

고통에 신음하는 중생은 한 가지 모습이 아니다. 다양하다. 나이도 성별도 제각각이다. 부처는 서로 다른 처지에 있는 사람의 근기에 맞춰 설법을 하다 보니 수많은 법문을 하게 되었다. 불교 경전이 방대해진 이유다. 평생을 무명에 쌓인 중생을 구제하기 위해 살다 간 부처는 어떤 분인가. 용수보살의 저서로 알려진 『대지도론大智度論』에는 부처의 모습이 다음과 같이 묘사되어 있다.

"처음도 좋고 중간도 좋고 끝도 좋고 내용도 좋고 표현도 좋은 법을 보이며 완전하고 흠이 없고 청정한 행을 밝히는 분"

지금까지 경전을 중심으로 좋은 분의 가르침을 살펴보았다. 완전하고 흠이 없는 분의 청정한 가르침을 들으면서, 때론 환희에 취했고 때론 절망에 사로잡혔다. 부처와 똑같은 불성이 내 안에 들어 있다는 생각에 전율이 일었다. 그 진리를 알면서도 중생놀음을 벗어나지 못한 나 자신이 한심스러워 절망했다. 지금까지 맛본 부처의 가르침이라 해봤자 숟가락으로 뜬 바닷물처럼 적은 양이다. 한 숟가락을 먹고 어찌 바닷물 전부를 얘기할 수 있으랴. 앞으로도 계속 공부해야 하는 이유다.

여러분이 지금까지 글을 읽으며 조금이라도 신심이 우러났다면 부처의 가르침이 그만큼 위대하기 때문이다. 의구심이 들면서 전혀 마음이 움직이지 않았다면 그것은 전적으로 공부가 무르익지 못한 나의 허물이다.

부처의 가르침을 배우기는 어렵지 않다. 가르침대로 행하기가 어려울 뿐이다. 부처의 가르침을 듣고 깨닫기는 어렵지 않다. 깨달은 후에도 수행하기가 어려울 뿐이다. 수행한다는 것은 자신의 잘못된 행위를 바로잡고 수정하는 것이다. 그러나 그게 어디 말처럼 쉬운가.

그럼에도 불구하고 이 글을 계속 쓴 이유는 여기가 끝이 아니기 때문이다. 여기서 멈춰버리면 공부도 멈춰버릴 것 같은 두려움이 앞섰기 때문이다. 글쓰기를 시작한 첫 번째 목적은 공부였다. 글쓰기를 핑계 삼아 부처의 가르침을 공부하고자 한 욕심이 가장 컸다. 불교 전공자가 아닌 만큼 행여 엉뚱한 소리나 하지 않을까 매번 노심초사했다. 여기가 끝이 아니라는 생각으로 위안을 삼았다. 이번 생에 끝나지 않으면 다음 생에서도 계속할 공부인 만큼, 오류는 두고두고 바로잡을 예정이다. 비록 부처의 가르침에 대한 글쓰기는 여기서 끝나지만 경전을 수지독송하는 삶은 세세생생世世生生 계속될 것이다. 부처가 열반에 들기 전 마지막으로 당부한 말도 정진이었다. 지금 부족하더라도 정진 속에서 채워질 것이다.

『불유교경』에 보면 다음과 같은 구절이 있다.

> 수행자들이여, 꾸준히 정진하면 장애가 생기지 않는다. 작은 물방울이 쉬지 않고 떨어져 큰 바위를 뚫는 것과 같다. 수행자가 정진하지 않으면 해탈할 수 없다. 열심히 수행하다가 게으르면, 마치 나무를 비벼 불을 내고자 할 때 나무가 뜨겁기 전에 그만 멈추는 것과 같다. 불을 얻고자 해도 얻지 못하는 것과 같으니, 끊임없이 정진하는 일이 중요하다.

6 일체법의 진여실상을 깨닫다

법문을 공부하는 사람은 누구나 수행자

「노승도老僧圖」는 윤두서의 대표작 중 하나다. 먹물 옷을 입은 노스님이 나무 지팡이를 들고 걸어간다. 스님 뒤에 대나무 잎사귀와 풀이 보이지만 그림의 중심은 스님이다. 장삼 자락과 나무 지팡이는 굵고 거친 필치로 그렸다. 깊은 생각에 잠긴 얼굴을 가늘고 섬세하게 그렸다. 염주를 낀 손도 마찬가지다. 옷과 인물 표현이 무척 대조적이다. 그 때문일까. 장삼으로 휘감은 노스님의 몸이 더욱 왜소해 보인다. 오직 수행을 위해 최소한의 공양만 하며 사는 삶이 연상된다. 잘 먹고 잘 입고 잘 자는 세속적인 즐거움은 그다지 중요하지 않아 보인다.

윤두서는 스님을 그릴 때 직접 보고 그렸다고 전한다. 자신의 감정을 투사하기보다는 사실성에 중점을 둔 작화 태도다. 윤두서가 스님을 그린 작품으로는 「노승도」 외에 두 점이 더 있다. 두 점 모두 지팡이를 든 스님이 소나무 등걸에 기대 깊은 선정에 든 작품이다. 사실성이 돋보이는 부채 그림(扇面畵)이다.

부처의 가르침을 공부하는 사람이라면 누구나 수행자다. 꼭 먹물 옷을 입어야만 수행자가 아니다. 그림 속 스님처럼 걸림 없이 살 수만 있다면 시장에 있으나 산속에 있으나 우리 모두가 수행자다. 돌아보니 지금까지 살펴본 부처의 가르침은 어느 구절도 버릴 것 하나 없이 귀하고 소중한 법문이었다. 그러나 이 모든 법문은 그저 방편일 뿐이다. 『금강경』에는 다음과 같이 적혀 있다.

"나의 설법을 뗏목으로 비유함과 같음을 알라고 하노니 법도 오히려 버려야 하거늘 어찌 하물며 법 아님이겠는가?"

부처의 설법은 강을 건너는 뗏목과 같으니 피안에 도달했으면 배를 짊어지고 가지 말라는 뜻이다. 팔만 사천 법문이 모두 성불을 위한 뗏목일 뿐이다. 비슷한 내용이 『원각경』에도 적혀 있다.

法

윤두서, 「노승도」, 종이에 먹, 57.5×37cm, 국립중앙박물관 소장

6
일체법의 진여실상을 깨닫다

"경전의 가르침은 달을 가리키는 손가락과 같나니, 만약 다시 달을 보고 나면 가리키는 손가락은 마침내 달이 아님을 분명히 안다."

어떤 사람이 손으로 달을 가리키면 손가락이 아니라 달을 보아야 한다. 만약 손가락을 보고 달이라고 생각한다면 그 사람은 달을 잃어버릴 뿐만 아니라 손가락도 잃어버리게 된다. 목표를 가리키는 손가락을 달로 인식하기 때문이다. 『능엄경』에서는 "본원으로 돌아가면 자성에는 둘이 없지만, 방편에는 많은 법문이 있다"라고 말한다.

우리는 뗏목에 의지하여 피안의 세계로 가야 한다. 피안에 도달하기까지 타고 가는 배는 모두 다 뗏목이다. 그 뗏목은 경전일 수도 있고 염불일 수도 있고 사경일 수도 있고 참선일 수도 있다. 당나라 때의 고승 규봉종밀圭峰宗密, 780~841은 '선은 부처의 마음이고 교는 부처의 말씀'이라 했다. 어느 것이 더 좋고 나쁘고 하는 차이가 없다. 모든 뗏목이 전부 훌륭한 방편이다. 자신의 형편에 맞는 뗏목을 타면 된다. 뗏목을 타고 시퍼런 강 한가운데까지 왔는데 다른 사람이 탄 뗏목이 더 멋있어 보여 뛰어내릴 필요는 없다. 다만 부지런히 노를 저어 나아가기만 하면 된다.

불자라면 누구든지 부처의 가르침을 금과옥조로 삼아 부지런히 수행 정진해야 한다. 사람 몸 받기 어렵고 부처의 가르침을 만나기는 더욱 어렵다. 이렇게 귀한 부처의 법을 만났으니 기회가 됐을 때 열심히 공부해야 한다. 여러 경전을 두루 읽되, 특히 자기 마음에 와 닿는 경전이 있으면 그 경전을 소의경전 삼아 철저하게 공부하면 된다. 경전은 우리의 스승이신 석가모니 부처의 가르침이자 법신이다. 어떤 경전이든 부처의 진심 아닌 경전이 없다. 그러니 모든 경전이 영험하다. 모든 경전의 독송 가피가 불가사의하다.

그런데 우리 사정은 어떠한가. 『금강경』을 독송하던 사람이 『능엄경』을 읽으면 돈이 많이 들어온다는 소리를 듣고 하루아침에 『능엄경』으로 바꾸어 버린다. 그렇게 가볍게 흔들려서 돈이 들어왔다는 사람을 보지 못했다. 『금강경』을 독송한 사람은 초지일관 『금강경』을 독송해야 한다. 행주좌와 어묵동정行住坐臥 語默動靜이 될 때까지 바위처럼 굳은 신심으로 밀고 나가야 한다. 『능엄경』을 읽는 사람은 한결같이 『능엄경』을 붙들고 늘어져야 한다. 『지장경』을 읽으면 돌아가신 영가의 앞길을 밝혀준다는 소리를 듣더라도 하루아침에 『지장경』으로 바꾸어서는 안 된다. 자신이 평생 기대어 타고 갈 수 있는 경전을 전공필수로 정한 다음 다른 경전은 전공선택으로 공부하면 된다. 한 경전에 문리가 트이면 다른 모든 경전도 이해할 수 있다. 이렇게 공부하는 방법 외에 성불의 지름길은 없다. 그 외에 다른 어떤 염불도 사경도 없다. 오직 간절한 마음으로 한 우물만 파는 뚝심만이 영험할 뿐이다. 간절한 마음과 정성, 그것만이 영험함의 원천이다.

모든 경전은 영험하다

왜 이렇게 수행해야 하는가. 생사의 문제를 해결하고 불생불사에 도달하고 열반에 이르기 위함이다. 이런 경지에 도달하기가 어찌 간단하겠는가. 많은 세월이 필요하다. 부처가 성불한 것은 항하의 모래알 수만큼 많은 겁 동안 부지런히 애쓴 덕분이다. 우리도 생사와 열반이 둘이 아니라는 진리를 제득할 때까지 한강의 모래알 수만큼 많은 세월 동안 공부하고 수행해야 된다. 그리하여 생사문제를 해결하고 나면 다시 이곳으로 돌아와야 한다. 석가모니 부처가 그랬던 것처럼 우리도 일대사인연으로 이 세상에 와야 한다.

나 혼자 극락세계에 가서 행복하게 사는 것은 불보살이 취할 태도가 아니다. 불보살이 있는 곳이 바로 극락이고 정토의 세계다. 그러므로 부처가 이 세상에 나온 것은 중생을 제도하기 위해서라는 말은 옳지 않다. 부처는 생사와 열반을 두 가지로 보는 견해를 제도하기 위해서 왔다. 지금 이대로가 극락이고 열반이라는 것을 깨우쳐주기 위해 왔다. 석가모니 부처는 우리의 영원한 모델이다. 끝으로, 지금까지 함께해준 독자에게 나옹화상懶翁和尚의 발원문 첫 구절로 감사의 마음을 대신한다.

"원하옵건대 세세생생 나는 곳 어디에서나 언제든지 불법에서 퇴전치 아니하겠습니다."

마치며

　글이 조금 길었다. 이 시리즈의 첫 번째인 '불佛'이 출판되었을 때. 어떤 사람의 블로그에 다음과 같은 평이 올라왔다.
　"한마디로 흥미롭고 재미있다. 부처의 생애와 우리 옛 그림을 동시에 읽을 수가 있다. 불법승 3권으로 나온다고 하는데 기대가 된다. 하지만 1권의 판매가 잘되지 않는다고 해서 다음 책들이 출간되지 않는 일이 없었으면 한다."
　그 격려에 힘입어 2권이 무사히 출간되었다. 2년 동안 긴 지면을 할애해 준『법보신문』과 매번 문장을 지적해주고 바로잡아준 김규보 기자님께 깊은 감사를 드린다. 연재된 글을 읽고 댓글과 메일로 격려를 아끼지 않았던 분들께도 거듭 감사드린다. 그분들이 아니었더라면 '옛 그림으로 배우는 불교이야기' 시리즈는 1권에서 끝났을 지도 모른다. 두 권을 마무리하면서 이 시리즈의 마지막인 '승僧'을 소개할 생각에 벌써부터 마음이 설렌다. 긴 여정에서 얻은 보물을 아낌없이 전해드릴 예정이다.

참고자료

논문

송혜승, 「朝鮮時代의 神仙圖 硏究」 (이화여대 대학원 석사학위 논문, 1998)

유옥경, 「朝鮮時代 宴會圖의 禮制修飾 이미지 硏究」, 『美術史論壇』 37호(2013)

_____ 「김홍도『신선도8첩병풍』의 호로신선(葫蘆神仙) 이미지」, 『美術史學報』 37호 (2011)

이수경, 「朝鮮時代 孝子圖 硏究」 (서울대 대학원 석사학위 논문, 2001)

장인석, 「華山館 李命基 繪畵에 대한 硏究」 (명지대 대학원 석사학위 논문, 2008)

정영미, 「朝鮮後期 郭汾陽 行樂圖 硏究」 (한국학중앙연구원 석사학위 논문, 1999)

차미애, 「恭齋 尹斗緖 一家의 繪畵 硏究」 (홍익대학교 대학원 박사학위 논문, 2010)

최성희, 「朝鮮後期 平生圖 硏究」 (이화여대 대학원 석사학위 논문, 2001)

책

『고문진보』

『공자가어』

『논어』

『사기』

『시경』

『열자』

『장자』

남회근, 『금강경 강의』 (부키, 2008)

_____ 『능가경 강의』 (부키, 2014)

_____ 『불교수행법 강의』 (씨앗을뿌리는사람, 2003)

_____ 『원각경 강의』(마하연, 2012)

선화 상인, 『능엄경 강설 上, 下』(불광출판사, 2012)

불전간행회, 『불교경전』 전22권 (민족사, 1997)

원오극근, 조오현 역해, 『碧巖錄』(불교시대사, 1999)

임창순, 『唐詩精解』(소나무, 2005)

정운 편역, 『경전숲길』(조계종출판사, 2011)

조정육, 『붓으로 조선 산천을 품은 정선』(아이세움, 2003)

_____ 『조선의 미인을 사랑한 신윤복』(아이세움, 2009)

청화 역, 『정토삼부경』(성륜각, 1995)

최완수, 『겸재 정선』 전3권 (현암사, 2009)

_____ 도록·잡지 외

『간송문화』 65, 76, 77, 84호 (한국민족미술연구소)

『겸재 정선―붓으로 펼친 천지조화』(국립중앙박물관, 2009)

『고려시대의 불화』(시공사, 1997)

『근대회화―대한제국에서 1950년대까지』(이화여대박물관, 2014)

『꿈과 사랑―매혹의 우리 민화』(호암미술관, 1998)

『능호관 이인상』(국립중앙박물관, 2010)

『茶 즐거움을 마시다』(경기도박물관, 2014)

『미술과 이상』(이화여대박물관, 2014)

『민화 속으로 들어간 사람』(경기대박물관, 2013)

『산수화, 이상향을 꿈꾸다』(국립중앙박물관, 2014)

『서울대학교박물관소장 한국전통회화』(서울대박물관, 1993)

『서울, 하늘·땅·사람』 (서울역사박물관, 2002)

『우리 땅, 우리의 진경』 (국립중앙박물관, 2002)

왜관수도원 소장 『겸재정선화첩』 영인복제본 (국외소재문화재재단, 2013)

『조선시대 풍속화』 (국립중앙박물관, 2002)

『조선시대 선비의 묵향』 (고려대박물관, 1997)

『조선화원대전』 (삼성미술관리움, 2011)

『한국의 미-고려불화』 (중앙일보사, 1982)

『한국의 미-산수화』 상 (중앙일보사, 1982)

『한국의 미-산수화』 하 (중앙일보사, 1982)

『한국의 미-인물화』 (중앙일보사, 1982)

『한국의 미-풍속화』 (중앙일보사, 1982)

『한국의 미-화조 사군자』 (중앙일보사, 1982)

『花鳥畵―中國, 韓國と日本』 (奈良県立美術館, 2010)

한국고전종합DB